鲁迅 救亡之梦的去向

从恶魔派诗人论到《狂人日记》

〔日〕北冈正子 著

李冬木 译

图书在版编目 (CIP) 数据

鲁迅 救亡之梦的去向：从恶魔派诗人论到《狂人日记》/（日）北冈
正子著；李冬木译. -- 北京：生活·读书·新知三联书店，2015.11
（日本二周研究经典选辑）
ISBN 978-7-108-05365-7

Ⅰ.①鲁… Ⅱ.①北… ②李… Ⅲ.① 鲁迅研究 ②鲁迅著作研究
Ⅳ.① K825.6 ② I210.97

中国版本图书馆 CIP 数据核字 (2015) 第 118378 号

责任编辑 叶 彤
装帧设计 罗 洪
责任印制 崔华君
出版发行 生活·讀書·新知 三联书店
　　　　（北京市东城区美术馆东街22号）
邮　　编 100010
经　　销 新华书店
印　　刷 北京隆昌伟业印刷有限公司
版　　次 2015年11月北京第1版
　　　　 2015年11月北京第1次印刷
开　　本 880毫米×1230毫米 1/32 印张8.5
字　　数 204千字
印　　数 0,001-6,000册
定　　价 35.00元

致中国读者

　　此次拙著《鲁迅　救亡之梦的去向》承蒙出色的鲁迅研究者李冬木先生译成中文，得以呈献给中国读者，对于作者来说，这是件很光荣的事，我对此感到非常高兴。

　　鲁迅来日本留学，已经过了一个多世纪的时间。本书讲述的是从仙台医专退学后，回到东京开始从事"文艺运动"的鲁迅，他在此期间学到了什么，怎样学的，又产生了怎样的主张。日本还保留着一些与留学时代的鲁迅相关的文献史料，而且也还可以找到一些被认为是鲁迅曾经读过的读物。我尽自己的可能调查相关史料，仔细筛选证据，强化论据，描述出了一个在此基础上我所得以理解的鲁迅。虽然这还谈不上是对留学时代的鲁迅整体形象的把握，但写出的都是有真凭实据、绝非虚构的故事。

　　我的鲁迅研究，开始于我在学生时代就参加的"鲁迅研究会"，其契机便是和同伴们一起阅读鲁迅的作品。我在这期间所写的硕士论文，就是以《留学时代的鲁迅》为题。此后我仍继续就这一在年轻时相遇的课题展开调查，直至今日。长期做这一课题，而今在我心里感到有一种很深的确信，那就是在鲁迅所自兹开始的"文艺运动"当中，可以找到鲁迅文学的原点。如果以一种稍稍具有跳跃性的说法来说，那么所谓的"原点"，也就不仅限于鲁迅文学，而是暗示给我们文学——也就是诗——存在于人世间，其意义究竟是什么的那种东西。鲁迅教给我去思考这种意义。

本书由数篇论文编辑而成。这些论文从不同的角度考察了当时的鲁迅所处的学习环境和精神活动。倘若各位读者能在整体上读到一个把全部灵魂都倾注到"文艺运动"当中去的鲁迅，作为作者，我将感到非常高兴。

最后，谨向精心从事本书翻译工作的译者李冬木先生表达作为作者的衷心敬意和感谢。

北冈正子
2014 年 9 月 8 日

目　录

前　言

　　1922 年鲁迅在他的第一本作品集《呐喊》的《自序》里讲述了自己从医学转进文学的理由。当时正值日俄战争，还是仙台医学专门学校学生的他，在教室里播放的幻灯片里，遭遇了中国人被作为俄国间谍处刑而一人群同胞却来围观看热闹的场面，于是想法便发生了改变。

　　……因为从那一回以后，我便觉得医学并非一件紧要事，凡是愚弱的国民，即使体格如何健全，如何茁壮，也只能做毫无意义的示众的材料和看客，病死多少是不必以为不幸的。所以我们的第一要著，是在改变他们的精神，而善于改变精神的是，我那时以为当然要推文艺，于是想提倡文艺运动了。

　　此后不久，鲁迅从仙台医学专门学校退学，回到了东京，开始了他的"文艺运动"。
　　他看幻灯，可推定为是日俄战争结束前后的事，而这段经历又是自那以后经过了十几年才由鲁迅亲口讲述出来的。这样，促成鲁迅转换方向的这一教室体验，便作为鲁迅文学工作最初的立脚点被传说般地讲述下来乃至被称为"幻灯事件"。

然而，在这篇《自序》里，仍留下了令人不解的问题。

那就是在医学和文学之间，为什么非得二者取一不可呢？

古今东西，既当医生又做文学家的人并不少见。安东·契科夫、威廉·卡罗斯·威廉斯、森鸥外、斋藤茂吉……人们心中可以马上浮现出不少人的名字，他们的创作活动都并非确立在否定医学之上，那么为什么在鲁迅那里文学和医学会截然对立呢？

据同一篇《自序》所言，鲁迅学医学原本是想救助像父亲那样的被中医害死的人，战时可去做军医，而且还可以向国人鼓吹"维新"的思想。当时确立西洋医学为中国近代化的主要支柱之一，鲁迅也希望自己能担负起这方面的责任。和鲁迅同在弘文学院学日语和普通学科、后来在金泽医学专门学校学医的韩清泉和厉家福回国后都从事医疗活动，致力于卫生思想的普及，为中国近代医学奠定了基础。他们也曾讲述过同样的梦想。厉家福后来回忆说，他是由于跟鲁迅的想法有共鸣才选择了学医这条路。在鲁迅那里也有一条和他们携手共同开拓的道路。

放弃了自己所志愿的医学生的身份，断绝了实实在在的一条成为医生之路，裸身而返回留学生状态的周树人，他勇敢地要去提倡的"文艺运动"，究竟是什么呢？可以和医学做等价交换的"文艺运动"又具有怎样的意义呢？

本书所要探讨的问题是鲁迅留学的后一半时间，即1906年到1909年间，他所倾注心血的"文艺运动"到底是什么？其实体是怎样的？

他的文艺运动是以20世纪初的东京为场所的。当然，此时的这一场所又同时构成文学活动的框架。鲁迅返回东京后所学的独逸学协会学校的德语，在当时的日本德语教育中独占鳌头，承当着接受德国教育制度的先驱责任。鲁迅在这所学校里打下了德语功底，并以此作为工具读到了以德语写成的欧洲的书籍。从这些书籍当中获得的很多东西，都反映在以《摩罗诗力说》（恶魔派诗人论）为中心的"文艺运动"的主张中，而这些书籍又都是在神田的旧书店和本乡的江南堂、丸善获得的。

在恶魔派诗人论当中登场的，是英国、俄罗斯、波兰和匈牙利的诗人们。他们生命的时空及其文化，在《摩罗诗力说》中化作19世纪欧洲革命和民族独立的音色，而这一主题的演奏，便暗示着鲁迅之复兴汉民族的愿望。进而还有那本鲁迅爱读的严复翻译的《天演论》，原著《进化与伦理》的作者托马斯·赫胥黎所诉诸的人本复归的热望，恰与濒临危机的清末中国的救亡悲愿相重叠，而能够获得确认的是，构成恶魔派诗人论之关键词的"人"这个概念，便是由《天演论》所获得的深刻启示。

这些都在讲述着在其时其地，那些书籍背后可见的异文化相互交织，构成对鲁迅文学活动的影响。

本书所采取的方法是，并非只从鲁迅所留下的"文艺运动"主张的言说中去读取，而是将其摆在一个综合的视野下，即在他所置身并形成思想的时间和空间以及他所接触到的异文化言说的状况中，对其内容加以考察。

鲁迅在开始的"文艺运动"当中，诉诸着救亡的愿望。他一边侧耳倾听着革命的到来，一边推进着"文艺运动"。在代表其主张的恶魔派诗人论里，就讴歌着寄托于人之变革的一缕希望。自此十余年后，他作为作家登场。在这期间，中国发生了辛亥革命，政治体制由专制王朝变为共和制国家。穿越革命之后，他在开始动笔写作的始于《狂人日记》的一系列作品中所表现出来的，是寂寥之人心中暗淡的景色。在这些作品内容与曾经的恶魔派诗人论的主张之间有着非常大的落差。这一点该怎样理解才好呢？

我们读者是通过周树人成为作家鲁迅之后所创作的作品来理解他的文学世界的。然而，那个被描绘出来的世界，其实恰好就像"鲁迅"诞生以前的周树人的"文艺运动"这种文学行为的正片所反转而成的负片一样。郁结在作家鲁迅心灵深处的块垒，就像不停地吐丝一般化作一篇篇作品，我以为，倘从灿然辉煌的正片去看，则会更显出其浓厚的阴翳来。于是就在辛亥革命后写作的第一篇作品《狂人日记》里寻找"文艺运动"的踪迹，思索两者内容的落差意味着什么，并就此提出了自己的看法。

在行文当中，除特殊情况外，我将使用鲁迅的名字展开本书的论述，因为他在这一时期的文学活动和此后作为作家的文学活动是相互衔接着的连续体。

在恶魔派诗人里，鲁迅一生都敬爱着裴多菲。当然我既没见过裴多菲，也没见过鲁迅。尽管如此，却由于读这两个人而结识了匈牙利的高恩德博士，并获得了他的指教，而且还在日本直接见过面。而我自己也和裴多菲结下了不解之缘。我以为这种侥幸很少能够遇到，人生亦大有可为。这也是我把这奇遇收录在书后《余滴》当中的缘由所在。

2006 年 1 月

著者记

第一章　有助于"文艺运动"的德语

——在独逸语专修学校的学习

　　来日本留学两年后，就学于仙台医学专门学校的周树人，也就是后来的鲁迅，于1906年春，放下学到一半的医学，辍学回到东京。在他看来，医学只会健全"愚弱的国民"之"体格"，其并非一件紧要事，而"改变他们的精神"，"当然要推文艺"。[1]他在留学期的后半程，也就是从1906年3月初到1909年8月回国，致力于提倡"文艺运动"。这是他所选择的留学生活的归结，也是后来的文学家鲁迅诞生的起点。关于他当时所设想的"文艺运动"的内容和主张，将在下一章里来阐述，本章首先想就对推动"文艺运动"发挥过作用的鲁迅的德语学习状况做一番考察。

　　关于鲁迅在这一时期日常生活的详细情况，早有与其共同生活并共同推进"文艺运动"的其弟周作人的回忆等文章，且也已使我们从中获知若干事情。不过关于同一时期鲁迅作为留学生保

---

[1] 《〈呐喊〉自序》。（以下如不做特殊注明，均为原注。——译者）

留其身份的独逸语专修学校[1]，以及他在这所学校里又是怎样学习德语的，我以为还不怎么为人所知。不仅学校的内容和他的在学状况不清楚[2]，甚至连可直接证明其在籍的资料也没找到。

前些年当我决定着手调查，去走访目白的独协学园和草加的独协大学时，得以阅览那些保留下来的相关资料。虽然可资证明鲁迅在籍的学籍簿等不存令人感到遗憾，却有相当多的其他资料保存了下来，据此可以了解到独逸学协会学校及其附设的独逸语专修学校的情况。进而还发现了可资做官费留学生鲁迅在籍之旁证的资料。[3]我打算根据这些资料来描述以独逸学协会学校为母体的独逸语专修学校的成立及其教育概要，并且考察德语教育究竟给立志于"文艺运动"的鲁迅带来了什么。

一

那么，由什么可以证明鲁迅曾在籍德语专修学校呢？我打算首先从这一关系到立论之根本的问题开始。

关于德语学校的事，鲁迅自己几乎没写过什么。只在回忆当中有如下的话：

---

[1] "独逸语专修学校"作为学校名称，为固有名词，本书保留这一固有名词的汉字形态（当然在排版时采用简体字）。日本明治时代把 Deutschland 以汉字表记为"独逸"，或干脆省略为"独"，即中文所表记的"德意志"或"德国"。"独逸语专修学校"即"德语专修学校"之意。——译注

[2] 尾崎文昭推定鲁迅上的德国学校是独逸语专修学校，但在事实细部有不正确之处。（『鲁迅全集』20，41 页，学习研究社）

[3] 在笔者调查结束时，吉田隆英发表了「鲁迅と獨逸語専修学校—獨逸学協会学校とその周辺」（『姫路獨協大学外国語学部学紀要第 2 号』，1989）一文，一读而知该篇论文是根据独逸语专修学校的有关资料写就的，但其所推导出的见解与笔者并不相同。

......我便弃了学籍，再到东京，和几个朋友立了些小计画，但都陆续失败了。我又想往德国去，也失败了。[1]

而能够证明鲁迅上德语学校的有两个人，这一时期他们共同生活在东京，一个是其弟周作人，另一个是朋友许寿裳。除了这两个人的回忆之外，还有传记、年谱和其他回忆等也谈到了这件事，不过其出处几乎都是根据这两个人的，要而言之，都是第二手资料。

周作人的回忆是：

豫才在医学校的时候学的是德文，所以后来就专学德文，在东京的独逸语学协会的学校听讲。[2]

鲁迅在东京的日常生活，说起来似乎有点特别，因为他虽说是留学，学籍是独逸语学协会的独逸语学校，实在他不是在那里当学生，却是在准备他一生的文学工作。[3]

他决定不再正式的进学校了，只一心学习外国文，有一个时期曾往"独逸语学协会"所设立的德文学校去听讲，可是平常多是自修，搜购德文的新旧书报，在公寓里靠了字典自己阅读。

（略）

退学后住在东京的这几年，表面上差不多全是闲住，正式学校也并不进，只在独逸语学协会附设的学校里挂了一个名，高兴的时候去听几回课，平常就只逛旧书店，买德文书

〔1〕 《俄文泽本〈阿 Q 正传〉序及著者自叙传略》（集外集）。
〔2〕 知堂《关于鲁迅之二》（《鲁迅先生纪念集》，《悼文》第一辑，32 页，1937。原载《宇宙风》）。
〔3〕 周遐寿《鲁迅的故家》，356 页，上海出版公司，1953。

来自己阅读。[1]

　　鲁迅则始终只在独逸语学协会附设的学校里挂名学习德文，自然更多有自己的功夫了。[2]

许寿裳的回忆是：

　　1906年春—09年春　在东京研究文学兼习德文俄文[3]

　　鲁迅在东京研究文艺的时候，兼从章太炎师习文字学，从俄国革命党习俄文，又在外国语学校习德文，我都和他在一起。[4]

　　1908年春，我结束了东京高师的课业，打算一面补习国文，仍旧就学于章先生之门，一面续习德文准备往欧洲留学。

　　（略）

　　我和鲁迅不但同居，而且每每同行，如同往章先生处听讲呀，同往读德文呀，——那时俄文已经放弃不读了。[5]

从两个人的回忆当中可以知道，鲁迅上的学校是"独逸语学协会"或"独逸语学会"所开设的"独逸语学校"；去得并不怎么勤；还跟许寿裳一起上过学；鲁迅除了上学以外，还自读各种各

〔1〕　周启明《鲁迅的青年时代》，41、51页，中国青年出版社，1957。
〔2〕　周作人《知堂回想录·七三》，196页，听涛社出版社，1970。
〔3〕　许寿裳《怀亡友鲁迅》，1963。(《鲁迅的思想和生活》，台湾文化协进会，1947)
〔4〕　许寿裳《回忆鲁迅》，1944。(《我所认识的鲁迅》，21页，1952)
〔5〕　许寿裳《亡友鲁迅印象记》，28—29页，香港上海书局，1952。"独逸"为原文。此外，周建人也谈过"从大哥"那儿听到的话，即鲁迅在"独逸语学会设立的德语学校"学习过。(《鲁迅故家的败落》，265页，湖南人民出版社，1984)，但他当时并没同鲁迅一起生活，关于鲁迅在东京时期的记述，总体上来说与周作人的记述很相似，可视为二手资料。

样的德文书；鲁迅和许寿裳都曾打算去德国留学。

周作人所记的"独逸语学校"是什么学校呢？查找当时在东京的德语学校，与之在名称上最接近的就是独逸学协会学校所设的独逸语专修学校。但现在却找不到可以证明鲁迅在籍的学籍名簿等。就此状况而言，也只能说在籍于独逸语专修学校的可能性极大。

不过这里有两份当时的记录。一份是日本外务省所做的清国留学生在籍学校和在籍人数的调查表，另外一份是见于清国两江学务处公文的对派往日本的南洋官费留学生的官费支付《预算表》。鲁迅1902年4月作为南洋官费留学生来到日本。

《清国留学生异动调（自四十年七月至十二月）》

学校名	入学者	转学者	退学者	卒业者	现在数
独逸语专修学校	七	——	二	——	五
独逸学协会学校中学	一	——	——	——	一

（外务省外交文书）[1]

《预算表》

姓名	学校	学费	摘　要
周树人	德语学校	四百元	私立学校
官成琨	独逸语言学校		该生系陆师学堂教习以薪水非学费故无定数
钟光琳	同上		同上

（《江宁学务杂志》第一册　丁未年）[2]

———————————

〔1〕　收录于『在本邦清国留学生関係雑纂　陸軍学生・海軍学生　外之部　第一巻』，为明治四十（1907）年七月至十二月之调查结果。
〔2〕《江宁学务杂志》（第一册），《公牍》，25页。丁未年为1907年。

明治四十年和丁未年，都刚好同为 1907 年，上面的两份文件，便是日本和清国在这一年所留下的公文记录，而抄录的只是相关于鲁迅和德语学校的部分。

近年出版的鲁迅年谱有如下记载：

> 一九〇六年四月
> 约于本月，开始筹备《新生》杂志；一面又在德语学校（校名据一九〇七年四月出版的第四期《官报》四十八页——原注）挂一个名，偶尔去听一两节课。[1]

在籍学校名即"德语学校"，与前出《江宁学务杂志》所记文字相同，而应该注意的是，其根据是留学生监督处《官报》所做记载。可以认为，《江宁学务杂志》的记载亦出于这份《官报》。《预算表》和年谱所依据的《官报》之记载，是鲁迅把作为官费留学生的身份放在德语学校的不动的佐证。

另一方面，在《清国留学生异动调》当中，除了两所学校外，并未记载其他德语学校的名称。所以当时把学籍放在德语学校的留学生，便只能是这两所学校当中的一所学校的学生。值得庆幸的是，根据现存的当时学籍簿和《独逸学协会学校中学一览》，可确认仅有的一名在籍中国留学生的姓名。[2] 其名周宏平，湖南长沙人，1905 年到 1909 年在籍。因此，预算表中记名的三名，校名记载虽分为德语学校和独逸语学校两种，但可认为都是

---

[1] 蒙树宏《鲁迅年谱稿》，55 页，广西师范大学出版社，1988。这里所说的《官报》出自留学生监督处（同书 56 页）。

[2] 「獨逸學協會學校　學籍簿」（独协大学图书馆馆藏），『獨逸學協會學校中學一覽』，37 页，明治四十一（1908）年十一月一日调（独协学园图书馆馆藏）。

在籍于独逸语专修学校的。

据东京都立公文书馆所藏公文，在明治三十二（1899）年的当时，东京的私立德语学校有独逸学协会学校、独逸学协会学校中学、独逸学馆。

此后，又相继有明治三十四（1901）年独逸学协会学校别科、同校独逸语专修科、正则独逸语讲习会，明治三十五（1902）年帝国独逸学会独逸语专门学校、帝国独逸学会正则独逸语学校被批准设置。其中，独逸学协会学校独逸语专修科在获批后不久改名为独逸语专修学校并提交变更校名申请。[1] 这便是在《清国留学生异动调》当中所记载的学校。

通过以上资料可以确认，在 1907 年的时点上，鲁迅作为官费留学生在籍于独逸学协会学校所设的独逸语专修学校。更由上述年谱对照《官报》记载可知，鲁迅作为官费留学生的身份一直持续到 1909 年 8 月。[2] 虽然尚无法确认是否有资料记载 1906 年鲁迅回到东京之后的资格，但如果考虑鲁迅从一开始就是作为官费生留学这一点，那么也便可以认为，鲁迅自仙台医学专门学校退学后[3]，为维持其官费留学生的资格，不久便进了独逸语专修学校。

在独逸语专修学校的五名清国留学生当中，官、钟二人为陆师学堂教师。根据杂志记载推测，应该是南京的江南陆师学堂。鲁迅是该学堂附设的矿物铁路学堂的毕业生。接下来的两名是鲁

〔1〕 根据东京都立公文书馆馆藏『各種学校ニ関スル目録（明治三十～四十五年）』、『第三課文書 学務 各種学校 第三巻』（明治三十四至三十五年之项）。
〔2〕 蒙树宏《鲁迅年谱稿》，66 页，1988。
〔3〕 1906 年 3 月初旬，听说鲁迅要离开仙台，几个要好的同学为他开了送别会。退学手续所署提交日期为三月六日（『仙台における魯迅の記録』，305—307、312、315—316 页，平凡社，1978）。

迅和许寿裳，所余一名，其姓名无法判定。

二

独逸语专修学校是以独逸学协会学校为母体的学校。独逸学协会学校（Die Schule des Vereins für deutsche Wissenschaften）模仿德国文理中学（gymnasium）学制而规划，明治十六（1883）年十月二十二日开学，以作为独逸学协会[1]事业的一个环节。首任校长是西周[2]。该校以小学毕业者为对象，旨在教授德语及普通学。主要教育科目除德语外，还有数学、地理、历史、和汉文。除了和汉文外，其余全部使用德语进行教学。德语教师全部出自东京外国语学校，还聘请了一些德国教师。[3]这是成立之初的状况。但是后来由于教育课程和学校规则的变更、学制的改革、德国在第一次世界大战中的战败以及日本人对德国感情的变化等因素，学校经历了多次挫折。

然而可以说，独逸学协会学校在明治时期很早就构筑了教育基础并取得了显著成果。该校在明治时期所从事的教育，主要是

---

[1] 独逸学协会由品川弥二郎、桂太郎、青木周藏、平田东助、加藤弘之、山胁玄、西周等人成立于所谓政变之年的明治十四年九月，目的在于"掣肘英美法之自由主义，而导入德意志之法律政治学问，以建构坚实君主国日本之将来"。（『獨逸學協會學校五十年史』，8 页，1933）会长为北白川宫能之，会员二百余名，身份从皇族到平民，横跨政、法、军、财、学、报业各界，以翻译、出版发行杂志和开办学校为主要事业。

[2] 西周（Nishi Amane，1829—1897），日本明治时期启蒙思想家，1862 年留学荷兰，学习法学、康德哲学、经济学和国际法等。任江户幕府开成所教授，1868 年译就《万国公法》。1870 年在明治政府任官。1873 年与其他同道结成明六社，致力于介绍西方哲学，philosophy 一词，即由其译成之所用"哲学"。著作有《百一新论》《致知启蒙》等。——译注

[3] 独协学园百年史编纂委员会『獨協百年　第五号』（简称『獨 5』，以下相同），「開校届と開校式」，105 页，「獨協學校の教員履歴」，121 页，1981。

以德语教育为主体的中等教育，并以此为基础增加了通过德语讲授的法律、政治的专门课程，同时还设立了旨在专门培养德语能力的课程。该校教学主要是以这三种课程为中心展开。

基础教育当初在初等科、高等科和在开校改为五年一贯制教育的普通科展开。普通科在不久之后的明治二十六（1893）年，改正校则，修正教育课程，而改为独逸学协会学校中学，后又在昭和十二（1937）年改为独逸学协会中学校[1]。

专门教育在明治十八（1885）年开设的旨在培养通晓德国行政机构和政治制度的行政官和司法官的专修科展开，其课程为三年高等专门教育，教学对象为普通科四年修了后被许可升学者。在专修科，有在文部省和司法省的辅助下招聘的德国教师，由他们以德语来担当以德国法制为基础的课程。毕业生被赋予判任文官免试任用以及参加高等文官考试的考试资格。[2]在日本的现行法和行政制度尚不十分完备的时期，学习构成其基础的德国法制的便是该学科。当时的帝国大学尚无德法科。专修科十年落幕。到明治二十八（1895）年其使命移交给官立大学和高中为止，专修科向政界和司法界输送了大批有才能的人才。

单纯教授德语的教育，始于明治二十四（1891）年开设的别科，此后又被独逸语专修学校承接下来。详细情况放在后面展开。

可以认为，独逸学协会学校是包括上述这些各种各样课程的总称。

另外，如果从时间上来概观该校在明治时期的教育，那么其前半期的特征便在专修科十年教育当中显现出来，有着直接有

---

〔1〕 独协学园『目でみる獨協百年』（简称『百年』，以下相同），「年表戦前編」， 108、114 页，1983。

〔2〕 『獨4』，「三先生追憶談」，276 页，1980。『獨逸學協會學校五十年史』（简称『五十年』，以下相同），27 页，獨逸學協會學校同窓會，1933。

助于国家体制整备的效果。这也充分实现了独逸学协会成立的目的。而后半期的特征，则可以在专修科结束使命退场前后、重整教学内容再次出发的独逸学协会学校中学的教养主义的语学教育当中看到。

鲁迅所学的是后半期当中的只教授德语的专修课程。

在后半期，确立该校教育的核心人物是大村仁太郎。他自该校成为中学的明治二十六（1893）年，就任第三任校长加藤弘之手下的干事以来，直到明治四十（1907）年作为第四任校长去世于履任期间为止，全力倾注于该校的教育和运营，以至于有人对他说，"作为中学的独逸学协会学校完全是你一手操办起来的"〔1〕。而且在德语教育在教育机构、教育方法和教科书等方面之整备尚不充分的这一时期，大村的工作，在外国语教育界也发挥了很大作用。他不时申述关于外国语教育的意见，起草倡议书，进而又为恢复母校东京外国语学校而工作。在此期间披沥出来的他的关于外国语教育的想法如下：

外国语教育的目的在于，"知泰西开化之真面目"，"知泰西诸国之文物制度"，"以扩大学生之思想境界"，使其"明了之观察"和"致密之思考"能力获得充分发展，"增大其理解能力"，"涵养学生之德行"。他将此命名为"有形的利益"和"无形的利益"。为实现这一目的，他使各具所长的英、德、法三种外语三足鼎立，让学生根据自己的愿望必修其一。〔2〕他并不认为只有德语才是必要的。在这种想法的深处，或许就有着语言是文化的表现、认识的手段，各种语言之间并无高下优劣之分的理解吧。而

---

〔1〕 七十五年史编纂委员会编『獨協学園七十五年史』（简称『七十五年』，以下相同）「独協学園歷代校長列伝—白鳥庫吉記—」，41 页，1959。
〔2〕 『獨 5』，「外國語學ヲ課スルノ目的及其ノ利益」，647 页。

由具有如此理解的教师来施教的，便是从明治二十年代后期开始的独逸学协会学校。

那么该校的教育，其实际情况怎样呢？很多毕业生对此都有回忆。这里首先要来介绍一下天野贞祐[1]关于德语教育的回忆。他于明治三十九（1906）年即鲁迅入该校那一年中学毕业。

> 独协也是具有传统的有品位的中学。学生矜持，先生出色。论缘由则大村仁太郎、谷口秀太郎、山口小太郎三先生作为所谓三太郎文典的共著者而有名，他们是学校之柱石和骄傲……大村先生是校长，教德语和修身。他在语学课上主要教诗和文学性的东西，我至今仍爱咏颂先生所教的歌德的诗。每星期他都会把改过的听写笔记还回来，我的德语或许就是这样练出来的……文法是跟谷口先生学。先生教得很认真，我至今还能够暗诵当时所习。由于先生出色，而课又上得很认真，所以当我们走出中学校门时，就已经不仅能读德文，还能写，能说了。我不得不认为，跟好的老师学习是一种幸福。[2]

由此可以读到对教师的尊敬之念，亦可想象到那课堂上的情形：教师施教适确，态度恳切。不仅对天野如此，毕业生们都异口同声地对三先生所教充满怀念之情，并引以为骄傲。[3]

被学生们称作三太郎先生的大村仁太郎、谷口秀太郎、山口小太郎同为独逸学协会学校自明治后期到大正时期教育和运营的

---

[1] 天野贞祐（1884—1980），康德哲学学者，教育学者。历任京都大学教授、第一高等学校校长、文部大臣等职。——译注

[2] 参见『獨2』「獨協中学と私」，89 页，1979。

[3] 参见『獨1』「同級生の回想記」，1979。

支柱，又都是通过编纂教材和发行《独逸语学杂志》[1]给予日本的德语学习以一种规范的语言学者。学生们使用号称三太郎文典的语法书和读本，直接就教于文典作者。

三太郎文典不是从德国教科书上抄来的，而是日本人写的语学书，也被称为欧美语学教科书的标准书。[2]明治（1868—1912）、大正（1912—1926）、昭和（1926—1989）的知识青年都曾一度经手的三太郎文典，其语法书和读本都再版过数十次，发行量极大[3]，对当时日本人通过德语摄取异文化发挥了划时代的作用。

> 三太郎先生的德语文法是非常有名的，有名到几乎只要是知识阶级便没有不知道三太郎先生这个称呼的程度。不知有几万人通过这文典学到了德语，能够自由地解读那些德文的难啃书籍，获得了巨大利益。这书就有名到这种程度……在此时（明治——引用者注），尤其受德国方面的文化的影响，在兵学，在医学，在哲学等各方面都学德国文化的优点，各方面的学科都从德国学。……给予这种摄取德国文化力量、普及了德语的，即三太郎文典。人们依靠三太郎文典而知德国文化，并能自由自在地读德文书，得以摄取德国优秀的文化，从这一点来看，三太郎先生可

---

〔1〕 明治三十一年十月创刊，月刊。主编大村仁太郎。谷口秀太郎、吉田谦次郎、山口小太郎、国吉直臧、三并良、司马亨太郎、岩谷小波等人名列执笔阵容。据说该杂志人气很旺，在二十世纪第一个二十五年里，旧制高中学生、独协生、学习院生、府立一中生和陆军学校的学生们都是该杂志的热心读者，通过该杂志他们接触了德国文化，受到新思潮刺激。（参见『百年』，16、86、109页。）

〔2〕 『七十五年』，41页。『百年』，108页。

〔3〕 其中『獨逸文法教科書』再版七十次以上，发行数十万部。『獨文讀本第二』截至大正十二年，再版六十五次。（『百年』，66、83页。）

谓居功至伟。[1]

由此可以感知到，虽然说是私立学校，但独逸学协会学校的德语教育却居日本德语教育之要。

又，大村仁太郎非常重视充实各教科的师资力量。[2]人们在各种回忆中总会不断地谈到学生们在课堂和课外所受到的熏陶。津田左右吉[3]先生"总是手拿一根粉笔出现，把教科书放在一边而讲有趣的话题"[4]，毕业时对学生们说，"日本国民不知宪法怎么可以，于是便给有志者开讲宪法"[5]。木元平太郎先生让学生们画写生，总是抱以欣赏地夸奖说"画得好"，还贴在墙上，哄着学生高兴继续画，而当有学生途中要改画别的时，便训斥说"就好比你是大夫，难道说眼前的这个患者治不好，却要求换个治得好的患者来不成？"[6]教德语的外山高一先生[7]，是个柔道、滑雪、游泳样样都会的运动健将，"星期六把学生带到校外去玩儿"[8]，向他们展示在当时还很少见的滑雪技能。东仪季治先生在校友会的音乐部指挥练习时，手里拿着教研室火盆里的拨火棍当指挥棒，指挥到兴头上，"合着节拍一边一二三四、一二三四地怒骂，

〔1〕『獨4』，白鸟库吉「獨逸語と獨飄文化」，285—286页。
〔2〕『百年』，72页。在德语以外的教学科目里还可看得到芳贺矢一（国语）、津田左右吉（历史）、东仪铁笛（音乐）、丘浅次郎（生物）、木元平太郎（美术）等人的名字。
〔3〕津田左右吉（Tsuda Sokichi，1873—1961），历史学者，日本及东洋古代史、思想史研究的开拓者，早稻田大学教授，文化勋章获得者，著作有《由文学所见我国国民思想之研究》（『文学に現れたる我が国民思想の研究』）等。——译注
〔4〕『獨1』，河野正次「目白坂の思い出」，32页。
〔5〕『獨2』，天野贞祐「独协中学と私」，89页。
〔6〕『獨1』，磯田仙三郎「中学时代の回想」，42—43页。
〔7〕同上。
〔8〕同上。

一边叩打着练习者的肩膀"……[1]

　　又，山口小太郎也是东京外国语学校的教授，"热心而诚恳地劝导实际练习德语"[2]，他把第一高等学校、学习院、东京外国语学校、独逸学协会学校学德语的学生们召集到一起，首次召开了德语谈话会。明治三十二（1899）年六月十日，在高等商业学校讲堂（现一桥讲堂）众人汇集一堂，用德语发表演说，演出戏剧，还唱德国歌，深化了交流。[3]该会每年都召开，并以此为契机，在独逸学协会学校里也于翌年三月诞生了同样的"尝试德语技术"的会。[4]

　　总之可以说，当时独逸学协会学校所实行的是以对人的熏陶为基础的语学教育，即立足于教养之上的语学教育。
　　明治年间，该校有百分之九十以上的受教育者成为医生，其余成为官吏（尤其是司法方面的）、军人、教育者、实业家等，也出了少数像岩谷小波[5]、大町桂月[6]、木下杢太郎[7]、水原秋樱

---

〔1〕『獨5』，和田農男「獨協音楽部創立當時の懷出」，539 頁。
〔2〕『獨3』，「日本國に於ける獨乙談話會の第一大會」，284 頁，1980。
〔3〕『獨3』，同上，284—285 頁。『七十五年』，「明治時代の独協　座談会」，114 頁。
〔4〕『獨3』，大村仁太郎「Eroffnungsrede」，291 頁。德文解读由藪前由紀担任。
〔5〕岩谷小波（Iwaya Sazanami，1870—1933），日本明治、大正时期的儿童文学作家，小说家、俳人。著名文学团体砚友社创始人之一，本名季雄，号涟山人，著作有『日本昔噺』『日本お伽噺』『世界お伽噺』『小波お伽全集』全 15 卷等——译注。
〔6〕大町桂月（Omachi Keigetsu，1869—1925），本名芳衛。日本明治、大正时期的诗人、歌人、随笔家和评论家，有《桂月全集》12 卷、别卷一卷。——译注
〔7〕木下杢太郎（Kinoshita Mokutaro，1885—1945），本名太田正雄，皮肤科医生、东京大学医学部教授、学者、诗人、剧作家、评论家、翻译家、美术史和日本天主教史研究家。有『木下杢太郎全集』全 24 卷。——译注

子〔1〕、恩地孝四郎〔2〕、板垣鹰穗〔3〕等那样的文人和画家。〔4〕

三

从现存资料来判断，可以认为与独逸语专修学校相关的历史，始于明治二十四年（1891）"为独逸语学笃志家而设立，以专门教授德语为目的"〔5〕的独逸语学协会学校别科。

别科起步当初为三年制，旨在全面提高德语能力，有拼写、习字、听写、文法、会话、译读等几个方面的课程。会话从一开始就由德国教师来教，译读课阅读德国文学"杰作"。据说作为"专为喜爱德国学之真味的笃志家而设立的不可他求的好学校"，有二百名左右学生希望入学。〔6〕据八年后的记录〔7〕，在以半年为一期的二年制（四期制）之外，还为高中考生并设了乙种。进而还

〔1〕 水原秋樱子（Mizuhara Shuoushi, 1892—1981），本名丰，俳人，医学博士，曾任昭和医专教授、侍医寮御用挂。其入高浜虚子门下，作为俳句杂志《杜鹃》（『ホトトギス』）之主流构筑了俳句创作黄金时代，后脱离《杜鹃》，主宰《马醉木》。有俳句集《葛饰》《霜林》《残钟》。『水原秋桜子全集』全21卷。——译注

〔2〕 恩地孝四郎（Onchi Koshiro, 1891—1955），版画家、装帧美术家、摄影家、诗人，致力于创作版画运动，是日本抽象绘画的创始人。有版画集、美术作品集和随笔多种。——译注

〔3〕 板垣鹰穗（Itagaki Takaho, 1894—1966），美术评论家，历任明治大学教授、早稻田大学教授、东京写真大学教授，对现代主义文艺、美术、建筑等有着广泛的研究，1929年创刊《新兴美术》。鲁迅曾将其『民族的色彩の主とする近代美术史潮論』（大鐙閣，1927）译成中文出版（《近代美术史潮論》，北新书局，1929）。——译注

〔4〕 『七十五年』，「独协学园人物誌」。当时很少有中学教德语，从该校报考以德语招生之医学校的合格率非常之高。例如，1903年考取一高第三部（医学专业）的有三十五名（四十四名考生中之录取者）、考取千叶医专的有二十名，考取仙台、金沢医专的也有数名。（『獨3』，327页）

〔5〕 『七十五年』，「独協学園の歴史」，59页。

〔6〕 『獨4』，「校友會雜誌第壹號——明治二十五（1892）年四月」，214页。

〔7〕 『獨1』，「獨逸学协会学校别科の現况——『獨逸語學雜誌』明治三十三（1900）年十一月號原載」，403页。

15

可知道，课堂教学也在每天下午（从三点开始）或晚上（从六点开始）实施两小时，入学虽以二月、四月、九月为最佳，但可随时批准入学。当时在校生约五百名，从同一时期的中学那一方在校生人数为八百五十名的情况来看[1]，可知别科在附设学科当中是个庞大的存在。别科有了十年的教育业绩，它作为学校独立出来的时机也成熟起来了。

明治三十四（1901）年，东京府知事批准独逸学协会学校"设置名称为独逸语专修科的私立学校"，4月5日主办者提交了改名为"独逸语专修学校"的申请，独逸语专修学校诞生。明治二十四（1891）年以来的别科发展到此而终结。专修学校的校长为谷口秀太郎。[2]该校实现了大村仁太郎的长期构想，即不受白天时间限制，谁都可以随意来学习的"语学校"。[3]大村仁太郎为这所"语学校"的创立鞠躬尽瘁，并最终将其算作自己完成的工作之一。[4]友人们也都不忘记称颂大村为独逸学协会学校的经营和独逸语专修学校的创立所留下的功绩。[5]

现在获知该校内容的线索为两种《规则》（含课表）和《独逸语学杂志》的记事和广告。当时在籍者的回忆等几乎找不到。所谓《规则》是附于明治三十四（1901）年的《设立申请》当中

〔1〕『獨1』，「獨逸学協会学校の現状——『獨逸語學雑誌』明治三十二（1899）年十月號原載」，402 页。

〔2〕『獨5』，「獨逸語専修學校設立願」，179、184 页。「學校名稱變更届」，178 页。由上述资料可知，学校名为独逸语专修学校，校长为谷口秀太郎。从杂志广告等可知，校名之前通常冠以"独逸学协会学校附属"。此外，还同时设置了"别科"，对象为未入中学者和就职于"实业"者。当然，这不同于明治二十四年设置的"别科"。

〔3〕『獨4』，市村瓚次郎「三十代の大村君」，283 页。『獨1』，「獨逸学協会学校獨逸語専修科『獨逸語學雑誌』明治三十四（1901）年三月號原載」，404 页。

〔4〕『獨5』，「大村仁太郎の書簡」，706 页。

〔5〕『獨4』，市村瓚次郎「三十代の大村君」，283 页。『七十五年』，「独協学園歴代校長列伝」，41 页。

的《独逸学协会学校独逸语专修科规则》（以下简称 A）和《明治四十二年九月改正　独逸学协会学校附属　私立独逸语专修学校规则》（以下简称 B）两种。[1]可以说明从 A 向 B 的过渡过程的，是由《独逸学协会杂志》刊载的记事以及广告所见之课表等（明治三十九〔1906〕年九月号[2]，以下简称 b）。[3]检讨这些内容可以了解到，当初是以别科最后阶段的规则为标准拟定《设立申请》当中所附规则的[4]，而在学校的实际运营当中，随着明治三十六（1903）年九月"扩大规模"，课表也作了变更，直至明治四十二（1909）年的规则改正。鲁迅在籍的时间是规则改正的三年多以前，即按照 b 所显示的课表等进行运营的时期。

　　首先比较 A 和 B 之要点，抽取出两者的相同与不同之处。A 有二十五条规则，附课表；B 则有包含课表的二十条规则。

A——明治三十四（1901）年制定	B——明治四十二（1909）年制定
一、对象 不问目的如何而想专修德语者 二、学科、学期、时间 正科——二年（四学期）午后三时至八时。	同左 普通科 ——约一年半（五学期——将一年分为九月至十二

---

〔1〕『獨 2』，387—390 页。
〔2〕『獨 3』，「獨逸語專修學校の擴張——『獨逸語學雜誌』 明治三十六（1903）年九月號原載」，327 页。
〔3〕『獨逸語學雜誌』明治三十九（1906）年九月号所载「獨逸語學生募集」广告（獨協大学图书馆馆藏）。
〔4〕『獨 1』，「獨逸学协会学校别科の现况——『獨逸語學雜誌』 明治三十三（1900）年十一月號原載」，403 页。

乙种科——对象为有中学毕业学历的高中考生。不分修业年限和学期。午后三时至五时半。

月/一月至三月/四月至六月三个学期，履修五个学期）。昼间部从午后三时半（星期六从两时半起）开始上课，夜间部从午后六时（星期六从五时起）开始上课。第五学期只夜间部上课。

高等科——一年。可由任意学期开始。

课外讲义——随时进行（十次至十二次）。介绍德国文学史、德国文学杰作、德国法律书籍等。

三、每学期[1]之每星期课时数

学期A 学期B 教学科目	A					B					
	正科				乙种科	普通科					高等科
	一	二	三	四		一	二	三	四	五	
读法译解	8	8	8	8	6	8	7	7	7	8	9
文法作文	3	2	2	2	2	3	3	3	3	2	2
会话		1	1	1	3		1	1	1	1	1
听写（及习字）	1	1	1	1	1	1	1	1	1	1	0

每周合计十二小时。习字只限一学期。

---

[1] A 表示"学期"，B 表示"期"，后述 b 亦表示"期"，是一个包括现在所谓学期和学年在内的概念。

四、入学手续

提交入学申请表及学业履历书，免试入学。入学后由保证人（居住在东京市内、经济独立之成年男子）提交在学证书。

提交本校所规定之宣誓书，签名盖章，免试入学。可根据自己的学力任意选入学级（学期——作者注），但是当教师判断其学力不适合其所在学级时会调整其所在学级。

五、考试、毕业证书

毕业考试只对希望进行毕业考试者实施（考试费五十钱）。

毕业考试只对希望进行毕业考试者实施，授予毕业证书（考试费二十钱）。

六、课时费

入学金一圆。课时费每月一圆（暑假期间无须交纳），每月三日以前交纳。兼修二科者，其中一科交纳半额。在预先提交缺席申请（一个月以上）的情况下，免交课时费。

入学金一圆。课时费单月交纳为一圆五十钱，每月三日以前交纳。各学期交纳全额为第一学期五圆，第二、三学期四圆。昼夜兼修者，其中一方交纳半额。在预先提交缺席申请（一个月以上）的情况下，免交课时费。

七、除名

无故缺席两个月以及连续缺席六个月以上者除名。

无故缺席一个月以及连续缺席两个月以上者除名。除名者须经办理再度入学手续方可复学。

八、听课证

（无记载）

向交纳学金和课时费者颁发听课证，进校时必须携带，不得借予他人，遗失时须重新提交申请，再度领取。

九、假日

星期日、大祭祝日、靖国神社祭典日（五月六日、十一月六日）、独逸学协会学校纪念日（十月二十二日）。

暑假（七月一日至九月十日）。寒假（十二月二十五日至一月七日）。

同左

春假（四月一日至七日）。暑假（七月一日至九月十日），暑假期间开办夏季讲习会。寒假（十二月二十五日至一月七日）。

A和B的共同之处是常时开设全学期学级，采取昼、夜二部制上课；学生可随时按自己的希望从任意学级开始学，又可以同时履修多学级课程[1]；虽原则上不实施考试，但长期旷课将会被除名；暑假期间无须交纳课时费，预先提交缺席申请（一个月以上）者免交课时费；兼修两个学级，其中之一课时费减半等。由此可以知该校的基本特征，那就是对学生的制约很宽松而将教学重点放在调动学生自发学习德语的积极性上，课时费也根据学生的学习所得予以征收。这个同时也说明，学校的运营者对普及德语有着怎样的看法。可以说鲁迅在籍时也处在这种一贯体现独逸

---

〔1〕 从学费项目中可知 A、B 皆可两级兼修。倘若如此，那么可认为学级可从途中开始。

语专修学校教育特征的框架之内。

A和B的不同点，即由A向B变更处见于学科、学期和课时设置等方面。正科变为普通科，乙种科对象也并不限于高中考生而变为高等科；有新设课外讲义，开办暑期讲习会。学制也由一年二学期共四学期制，变更为一年三学期共五学期制，即将学习期限从两年变更为大约一年半。不论正科还是普通科，其读法译解和语法作文都占了全课时的六分之五，不过从第二学期开始，普通科语法和作文增加一小时，变为三小时。此外还有简化入学手续，代之以规定携带听讲券之义务等。

那么在课程设置上所看到的由A到B的变化，在鲁迅在籍时情况怎样呢？

不妨先来看一下《独逸语学杂志》明治三十六（1903）年九月号的如下报道[1]：

> 独逸语专修学校之扩大
>
> 独逸学协会学校附属之该校，自本学期起扩大规模，在午后科四学级之外更增设高等科一级，以用于本年为稍有进步者讲读"克莱斯特""弗莱塔格"等人之作品，夜间学科亦为此而增设第四期。此外，据说还为介绍德国最近文学而开设课外讲义。讲师除现任谷口、吉田、武内氏等之外，最近回国的大村、山口也为此而出席。

可知明治三十六（1903）年九月，独逸语专修学校变更了A课程内容，充实了讲师阵容。可认为具体显示出了这一点的是同一

---

〔1〕『獨3』，「獨逸語專修學校の擴張——『獨逸語學雜誌』 明治三十六（1903）年九月號原載」，327页。

份杂志明治三十九（1906）年九月号刊载的附有课程表的招生广告。[1] 这份课程表 b，可认为一直延续到明治四十（1907）年九月更改为课程表 B。要而言之，1906 年春入校、1909 年 8 月回国的鲁迅，在独逸语专修学校整个期间接受了由以下课程表 b 所呈现的课程教育。

　　b——独逸语招生

　　新学期九月十一日开始，昼夜各组皆可入学。

　　普通科（学业年限两年，分为四期）

　　高等科（学业年限两年，分为二学年）

　　课外讲义，随时开课，以十至二十次结束，不另外规定学业年限，本年十月中旬开始。

　　授课，分昼夜之二部实施，昼间每日下午三时半（星期六二时半）开始，夜间午后六时（星期日五时）开始。

　　学科课程　如下表

　　入学金及学费

　　入学金各科金一圆，课时费普通科金一圆，高等科金一圆五十钱。

　　讲师

　　大村仁太郎、吉田谦次郎、谷口秀太郎、武内大造、国吉直藏、山口小太郎、三并良外数氏。

---

〔1〕『獨逸語學雜誌』明治三十九（1906）年九月号所载「獨逸語學生募集」广告（独协大学图书馆馆藏）。

课程表

○普通科第一期（昼夜相同）		
教学科目	教科书	每星期课时
读法译解	獨文楷梯一（獨逸語學雜誌社出版） 獨文讀本第一卷（獨逸語學雜誌社出版）	八课时
习字听写	獨逸習字帖（獨逸語學雜誌社出版）	一课时
文法作文会话	獨逸文法教科書前編（獨逸語學雜誌社出版）	三课时
○普通科第二期（昼夜相同）		
读法译解	獨文讀本第二及第三卷（獨逸語學雜誌社出版） 獨逸新讀本第四卷ノ一（大倉書店出版）	七课时
听写		一课时
文法作文	獨逸文法教科書前編（獨逸語學雜誌社出版）	三课时
会话		一课时
○普通科第三期（昼夜相同）		
读法译解	高等獨文讀本上卷（獨逸語學雜誌社出版） 獨語教科書第二卷（獨逸語學雜誌社出版） Körner，Erzahlungen.	七课时
听写		一课时
文法作文	獨逸文法教科書後編（獨逸語學雜誌社出版）	二课时
会话		一课时
○普通科第四期（只限夜间部）		
读法译解	高等獨文讀本下卷（獨逸語學雜誌社出版） 獨逸新讀本第一卷（大倉書店出版）	八课时
听写		一课时
文法作文	獨逸文法教科書後編（獨逸語學雜誌社出版）	二课时
会话		一课时
○高等科第一学年（只限昼间部）		
读法译解	Freytag，Journalisten. Goethe，Werthers Leiden. Hebbel，Maria Magdalena. Kleist，Michael Kohlhaas	九课时
作文		二课时
会话		一课时

神田区西小川町一丁目

独逸学协会学校附属　独逸语专修学校

从这张课程表可知，鲁迅在籍时实行普通科二年（四学期）制和高等科二年制[1]；也可知每星期各个学级的教学科目、课时数和教科书以及讲师姓名等。此外还可以从鲁迅在籍期间《独逸语学杂志》上登载的广告获知，新学期开始于2月上旬和9月上旬，暑期讲习会开办于7月中旬到8月下旬。[2]但招生广告在新学期开始以后仍随时登载。[3]此时的二学期制，从2月上旬到6月最后一天为一学期，从暑假结束后的9月11日到中间夹着寒假的1月下旬为一学期，亦可以推定学期开始后仍可随时入学。关于教学科目和课时数，b和B相同，显示着此时的变更，直接与此后的修订相关。

　　b的教科书在前表B当中省略了，事实上与B所显示的各教学科目和教科书几乎相同，只是使用的学期不同。[4]由于在A表中没有明示教科书，所以无法判断其与b的异同。要而言之，可以认为鲁迅在籍期间一直使用B表中的教科书。德文教科书似因学期不同而有变更。在这些教科书当中，由独逸语学杂志社出版的，除《独语教科书》外，其余全部被在独逸学协会学校中学使用。[5]《独文阶梯》（全）由卡尔·弗洛伦兹、大村仁太郎校阅，

---

〔1〕　表中只载一年的课程内容，是由于每学年（或每学期）都要更换教科书的缘故。

〔2〕　据『獨逸語學雜誌』（发行年月日记于杂志末尾），学期开始日和暑期讲习会的各年度的日期如下：一九〇六年二月三日、九月十一日／七月十一日至八月二十五日；一九〇七年二月四日、九月十一日／七月十五日至八月二十五日；一九〇八年二月一日、九月不明／七月十五日至八月二十五日；一九〇九年二月三日、九月十一日／七月十五日至八月二十五日。又，暑期讲习会的教学课程及教科书，以独逸语专修学校为基准采用（一九〇六年二、七、九；一九〇七年二、六、七、八、九——独协大学图书馆馆藏。一九〇八年二、六；一九〇九年二、六、七、九——独协学园图书馆馆藏）。

〔3〕　参见『獨逸語學雜誌』（一九〇六年十、十一／一九〇七年十，独协大学图书馆馆藏）。

〔4〕　『獨2』,「私立獨逸語專修學校規則」，388—389页。

〔5〕　『獨5』,「教科用圖書届」，203—204页。

24

独逸语学杂志社编纂；《独逸文法教科书》（前·后编），大村仁太郎、山口小太郎、谷口秀太郎合著；《独文读本》（第一、二、三卷）、《高等独文读本》（上·下卷）、《独乙 罗典 习字帖》均为大村仁太郎、山口小太郎、谷口秀太郎合编。[1] 除第一种之外，其余都可算入所谓三太郎文典，鲁迅也是这个三太郎文典的学生。

关于鲁迅在籍时所使用的德文教科书，还另有出现在1906年2月新学期广告上的作为高等科使用的教材所登载的内容。[2] 从这些内容和 b 的记载可以知道有如下具体内容：席勒的《阴谋与爱情》、克莱斯特的《修罗兹菲斯坦因家》和《米歇尔·科尔哈斯》、易卜生的《海上夫人》、耶林的《为权利而斗争》、柯尔纳[3] 的小说、佛莱塔格的《新闻记者们》、歌德的《少年维特之烦恼》、黑贝尔的《玛丽亚·玛古达列内》。除此之外，在同一时期的暑期讲习会里还使用了下面的教科书，讲师是独逸语专修学校和独逸学协会学校的教师。[4] 使用的教材有古丽姆《为了孩子和家庭的童话》、席勒的《华伦斯坦之阵营》和《威廉·退尔》、豪夫的《玛丽安布尔克最后的骑士》、歌德的《浮士德第一部》、柯尔纳的小说、莎士比亚的《威尼斯商人》、瓦格纳的《谭浩一扎》和《罗安戈林》、格里尔帕策的《萨珀》、易卜生的《娜拉》。

---

〔1〕 据『獨逸語學雜誌』（一九〇六年六期）所载广告「獨逸語學雜誌社圖書目録」（独协大学图书馆馆藏）以及除『獨乙羅典習字帖』之外所刊载的前四种教科书（独协学园图书馆馆藏）。同样，『獨語教科書』第二卷为气贺勘重、三并良、向军治合著。

〔2〕 上记机构所藏『獨逸語學雜誌』缺号，我所看到的只有这一期。

〔3〕 这里提到"柯尔纳"，暗示着在鲁迅《摩罗诗力说》里出现的"台陀开纳"这一人物的材源线索。"台陀开纳"，通称即特沃多·柯尔纳（Theodor Körner，1791—1813），德国诗人、戏剧家，1813年参加反抗拿破仑侵略的义勇军，在战争中阵亡。但本书作者还不能断定此"柯尔纳"即鲁迅所介绍的那个"台陀开纳"。参见本章第26页注释〔1〕。——译注

〔4〕 参见『獨逸語學雜誌』（一九〇六年七期；一九〇七年六、七期；一九〇九年六期）所在暑期讲习会广告。

一见而可知，这些是与高级或高等科所使用的教科书同等程度的内容。我以为，由这些文本可大抵把握在独逸语专修学校通过三太郎文典的教学，学生们所阅读到的德文教科书。以上这些虽然都是鲁迅在籍时使用的教科书，但还没有资料可以确定他在学校到底读过哪些，只能作为一种可能性来考虑。这其中值得注意的是有他为之倾倒的易卜生和柯尔纳的作品。[1]

鲁迅在籍时的讲师阵容，除了大村仁太郎于明治四十（1907）年六月去世以外，其余似乎相同。课外讲义和暑期讲习会也同样由这些讲师们来担任。[2]关于独逸学协会学校中学校长大村仁太郎，前面已经谈到。同校教头、独逸语专修学校校长谷口秀太郎，是大村在东京外国语学校时的同窗，陆军教授。从明治十八（1885）年到大正十一（1922）年在独逸学协会学校任职，肩负学校运营的重任，多次渡过难关，据说是位深受内村鉴三影响、胸怀博大而有着自由思想的先生。[3]山口小太郎曾经在东京外国语学校和东京帝国大学学习，历任第一高等学校、东京外国语学校教授之后，于明治三十六（1903）年到大正五（1916）年在独逸学协会学校任职，"作为康德和尼采的最早的介绍者"，"通过德语给予日本知识青年以很大的影响"。[4]大正五（1916）年暑期讲习会的广告词似可提供这方面的佐证："唯有一事想在此补充，那就是山口教授的讲述 Nietzsche 之 *Also Sprach*

---

[1]　但在此应指出，这个"柯尔纳"是否就是特沃多·柯尔纳还不清楚，兹予以保留。

[2]　参见『獨逸語學雜誌』（一九〇六年十、十一期）课外讲义广告。

[3]　学生们总是去具有"飘渺风格"的谷口那里玩儿。他对自己的孩子也期以"尊重个性的教育方针"，两个女儿受信教感化，都成为信仰相同的牧师的妻子，儿子则成了天主教信徒。（『獨4』，289页；『獨3』，114—119页。）

[4]　『百年』，「年表　戰前編」，112页。

Zarathustra，该教授的《查拉图斯特拉如是说》讲义，今乃作为天下一品而世有定评，兹毋庸赘言，其讲义数年难得听到一回，故欲读该书之诸君万勿错过这一好时机，请来听讲。"[1]但遗憾的是无从知道鲁迅是否听过山口小太郎关于尼采的课程。但是尼采的《查拉图斯特拉如是说》是鲁迅的座右之书，他在该校期间正处于留学期之后半程，从其所构筑的关于人之精神的进化观和文学论当中可以看到尼采的深刻影响乃是事实。吉田谦次郎是明治初年最早一批在大学南校（东京大学前身）跟外国人学德语的学生，第一高等学校教授。[2]武内大造是谷口的学生，明治二十六（1893）年毕业于独逸学协会学校普通科，东京外国语学校教授。[3]国吉直藏明治二十五（1892）年毕业于独逸学协会学校专修科，陆军（陆军士官学校）教授。[4]三并良是独逸学协会学校普通科的第一期学生，成绩虽然很优秀，但因明治十九（1886）年夏，与同期岩谷小波、向军治"罢课要求罢免'顽固无能'之教师"而受到校方驱逐处分。陆军教授，与正冈子规[5]是表兄弟。[6]

明治三十七（1904）年，大村有如下记录："作为独逸学协会学校之附属，明治二十五（1892）年以后设立独逸语专修学

〔1〕『獨3』，「御披露 獨逸語夏期講習会——原載『獨逸語學雜誌』（一九一六年？期）」，349页。另外，山口的女婿櫛田民藏在大正五年的暑期讲习会上担任课外经济书讲义。

〔2〕鈴木重貞『ドイツ語の伝来』，65页，教育出版センター，1975。

〔3〕『五十年』，「獨協同窓會會員名簿」，6页。

〔4〕同上书，2页。『百年』，84页。

〔5〕正冈子规（Masaoka shiki，1867—1902），本名常规，日本明治时期著名俳人、歌人、国语学研究者，曾发起俳句、短歌的革新运动，在近代俳句、短歌、新体诗、小说、评论和随笔等方面做出了开创性贡献，代表作有『歌よみに与ふる書』『病床六尺』『仰臥漫録』等，有《子规全集》22卷。——译注

〔6〕『百年』，85页，『獨5』，「小波について——名家感想集より——向軍治の文」，603—604页，斎藤博「『獨協百年』誌のおわりに」，809—810页。

校，以供军人、官吏、医师、律师以及其他学生专修德语，以至今日。此学校常有生徒三百名以上在校，皆从事德语之研究，效果极佳。"[1]笔者认为，鲁迅在籍时学生人数和职业也与此无太大差距。所谓"其他学生"，指的是"旧制一高生、外语、陆军诸校生徒和独协生"[2]。

明治三十四（1901）年十二月五日，独逸学协会学校烧失于火灾。翌年由临时校舍搬迁到新校舍，中学在小石川区关口台町，独逸语专修学校在神田区西小川町，鲁迅去的就是这一校舍。

以上是笔者所了解到的鲁迅在籍时的独逸语专修学校之概貌。

四

关于鲁迅的在学状况，可做以下推论。

鲁迅大约在1906年3月初来到东京，不久就进了新学期开始于2月的独逸语专修学校。他是作为官费留学生中途入学的。以后直到始于1909年2月之学期结束（6月末），他学了七个学期的德语，于8月回国。来这所学校上学的除了他的好友许寿裳之外，还另有包括两名他母校教员在内的三名清国留学生。鲁迅在南京和仙台已经学过德语，未必会从普通科第一期入学，不过从他在仙台医学专门学校的成绩[3]来看，由普通科入学的可能性也很大。即便以从第一期入学而有四学期在籍的普通科为计，那么他至少有三学期是在高等科学习的。倘若如此，鲁迅在籍期间

---

〔1〕『獨5』,「大村仁太郎の書簡」, 706 页。
〔2〕『百年』, 79 页。
〔3〕在周树人（鲁迅）一年级的考试成绩表当中，独逸学 60 分，为丙级成绩。(『仙台における鲁迅の記録』, 104 页。)

则约有一半时间上的是高等科的课程。鲁迅在该校恐怕由著者亲授而学习了成为当时日本"知识阶级"接受德国文化之强有力工具的三太郎文典，进而又通过包含有对他"文艺运动"思想之形成给予影响的读物的教科书习熟了德文。官费留学生鲁迅，在七个学期当中至少保持了不被除名程度的出勤率。周作人眼中所看到的去得不太勤，便是由于这所学校管得松的缘故。

那么，独逸语专修学校是鲁迅偶然选择的学校吗？

首先，正如通过上面的考察所明确的那样，这所学校在日本的德语教育当中发挥着先锋作用。鲁迅身边也早有对这所学校给予好评的报道。那是弘文学院校长嘉纳治五郎主宰的杂志《国士》。[1]"问：府下哪所学校教授德语最有名？……答：府下教授德语之名校先有东京外国语学校之本科及别科，还有独逸语专修学校，其可称原独逸学协会学校别科者"。这一报道是否会被刚入弘文学院不久的鲁迅看到还不清楚。其次，从调查结果可以判明，在仙台医学专门学校与鲁迅同级的同学当中，至少有七名来自独逸学协会学校中学。[2]野中诚一、三谷（福井）胜太郎（明治三十四〔1901〕年毕业）、奥山环（明治三十五〔1902〕年毕业）、冈本英之（明治三十六〔1903〕年毕业）、小岛延吉、铃木逸太、高桥龙三（中途退学）。[3]其中的铃木逸太，是班级总代表，对留学生鲁迅很关照，是鲁迅离开仙台时为鲁迅开了一个小

〔1〕『國士』45 号（明治三十五〔1902〕年七月），54 页。

〔2〕据「獨協同窓會會員名簿」（收录于『五十年』）、「敷波重次郎教授独逸留学記念写真裏面の名簿」、「明治三十八年七月　医学科第 32 一年学年試験成績表」（收录于『仙台に於ける魯迅の記録』）、「仙台医学専門学校入学許可者氏名の一覧表」（『官報　第六三一八号』，明治三十七〔1904〕年七月二十二日发行）。

〔3〕数字表示独逸学协会学校中学之毕业年（明治年号）。"中途退学"，是根据在学四年的学制推定的。

小的送别会还一起照了相的友人。[1]或许从他那儿，在铃木逸太讲述自己身世时，鲁迅会听到独逸学协会学校或独逸语专修学校的事也未可知。再就是鲁迅在仙台医学专门学校时只有一个教官教过他德语，名字叫小高玄，为专修科二期生（明治二十二〔1889〕年毕业）。[2]鲁迅在仙台时已经学到了独逸学协会学校式的德语。我以为，鲁迅选择进独逸语专修学校并非出于单纯的偶然。顺便附一言，鲁迅在东京常去的德文专门书店南江堂的主人小立钲四郎也是明治三十二（1899）年的毕业生。[3]

鲁迅在这里学习德语的目的，并不是为了去读德国的古典和名著。他是把德语作为从事"文艺运动"的工具来学习的。他在用德语写就的世界文学史等书籍的引导下，购集歌茨辛和瑞克阑姆文库和旧杂志等，读到了俄国和东欧弱小民族的文学，学习了尼采和叔本华思想，构筑起民族救亡的理论，并翻译介绍了抵抗强权的民族的文学。在三年当中，鲁迅的德语程度有了怎样的长进呢？我想许寿裳下面这段回忆可说明一些问题。"鲁迅所译安特来夫的《默》和《谩》，加尔洵的《四日》，我曾将德文译本对照读过，觉得字字忠实，丝毫不苟，无任意增删之弊，实为译界开辟一个新时代的纪念碑，使我非常兴奋。"[4]

鲁迅德语能力的基础是在独逸语专修学校学习时打下的，成为"文艺运动"的推动力。如此说来，那么在此后鲁迅的一生当中，德语和日语共同作为接受外国文化的不可或缺的工具，是其文学活动的支撑之一。这可以说是鲁迅的留学所具有的值得肯定

---

〔1〕 参见『仙台に於ける魯迅の記録』「第三章二、第五章、周樹人送別会記念写真」。
〔2〕 『五十年』，「獨協同窓會會員名簿」，2页。
〔3〕 同上。
〔4〕 许寿裳《亡友鲁迅印象记》，57页。安特来夫和加尔洵的小说收录在作为"文艺运动"之一而翻译的《域外小说集》当中。

的意义。鲁迅曾在日本的三所学校学习过，其中正是独逸语专修学校为他打开了接触异文化之窗，并带给他丰厚的收获。

补注
除引文当中的旧体字表记、括号内的固有名词以及现在的人名和校名所使用的旧体字外，本文一律改用新体字。另有新旧字体混用现象，则为照原文表记。

第二章　寄托于诗力的救亡之梦

——恶魔派诗人论《摩罗诗力说》之构成

　　1906 年，鲁迅在仙台医学专门学校辍学后想要提倡的文学运动是怎么回事呢？现在只能凭借他发表在《河南》（1907 年 12 月创刊）杂志上的几篇文章和两本翻译的《域外小说集》（1909）来了解其中的内容。[1] 在那当中，可以说《摩罗诗力说》最能体现鲁迅的文学观。这是一篇诗论，从在英国被称为撒旦派的诗人拜伦[2]开始，谱系延及俄国、波兰、匈牙利的被压迫民族的诗人们，

----

〔1〕《人间之历史》（《河南》第一号，1907）、《摩罗诗力说》（同上第二、三号，1907）、《科学史教篇》（同上第五号，1907）、《文化偏至论》（同上第七号，1907）、《裴彖飞诗论》（同上第七号，1908）、《破恶声论》（同上第八号，1908）。《人间之历史》刊于 1907 年，其他各篇刊于 1908 年。各篇篇末记执笔年。其中《摩罗诗力说》据说是最为用力之作（周作人《知堂回想录》八一）。《域外小说集》与胞弟周作人合译，第一册出版于 1909 年 3 月，第二册出版于同年 7 月。第一册收显克维支（波兰）一篇，契诃夫二篇，加尔洵一篇，安特来夫二篇，王尔德一篇，计七篇作品，第二册收哀禾（芬兰）一篇，爱伦·坡一篇，莫泊桑一篇，穆拉淑微支（波斯尼亚）二篇，显克维支二篇，加尔洵一篇，斯谛普虐克一篇，计九篇作品，都是短篇翻译。周作人在上面提到的同一书里说，收在这个合译集里的大抵是所谓东欧的"弱小民族"的作品，俄国虽算不得弱小，但是人民受着压迫，所以也就归在一起了。总之，凡抵抗压迫、求自由解放的民族才称作"弱小民族"。
〔2〕拜伦在《摩罗诗力说》中译做"裴伦"。——译注

彰显他们的诗与人生，从人的精神之上征当中寻求民族的救亡方策。其内容超越了所谓批评和介绍的领域，包含着构成鲁迅文学之出发原点的成分。本章将探讨这篇诗论是怎么写成的，并去思考在鲁迅那时的想法中，诗之力是什么。我之所以要讨论这些问题，是因为我认为它们也关系到鲁迅"文艺运动"思想的核心。

《摩罗诗力说》，由总论（一、二、三章）、分论（四、五、六、七、八、九章）、结论（九章后半）组成。在分论当中，自英国的拜伦（四、五章）开始，分别论述了雪莱[1]（六章），俄国的普希金[2]、莱蒙托夫[3]（七章），波兰的密茨凯维支[4]、斯洛伐支奇[5]、克拉旬斯奇[6]（八章）以及匈牙利的裴多菲[7]（九章）的诗与人生。其实，在这些分论当中，文章所据，各有材源（source）。这种情况，虽早就通过周作人的回忆知道了一些[8]，而现在则判明有材源覆盖了各个分论的大部分[9]。

---

〔1〕雪莱在《摩罗诗力说》中译做"修黎"。——译注
〔2〕普希金在《摩罗诗力说》中译做"普式庚"。——译注
〔3〕莱蒙托夫在《摩罗诗力说》中译做"来尔孟多夫"。——译注
〔4〕密茨凯维支在《摩罗诗力说》中译做"密克威支"。——译注
〔5〕"斯洛伐支奇"与今译相同。——译注
〔6〕"克拉旬斯奇"与今译相同。——译注
〔7〕George Gordon Byron（1788–1824），Percy Bysshe Shelly（1792–1822），Александр Сергейьич Пушкин（1799–1837），Михаил Юревич Лермонтов（1814–1841），Adam Mickiewicz（1798–1855），Juliusz Słowacki（1809–1849），Zygmunt Krasiński（1812–1859），Petőfi Sándor（1823–1849）。
译注：裴多菲在《摩罗诗力说》中译做"裴象飞"。
〔8〕周作人《知堂回想录》七八。
〔9〕请参照中岛长文「藍本『摩羅詩力の説』第四、五章」（『飆風』第五号，1973 年 6 月）、同「藍本『摩羅詩力の説』第七章」（『飆風』第六号，1974 年 4 月）、拙稿「『摩羅詩力説』材源考ノート（その三）～（その二十四）」（『野草』第十一号、第十三号～第二十号、第二十三号～第三十号、第三十三号、第四十七号～第五十三号、第五十六号，1973～1995）、拙稿「役に立った論文」（『野草』第二十七号，1981）。

对照鲁迅在《摩罗诗力说》中的材源用法可知，他不是消化要旨后使其反映在自己的文章中，而是采取了近乎引用的做法，以剪刀加糨糊的方式进行操作。而且，若把材源出处的语境与由这些材源选取材料的鲁迅的语境相比较，则进而可以明确，《摩罗诗力说》是鲁迅按照某种意图使用材源而构成的文章。于是，我想首先就此描绘一张由《摩罗诗力说》文本与各材源具体比较和检证的结果而从分论各章综合浮现出来的鸟瞰图，然后再由此去解读只凭字面读不出来的《摩罗诗力说》的主张，思考鲁迅"文艺运动"的意图。[1]

一

《摩罗诗力说》的摩罗，采自摩罗诗派即恶魔派（The Satanic School）。恶魔派的名称，始于诗人罗伯塔·沙特（R. Southy）在其诗《审判的虚幻》中称拜伦等人为恶魔派。拜伦、雪莱为这一派的始祖。鲁迅在此并没打算去追寻被世界各国所接受的各种各样的恶魔主义（拜伦主义）谱系并把它们网罗到一起。必须看到，这篇文章的构成之枢轴，主要在于其只关注恶魔主义在东欧被压迫民族当中的接受状况。拜伦主义的这些在欧洲被压迫民族当中的接受特征，即在于其具有浓厚的民族主义色彩。现若将《摩罗诗力说》中诗人们的配置做一个非常简单的概观，那么就是把以天地间所有罪恶为对象的拜伦、雪莱的反抗，延求于同时

---

〔1〕 关于各分论具体检读之结果，「『摩羅詩力説』材源考ノート」有详细叙述。总论部分当中虽推定亦有材源，但因还多有不明之处，故在本文当中只把内容限定在分论。关于总论部分，伊藤虎丸、松永正义「明治三〇年代文学と鲁迅」(『日本文学』，1980 年 6 月号）有所论及，但我对前者就材源的推定方法存有疑义，碍难马上获得共识。

代的莱蒙托夫，再到波兰的密茨凯维支和斯洛伐支奇、匈牙利的裴多菲，而最后确定到一点上来，那就是瞄准民族的仇敌。

到现在为止，判明材源如下：

1　木村鷹太郎『バイロン　文界之大魔王』，大學館，373 頁，1902 年

2　バイロン　木村鷹太郎訳『海賊』，尚友館，285 頁，1905 年

3　濱田佳澄『シェレー』，民友社，173 頁，1900 年

4　八杉貞利『詩宗プーシキン』，時代思潮社，280 頁，1906 年

5　Kropotkin, Peter. *Ideals and Realities in Russian Literature.* 出版社不詳，p. 347, 1905.

6　昇曙夢「レールモントフの遺墨」（集入『露西亞文学研究』，隆文館，1907 年），原刊『太陽』12 卷 12 号，1906 年

7　昇曙夢「露國詩人と其詩　六　レールモントフ」（集入『露西亞文学研究』，隆文館，1907 年），原刊杂志不詳。

8　Brandes, Georg. *Impression of Russia.*（translated from the Danish by Samuel C.Eastman）London. Walter Scott. undated.（Preface 1889.）p. 353.

9　Brandes, Georg. Poland. *—a study of the land people and literature.* London. William Heinemann. p. 310, 1903.

10　Riedle, Frederick. *A History of Hungarian Literature.* London. William Heinemann. undated.（Preface 1906）p. 293.

11　Petöfi, Alexander. *Der Strick des Henkers.* aus dem Ungarischen von Johann Kömödy. Leipzig. undated. p. 127.

【中文对译】

1　木村鹰太郎:《拜伦 文界之大魔王》,大学馆,373页,1902年

2　木村鹰太郎:《海盗》,尚友馆,285页,1905年

3　滨田佳澄:《雪莱》,民友社,173页,1900年

4　八杉贞利:《诗宗普希金》,时代思潮社,280页,1906年

5　彼得·克鲁泡特金:《俄罗斯文学的理想与现实》,出版社不详,347页,1905年

6　升曙梦:《莱蒙托夫之墨迹》(收入《俄罗斯文学研究》,隆文馆,1907年),原载《太阳》12卷12号,1906年

7　升曙梦:《俄国诗人及其诗歌 六 莱蒙托夫》(集入《俄罗斯文学研究》,隆文馆,1907年),原载杂志不详

8　格奥尔格·勃兰兑斯:《俄国印象记》,(塞缪尔·C.伊斯特曼译自丹麦语)伦敦,沃尔特·斯科特,未标日期(前言1889),353页

9　格奥尔格·勃兰兑斯:《波兰——其土地、人民和文学之研究》,伦敦,威廉·海恩曼,310页,1903年

10　弗雷德里克·李德尔:《匈牙利文学史》,伦敦,威廉·海恩曼,未标日期(前言1906)293页

11　亚历山大·裴多菲:《绞吏之绳》,约翰·J.柯默德译自匈牙利语,莱比锡,未标日期,127页

除了6、7之外,其他都是单行本。2、8、9、10、11是翻译。5当初即为英文所作。10是把匈牙利文改译成英文之后出版。可以认为,这些读物是鲁迅自仙台医学专门学校退学后到文章在《河南》杂志上发表的短时日内,在东京收集、通读并且筛选出

来的。可推测为找到这些材源，他会阅读数倍于此的文章。[1] 材源（1—11）与《摩罗诗力说》各章（三至九）的对应关系如下：

（第三章：1）第四章：1、2 第五章：1 第六章：3、1 第七章：4、5、6、7、8

第八章：9 第九章：10、11（第九章〈结论的部分〉3）

由于在第三章和第九章的结论的部分里，也部分使用了用于第六章的材源，故以括号（ ）并记。

二

在论述拜伦的第四章和第五章里，有从『バイロン 文界之大魔王』（《拜伦 文界之大魔王》）和『海賊』（《海盗》）中所获的材源。

首先，材源1《拜伦 文界之大魔王》，在当时是继米田实《拜伦》（民友社，明治三十三〔1901〕年）之后的又一单行本评传。著者木村鹰太郎除了材源2《海盗》之外，还翻译了《帕里西纳》（1904）、《天魔之怨》（1907）和《摩羯帕》（1907），在同时代的拜伦单行本译者中，出自该著者的东西最多。《拜伦 文界之大魔王》的目录如下：

第一編 英國に於ける詩人バイロン

第一章 バイロンの遺傳及び其幼時

---

[1] 参照周作人《关于鲁迅之二》《东京的书店》（《瓜豆集》）、周遐寿《鲁迅的故家 三一 南江堂、三二 德文书》、周作人《知堂回想录 七三、七八、七九》等。英文材源据说来自周作人之口述。

据著者所言，该书不是把拜伦作为文学家来描写，而是讲述这个人物和他的思想，专重其诗歌精神和意义。而由凡例可知，该书与传记相关的部分依据托马斯·穆尔[1]《拜伦爵士传及书简》等

---

[1] 穆尔（Thomas Moore，1779—1852），爱尔兰诗人，与拜伦交往甚笃，编辑《拜伦全集》（1832），作拜伦评传 The Life of Lord Byron（1832）。由 Jon Kowallis（寇志明）先生致笔者的书信可知，传记部分此外还被用于 John Nichol Byron。

文献，与拜伦的思想、文学、哲学相关的部分，则由拜伦诗集和书简翻译而成。鲁迅用作《摩罗诗力说》第四、五章材源的部分是第一、二、三、四、五、六、八、九、十、十三、十四、十五、十六、十七章。在第十四章里，有可认为是用作《摩罗诗力说》第六章普罗米修斯梗概的材源的地方，而且在第六章里，也有成为相当于总论的《摩罗诗力说》第三章的材源之处。第七、十一、十二章完全没被使用。木村之所以写作此书，是由于他认为"在我国如今天这样一个孱弱文学者多的时代"，即"自称天才，伪文士等多"，"阿谀、诣佞、嫉妒、中伤盛行"，"社会万般事物陷入停滞，而人则腐败的时代"，日本需要的是拜伦的叛逆精神。

该书所表达的思想，可做如下概观。

第一，期待能有不屈服于俗众——社会和伪善的道德，作为张扬反抗精神的意志之人的天才出现。天才，古来就被社会所折磨。木村将"不平"视为造就天才即拜伦之抵抗的契机。

> 1　面对意志之大者，展开抵抗无数，到底无法战胜一切，终至于不可去。而其于此遂成为不平家，远离世间，乃至于独自高蹈。（142页）
>
> 2　天才一旦出现，便欲发挥其才，而社会先是妨碍之，恶骂之，加所有迫害于之一身，令其不得衣，不得食，不得家而怀抱不平死去，待盖棺后才称之为天才，尊敬起来。（146页）

然而，正是如此抗拒俗众而能战斗到底的才是天才。木村读拜伦，是他期待在"孱弱的日本文界"能出现这样的天才。心怀不平不满，觉得苦痛，遂有成为厌世家之结果，那便是成为"以天地山川为友"的恰尔德·哈罗尔德，成为厌世至极而只求一死的曼弗雷德，或者成为破坏者而向社会展开复仇的卢希飞勒（《该隐》）和康拉德（《海盗》），成为无视道义的放荡者唐·璜，而最后是化作侠义之人去和愚昧而强有力的社会进行战斗的普罗米修斯，这就是拜伦自身。

> 3　而拜伦不平哲学之结论，便是他在希腊独立战争中光荣地死去。（160页）

第二，期待着与拥有权力的强者进行战斗者能够取代强者的位置。所谓强者于人界是专主暴君，于天界是神，即作为绝对者而君临人之上者。所谓弱者就是任其恣意蹂躏者。其特征是在相同的维度上来把握被蹂躏而要起而反叛者的逻辑和蹂躏者的逻辑。

> 4　对于强者来说，弱者完全没有权利。然而却并无义务非得尊奉强者的意志不可。（略）正如同不承认所谓强者之权利，所谓弱者亦无必要在强者的权利面前心悦诚服。（271页）
>
> 5　权利也好，义务也罢，其原本皆为人为之法律以内所规定。故一旦处于法律之外，其关系便化作权力，成为强者与弱者之争。（略）暴君之压制是该暴君之权利，将其从宝座上拉下取而代之，亦是其人之权利。（略）强者之压制和反叛者之反乱，其哲学同为一物。（273页）

由此出发，称赞拜伦既抗神之压制亦抗人之压制的"自由之大精神"，称赞海盗康拉德和为自由而战的华盛顿，并得出如下认识：

6　如拿破仑（略）为达目的无悔以万物供作牺牲，不惮拿无数苍生垫做自己欲望的足台，以蹂躏欧洲之天地，其意志决行之勇壮，其荣枯之速转，实为此拜伦所崇拜，乃拜伦之神也。亦如我国秀吉，如斯人也。（276 页）

强者当然就是这样一个既应去打倒也应该去实现的自己的对象物。拜伦的战斗，便被规定为为这个实现而战。

第三，把世界看做优胜劣败的战场。

7　世界乃优胜劣败之战场也，弱者受制于强者，乃不得已之必然。而强者使役弱者，岂非强者之权利也乎？（227 页）

8　如人皆以掠夺、强暴、杀人为自明之恶。然而，此只在吾人之道德及法律制裁之下期间为恶，一旦出此范围，则未必为恶。弱肉强食对弱者来说虽为自明之恶，对强者来说却并非恶也。（295 页）

木村称叛乱得以持续下去的原动力在于叛乱者的"意志"，在于以这种强大的"意志"力挑战强者。如果将优胜劣败视为必然，由这一见地出发，那么叛乱者具有战胜强者之力就值得称赞。强者因其强才成不了所谓恶。在这种对强者加以礼赞的反面，当然就对衬着对弱者的蔑视。而压制者和反抗者之哲学同一的看法，便由此而导出。

其次，是材源 2《海盗》。在《摩罗诗力说》第四章介绍《海盗》时取用了这一材源。《海盗》在译文之前附有序和解说。目录如下：

《海盗》的动机

犹如古代武士的海盗

妻子梅德拉之贞婉——男子的贞操

石榴花之格尔娜莱

献辞

第一场　海盗岛

第二场　海盗之袭击

第三场　海盗之末路

注释

成为材源的是，序以及解说当中的《〈海盗〉与拜伦的女性关系》《〈海盗〉的动机》、翻译《第三场　海盗之末路》之一部分。木村在解说当中强调海盗的全部精神即在于"复仇"。鲁迅重视的也正是这一点。

> 9　拜伦的海盗实验人性而失望。人却非知恩之物，嫉妒使坏必常行之。（略）为此其悯人之心遂变冷淡，化为岩石，恶视人性，厌及全体之人，因受自某人之伤害，遂至于将之复仇于人类全体，（略）海盗之全部精神即在"复仇"也。（28页）

木村进而还在《日本的倭寇和日振岛、濑户内海》中，涉及秀吉的"禁制""海贼运动"："倘秀吉能利用此倭寇，则灭明国而将其加之于日本领土，实乃易事也——吾人唯此是恨也。"正像在材源1中所看到的那样，这里也表现出木村赞美强者的思想。

那么，作为材源，鲁迅对这些读物进行了怎样的取舍呢？

首先，在意志力和复仇精神当中寻求反抗压制的原动力，鲁迅在这一点上的观点与木村基本重合。他们都在《曼弗雷德》《海盗》和《该隐》等作品中选出了表现各种强大的意志力、复仇和反抗天帝的人物。不过在鲁迅那一方，与木村不同，并没取曼弗雷德的厌世观、康拉德对妻子的深爱和该隐对生的怀疑。并且，也并没从拜伦的快乐主义和女性观的角度获取材源。因此，也就无视了材源1中所引的《萨丹那帕露斯》和《唐·璜》[1]的内容。另外，在高度评价拜伦凭借意志持续反抗这一点上，鲁迅与木村虽确实相同，但为反抗而战斗，对木村来说，是在优胜劣败的战场上为成为强者而战，而对于鲁迅来说，则是为了独立、自由和人道而战。这是鲁迅与木村决定性的分歧点。直陈鲁迅战斗思想的是下面这些话：

    10　重独立而爱自繇，苟奴隶立其前，必哀悲而疾视，哀悲所以哀其不幸，疾视所以怒其不争。（第五章）

    11　压制反抗，兼以一人矣。虽然，自由在是，人道亦在是。（第四章）

    12　其战复不如野兽，为独立自由人道也。（第五章）

若将10—12与前引之4—8相比较，则评价之别昭然在目。在哀奴隶之不幸，怒其缺少霸气的表述当中，并不包含对弱者的蔑视；而对野兽之战的否定，也并不包含着对强者礼赞的意味。发自强者逻辑的那种肯定优胜劣败并将其视为必然的对弱者的蔑视，在鲁迅那里没有。强者因为强，所以才是善，而弱者作为应该受虐者就是恶——与木村的看法相反，鲁迅援

---

[1]《唐·璜》在《摩罗诗力说》中写做《堂祥》。——译注

引尼采之说发出了不同的声音：所谓恶，是弱者给支配自己的强者所取的名称，是强者的代名词。这一点值得注意。特别是12，构成了鲁迅评价拜伦的根干，是《摩罗诗力说》贯彻始终的思想。拜伦本具有两面，一面是英雄，一面是怀疑生和自我苦恼。木村所描绘的拜伦和鲁迅据此所构制的拜伦，都含混了后一面，而英雄拜伦的一面，则鲜明地凸显出来。但仔细观察两者的拜伦形象，鲁迅的拜伦具有人道主义色彩，其中蕴藏着批判选民意识浓厚的种族革命论的内容，反映着对创造新价值的思考——这是鲁迅独自的观点，是从关涉人之精神的进化观也就是弱者的观点看待进化的历史，并从中思考着价值的创造，即所谓切断支配与被支配的循环，创造新的价值。[1]而且，10—12并无材源。值得注意的是，鲁迅在此所讲的全部是自己的话。

三

论述雪莱的第六章，其材源只取自『シェレー』(《雪莱》)。

其材源3『シェレー』，在《摩罗诗力说》材源中具有重要意义。目录如下：

第一章　時勢
第二章　三十年間の短生涯
　其一　幼年時代
　其二　學校時代
　其三　革命的運動

---

〔1〕 关于这一点，将在第三章阐述。

该书为著者在早稻田专门学校文科的毕业论文，在德富苏峰的鼓励下由民友社出版，收在"十二文豪系列"，是"相当正面地捕捉雪莱完整形象"的"明治时代唯一的一部像样的评传"。其相当于传记部分的第二章，依据西蒙兹的《雪莱传》。[1]

　　构成《摩罗诗力说》第六章材源的是该书的第二、三、四、五章。在作为前言的第一章里，有《摩罗诗力说》第九章后半部的材源。该书可分为传记部分（第二章）和作家作品论部分（第三、四、五章）。著者首先在雪莱思想的根干中把握到其对理想和真理的孜孜不断的追求，认为雪莱所遭受的社会冷落、指责和排挤、其对宗教和政治所抱有的正当然而却被世间视为危险的思想、其要深广地融合于自然之奥义的诗心，皆源于此。雪莱乃"真挚之人""赤心之人""至诚之人"，而一向拒绝雪莱的社会，则"充满虚伪与伪善，就像涂了白漆的坟墓"。这便直接挑明了雪莱和社会的关系。全书贯穿着著者对雪莱思想所寄予的深切认同，认为雪莱的存在本身便是他遭受排挤的理由。它关于雪莱与葛德文的相遇，后者以其著作《政治的正义》所给予雪莱急进思想的决定影响；它关于葛德文思想与雪莱诗歌关系的详细论述，以及对日本还尚未翻译过来的雪莱的代表作《麦布女王》《阿拉斯特》《伊斯兰起义》《解放了的普罗米修斯》《钦契》[2]所做的评论，皆显现了著者之功力。滨田对雪莱理解之基本点，要而言

---

〔1〕　此据荻田庄五郎『シェレー研究』（《雪莱研究》）（研究社，1943 年 9 月初版）。作
　　　者把明治时期雪莱的翻译介绍分为三个时期。滨田佳澄『シェレー』属于第二期，
　　　从明治二十九（1896）年坪内逍遥的「文学その折々」，到日俄战争时期，"虽对关
　　　于外国文学知识孜孜以求，却尚未达到对个别作家的生活和作品有特殊兴趣，而去
　　　深入发掘的地步"。西蒙兹（J.A. Symonds，1840—1993）系英国文学家，诗人，主
　　　要著作有《意大利的文艺复兴》，此外，作为但丁研究者和希腊诗歌的翻译家也很
　　　有名。1878 年著《雪莱》一书。还写过本・琼森和惠特曼的评传。
〔2〕　《阿拉斯特》《伊斯兰起义》《解放了的普罗米修斯》《钦契》在《摩罗诗力说》里分别
　　　写做《阿剌斯多》《伊式阑转轮篇》《解放之普洛美迢斯》《黏希》。——译注

之，就在于雪莱的诗体现了葛德文的革命思想。

> 13 《政治的正义》乃当时革命气运之一大倾向的表白，其实乃为革命而向旷野呼喊出预言者之声。（122页）
> 14 要而言之，葛德文以哲学眼光所论破的革命精神，透过雪莱而化作革命的诗歌。（124页）
> 15 他实得气运之先而察气运，得时势之先而看破时势，成为预言者，然而他诚乃革命之诗人也。（125页）
> 16 革命非易奏功之业。要想革命得以实现，就需要有预言者之声，（略）他们便是向旷野发出叫喊的人之声也。（145页）

这样，在滨田看来，《政治的正义》便通过雪莱的想象力而成为《伊斯兰起义》《解放了的普罗米修斯》《麦布女王》，而造就如此之"声"——诗的，便是诗人内面的"热诚"之"赤心"。在《第一章 时势》里，讨论了等待作为预言者的诗人的出现，就诗与诗人之心有下面的话。

> 17 若夫十八世纪之文学界为散文时代，（略）虽有作诗家却并无真诗人，热烈至诚之心声不响矣。（2页）
> 18 当时有苏格兰农民诗人罗伯特·伯恩斯，其赤诚热情难抑，其郁勃精神难止，以满腔热血注于诗文，……（14页）

要而言之，只下面一句便全都道尽了。

> 19 诗乃诗人胸中戛然琴弦之响，诗乃有泪诗人之心声也。（23页）

"预言者之声""人之声""心之声"皆视为同义。滨田在雪莱诗歌中所见到的所谓革命精神，并非"以破坏始，以破坏终"，而是"在暗黑中看到一线光明，在绝望中牵系一缕希望"。于是滨田把雪莱看作"理想之人""追求不止的诗人""猛进不退转的诗人""渴仰热望而不知足的诗人"。

> 20　全篇横溢者，伟大之渴仰心也，想要远离地面而沐浴天上灵光的热诚之希望也。（128页）

鲁迅在第六章所用材源便沿取自滨田的这种雪莱观。而滨田以"心之声""至诚""赤诚""热诚"所表示的概念，甚至反映到《摩罗诗力说》的基调当中。这一点由以下的话可以明确。

> 21　盖人文之留遗后世者，最有力莫如心声。（第一章）
> 22　无不刚健不挠，抱诚守真；不取媚于群，以随顺旧俗；发为雄声，以起其国人之新生，而大其国于天下。（第九章）
> 23　此盖聆热诚之声而顿觉者也，此盖同怀热诚而互契者也。（第九章）
> 24　今索诸中国，为精神界之战士者安在？有作至诚之声，致吾人于善美刚健者乎？（第九章）

"心声"也好，"热诚"也好，由此可知它们作为鲁迅的语言已经化作血肉，承担着《摩罗诗力说》中心思想之表达。而且，鲁迅还进一步引用了阐明雪莱是追求理想的诗人那一段：

> 25　说人类之进步发达，使人知晓人生之价值所在，唤

起人们之渴仰心，使其充满同情之精神，怀抱希望而呼唤应当前进，这些不都正是他的诗所教给吾人的吗？（134页）

鲁迅借用上面这一段，写了以下的话：

> 26　使知人类曼衍之大故，暨人生价值之所存，扬同情之精神，而张其上征渴仰之思想，使怀大希以奋进，与时劫同其无穷。（第六章）（重点号为笔者所加）

所谓"与时劫同其无穷"，是鲁迅在《摩罗诗力说》中演绎出来的表达方式。他心中浮现的是《雪莱》所描绘的作为理想诗人的雪莱形象，因此这种表达方式是在鲁迅这里经过一次消化的。这和《摩罗诗力说》第二章里所说的"人得是力，乃以发生，乃以曼衍，乃以上征，乃至于人所能至之极点"，内容相同。而由此也可以知道，鲁迅是把雪莱作为理想之"人"的形象来看待的，这个"人"正行进在无限的人之进化的道路上。[1]

第六章中对雪莱作品的介绍，也沿袭了滨田的这种雪莱观。

---

[1]　正像后面将要阐述（第34页〔1〕）的那样，虽一般认为鲁迅没读过《解放了的普罗米修斯》，但当思考到贯穿在雪莱诗中的精神与鲁迅的"人"的形象很相像时，那么 Cecil Maurice Bowra 关于《解放了的普罗米修斯》（集入床尾辰男译『ロマン主義と想像力』，みすず書房，1974年）以下见解是非常富有启发性的。"魔王（Demogorgon）说的话，不仅暗示着恶的没有终结，还暗示着恶对造就善甚至是必要的，暗示着最高的善在于进行没有穷尽的战斗。……的确，在他看来，这场战斗，在作为当下世界里现存战斗的同时，还是今后还要一直持续下去的战斗。因为只有通过如此的战斗，人类才会尽可能地到达最高完成的境界。"（191—192页）

　　关于对鲁迅"心声"的意见，丸尾常喜认为"是基于刘勰的《文心雕龙·物色》而展开"（「魯迅と想像力の問題」,『北海道大学文学部紀要三十ノ二』，1983年3月）。我没对与《文心雕龙》的关联做了详细探讨，所以对丸尾先生的见解予以保留，不过正如前文所述，关于"心声"的概念，首先应该想到的是受到了滨田佳澄的雪莱形象的影响。

鲁迅所举的《阿拉斯特》《伊斯兰起义》《解放了的普罗米修斯》和《钦契》，都是有定评的表现雪莱理想的杰作。寻求理想，历游天地，毙命旷野的阿拉斯特（《阿拉斯特》）[1]，是诗人的自叙传，以"热诚之辩"，"唤醒国民"，"鼓吹了自由之精神"；而终于"为自由正义"而牺牲的莱昂[2]（《伊斯兰起义》），描写的则是雪莱自身；普罗米修斯是"理想之人之心，吾等人类之精神"等——鲁迅对雪莱作品所表现的这些思想内容予以肯定的评价。

那么，鲁迅与滨田有何不同之处呢？

第一可以指出的是，二者对雪莱的自信之作《解放了的普罗米修斯》和《钦契》世间评价的解释存在差异。这两篇作品虽为雪莱的精神抖擞之作，却并无反响。滨田对这个"失意""不平"的雪莱寄予同情：

27　然而苦心之作亦遭受读书社会的轻眼蔑视，以为不值一瞥，批评家在嘲笑中将其埋葬，惟其失意，其不平可知耳。（104页）

鲁迅未取这个部分。

28　朋思唱于前，裴伦修黎起其后，掊击排斥，人渐为之仓皇；而仓皇之中，即巫人生之改进。（第六章）

即着眼于诗人和伪俗的对立关系，以之为所论之中心。而自"掊击排斥……"往下并无材源，该处文章系鲁迅自己所做。鲁

---

〔1〕　其实"阿拉斯特"并非《阿拉斯特》的主人公，此处系鲁迅的误解。
〔2〕　"莱昂"在《摩罗诗力说》里写做"罗昂"。——译注

迅在诗歌对世俗的冲击中发现了变革的契机。这与第二章里所说的"盖诗人者，撄人心者也"，在本质上是相同的。滨田纠缠于雪莱的灰心和失望，写了一大堆，却不具备看破雪莱的视点，即正是遭受排斥才成就了雪莱之诗的社会效用。

可以举出的第二点，是鲁迅并不怎么注意葛德文[1]对雪莱的影响。正如雪莱的研究者所指出的那样，葛德文与雪莱有着胶不可移的关系，而如前所述，倘若读《雪莱》，也就不会不注意到这种关系的重要性。然而在鲁迅的视野当中，似乎看不到这种作为诗之外因的影响关系，他把握到的是一个先觉于世的诗人，一个追求理想而不停息的诗人。在鲁迅当中，并没有一种观点明确表明该诗人的诗所表现的是葛德文思想所鼓吹的那种东西。

第三，还有如下的一种情况。鲁迅不把雪莱看做征服者。他否定以支配和被支配的关系来衡量人间世界。这是他从滨田那里学到的重要的一点。但鲁迅却未取雪莱当中对置于支配的爱的力量之感化，即否定复仇——滨田将此表述为战胜恶之善。[2]这也和《摩罗诗力说》的基调有关。

鲁迅之对《雪莱》的材源取舍如上。另外，在《摩罗诗力说》第六章里，有并不以《雪莱》为材源之处。一是对《解放了的普罗米修斯》梗概的介绍，这一处是出自材源1[3]。另一处是介

---

〔1〕 "葛德文"在《摩罗诗力说》里写做"戈德文"。——译注

〔2〕 在《钦契》(*The Cenci* 1819)的序文里，雪莱如是说："不用说，任何人都不会因他人的行为而受到真正的侮辱。而对最无法无天的迫害的恰当报应，就是决心以和平和爱的力量令其改心，改掉热情心、忍耐心和迫害时的邪恶激情。复仇、返报、赎罪等皆为有害之错误。"(小仓武雄訳『チェンチ家』，一橋書房，1955。)

〔3〕 关于《解放了的普罗米修斯》，鲁迅写道："窃火贻人，受縶于山顶，猛鸷日啄其肉，而终不降。"但作为雪莱诗剧内容的说明，从普罗米修斯对朱庇特的诅咒、憎恶当中解脱开始，有龃龉之处。是原封不动地使用了材源，即木村关于普罗米修斯的叙述，而不是来自《解放了的普罗米修斯》本身。

绍《无神论之必要》的内容。所谓"无神论之必要"这段文字，是指理论上不可接受上帝的存在，而以逻辑上的否定将其归结到无信仰的合理性上来。事实上，如《摩罗诗力说》之所述的慈、爱、平等在《雪莱》文中并未出现[1]。鲁迅为什么要这样写？这是留有疑问之处。

四

《摩罗诗力说》第七章论述普希金和莱蒙托夫，有多种材源。该章前半部分，即普希金的部分，主要依据材源4八杉贞利的『詩宗プーシキン』(《诗宗普希金》)，而鲁迅不能赞同著者的见解之处，则以材源8 "Brandes, Georg. *Impression of Russia.*"(《俄国印象记》)来批评，后半部分，即莱蒙托夫的部分，主要依据材源5 "Kropotkin, Peter. *Ideals and Realities in Russian Literature.*"(《俄罗斯文学的理想与现实》)，再补充以材源6升曙梦「レールモントフの遺墨」(《莱蒙托夫之墨迹》)、材源7升曙梦「露國詩人と其詩　六　レールモントフ」(《俄国诗人及其诗歌　六　莱蒙托夫》)、材源8《俄国印象记》构成。

材源4《诗宗普希金》，也兼介绍俄罗斯文学，是著者就自己读得亲近的普希金所写的日本第一本单行本的评传。著者八杉贞利，作为俄语学者和日本俄语界的先驱者，留下了许多业迹。八杉1903年留学俄国，不久因日俄战争爆发回国，战后（1906年）写作了该书。关于写作意图，其在《自序》中写道：若日本"今能稍识俄国，而俄国今能稍识日本，则这场悲惨的战争或许得以

---

[1]　"The Necessity of Atheism"（1810—1811）。雪莱因该篇短文而被迫离开牛津大学。

避免"，"于文运隆盛之升平之世，在关于西欧文学之论争正方兴未艾之时代"，"斯拉夫文学在我国文坛上尚未获得充分之介绍，实乃文界之缺陷"。目录如下：

緒論
第一篇「プーシキン」の生涯
    A 修學時代（一七九九～一八二〇）
    B 南露流浪并故園屛居時代（一八二〇～一八二六）
    C 圓熟時代（一八二六～一八三四）
    D 晚年及死（一八三五～一八三七）
第二篇 重要なる述作の梗概
    第一 敍事詩
    第二 劇詩
    第三 散文詩
    第四 短篇詩
第三篇 露西亞文學に於ける「プーシキン」の地位
    A 僞「クラシチズム」及「ロマンチシズム」
    B 圓熟時代及「プーシキン」の先輩
    C 國民詩人
    D 詩及散文「プーシキン」の事業の概括

【中文对译】
绪论
第一篇 "普希金"的一生
    A 修学时代（1799—1820）
    B 流浪俄罗斯南部及其闲居故园之时代（1820—1826）
    C 圆熟时代（1826—1834）

该书之构成，绪论是到普希金为止的俄国文学概观，第一编是普希金传记，第二编是普希金作品梗概及其作者的批评，第三编阐述由文学史观点所见普希金之评价。构成《摩罗诗力说》材源部分的是其中的绪论，第一编 A、B、D，第二编第一，第三编A。《诗宗普希金》在俄国文学的发展流变中定位普希金，进而试图通过作品解说而将读者引入普希金的世界，可以说是一本入门书。全篇倾注着著者关注普希金曲折一生的温热视线，而最给予高度评价的是俄国因普希金而有了国民文学并构建了现实主义基础这一点。

不过，鲁迅在此书当中关注的却不是这一点。鲁迅关心的是普希金对拜伦主义的接受方式。材源选取也仅限于一般认为普希金受拜伦主义影响的时期。由于《摩罗诗力说》的写作目的是以拜伦谱系为宗，所以如此选取也便理所当然。不过，鲁迅虽取材于该书，却对著者八杉的普希金观有很大的不满。

八杉首先作为一个前提指出，俄国的浪漫主义确立于普希金之接受拜伦主义之后，并经过普希金而最大限度地影响了莱蒙托夫。这一点也原封不动地成为鲁迅理解莱蒙托夫的前提。然而接下来在关于普希金摆脱拜伦主义之见解上却产生了分歧。

普希金受拜伦显著影响的，是他在南方放逐时期，不过八杉认为，对于普希金来说，拜伦主义不过是普希金在其不遇的青年时代所有过的一时性的东西，他说：

> 29　如此一时发疯般地亲近的"拜伦"，稍假时日之后，亦毫不吝惜地抛弃掉，这其中也是有着种种理由吧。有人从诗人的性质来说明，认为像"拜伦"那样绝望峻酷的意向，原本不会与"普希金"的性情长久相和……他对"拜伦主义"的否定是很自然的，因为后者仅仅是投合了一时间由于外界事情而被暗云所遮蔽的"普希金"的意向，一旦云散天晴而及"普希金"内面生活之真情显现，也就会被迅即抛弃云云。
>
> 也有人从俄国人这一角度来阐释此事，认为"拜伦主义"是西欧的东西，而西欧的东西到底不能与"普希金"的国民天性相融合，"普希金"或早或晚只能去做他的俄国人，所以与"拜伦"之长久亲近，是他作为俄国人所做不来的。要而言之，"普希金"与"拜伦"之关，一般不过是呈现于个体之上的西欧文化与俄国国民性情之关系，因此俄国很难原封不动地输入并永久保存在国情和历史完全不同的西欧之地所发达起来的文物。（242—243页）

对此，鲁迅在将这一段作为说明普希金脱离拜伦理由的材源之后，添加了如下批评。

30 凡此二说，无不近理：特就普式庚个人论之，则其对于裴伦，仅摹外状，迨放浪之生涯毕，乃骤返其本然，不能如来尔孟多夫，终执消极观念而不舍也。故旋墨斯科后，立言益务平和，凡足与社会生冲突者，咸力避而不道，且多赞诵，美其国之武功。（第七章）

这里可以看到克鲁泡特金和升曙梦的见解的影响（后述），而材源也当然不见于八杉。就事情本质而言，八杉将普希金摆脱拜伦主义视为理所当然，而鲁迅则对普希金肤浅地接受拜伦主义这一解释报以极为不满的口吻[1]。

鲁迅进而又把目光投向普希金的爱国思想。在评价上，鲁迅与八杉截然对立。八杉在 1812 年俄国与拿破仑的大祖国战争和 1830 年波兰反俄国革命当中，看到了俄国所高扬出来的爱国心。

31 一千八百三十一年波兰又爆发反乱，俄国国民之爱国心一时大为勃兴。尤其当西欧诸国寄同情于波兰，对俄国充满敌意的演说议论甚嚣尘上之时，"普希金"以《俄国之谗谤者》《波罗金诺纪念日》[2]这两首诗表明其爱国心。（49 页）

这两首诗，是为对抗西欧各国（尤其是法国）偏袒波兰、诽

---

〔1〕 普希金受拜伦影响，是在始于 1820 年的所谓南方时代的数年间。从他在这一期间所写的作品内容、书信当中的自评可窥见其虽身处拜伦主义的影响之下，却已事实上有了自身当中对前者批判的萌芽。八杉和鲁迅都没能正确地把握这一点。

〔2〕 正确的标题应是《给俄罗斯之谗谤者》。八杉在其他地方记载正确，此处或许是误排，鲁迅似一读而过，将八杉的笔误（或误排）原封不动地记录在《摩罗诗力说》里。

谤俄国而创作的，鲁迅对其认同，并在引勃兰兑斯的批评之后加了自己的见解。

> 32　丹麦评骘家勃阑兑思（G.Brandes）于是有微辞，谓惟武力之恃而狼藉人之自由，虽云爱国，顾为兽爱。特此亦不仅普式庚为然，即今之君子，日日言爱国者，于国有诚为人爱而不坠于兽爱者，亦仅见也。（第七章）

截止到"……顾为兽爱"，是依据材源8《俄国印象记》，此后是鲁迅的评语。在这里所使用的"兽爱"一词，是"brutal patriotism"及"patriot of brutality"的译词，鲁迅还表述为"兽性之爱国"和"兽性爱国者"（《破恶声论》），意思完全相同。在鲁迅这个时期的思想当中，与具有"心声"的人（="人"）互为对置的，是具有"兽性"及"奴子性"（奴隶性）之人。这里所采用的勃兰兑斯之文虽短，却给予鲁迅很深的思想影响。

八杉认为，普希金早期对"身居要路的绅缙"的"极尽嘲笑冷骂"的诗篇，其"对政府抑制所持不满"之言行，都是"年轻气盛之过"，并"没给大诗人之生平带来荣誉"，还就普希金被尼古拉一世赦免后的言行辩护说，"由于有身居要津人物的妨害两者之交情，致使普希金并未实际蒙受沙皇之恩"。对沙皇也好，对普希金也好，八杉并不投以酷评的目光。鲁迅虽从八杉那里获得了数量上较多的材源，但其普希金形象，却是在批判容受的基础上构建起来的。

材源8《俄国印象记》，是著者勃兰兑斯1887年受彼得格勒俄国著作协会的邀请，赴俄国讲演途中的见闻录。1888年以丹麦语出版。有英译本，但译者名和出版年均不详。日本版译者[1]说，勃兰兑斯"虽承认俄国的所有缺陷，尤其他自己还遭受官府无法无天的迫害，却是一个不忘记俄国之特质，由衷地爱着俄罗斯的人"。该书后半部分之"文学"编，是关于俄国文学的记述，从俄国文学之始讲起，经普希金，到果戈理、屠格涅夫、陀思妥耶夫斯基、托尔斯泰。鲁迅以该书第三章，即普希金和莱蒙托夫之章作为材源。鲁迅采用的是英译本。仅记第三章目录如下：

　　三　普希金——诗的解放——他的一生和诗——普希金与拜伦——莱蒙托夫——其生平和性格——他的诗和普希金的诗

　　勃兰兑斯关于普希金的认识如下：当普希金被迫在跟皇帝和解还是终身遭受迫害当中做出选择时，其并不具备贯穿始终的非妥协的强性格。然而面对那些被捕入狱并被流放到西伯利亚的从前的朋友们，他对自己获得宫廷宠遇感到可耻。他自豪于俄罗斯国家的广袤与强盛的感情，打消了其忸怩的心态。普希金的爱国心由此生发。而将这种爱国心称之为兽性的言说当中，便浓缩着勃兰兑斯的普希金形象。

　　33　曾经的急进主义者，对显示打倒渴望独立而抵抗的

〔1〕　勃兰兑斯该书，前半部分由中川临川訳『露西亞印象記』（中興館书店，明治四十五年，1912）、后半部分由瀬戸義直訳『露西亞文學印象記』（中興館书店，大正三年，1914）翻译出版。此据『露西亞文學印象記』「訳者序」。但以下材源8『ロシヤ印象記』、材源5『ロシヤ文学の理想と現実』的目录及其引文（33、34、35、36、37），皆为笔者的日译。页数为原文页数。接下来的本章「五」之材源9『ポーランド』（目录及其引文39、40、41）、「六」之材源10『ハンガリー文学史』（引文43、44）亦同。

波兰人、或因爱自由而同情于他们的西欧各民族的各种抵抗的俄国的力量趣味盎然。他写于1831年的《给俄罗斯之诽谤者》也肯定是被如此理解的。（232页）

34　论知性，普希金远不及拜伦。拜伦当中所具有的任何一种饱满，都不会使他对自由之灼热的热诚枯竭。自由才是他的生命，并且把他带向死亡。而普希金青年时代对自由的信仰，在他到达成年时，便屈服于兽性的爱国主义（brutal patriotism）。（236页）

35　可以说，普希金降服了，按照被说服去妥协，变成了兽性的爱国者（patriot of brutality）。（240页）

同是关于爱国心，勃兰兑斯给予莱蒙托夫的评价正相反。他引莱蒙托夫的诗《我的祖国》道："我的确爱祖国。然而却对野蛮行径感受不到任何热诚。我不把价值置于以血购买的名声和仰仗着刺刀的矜持……"说莱蒙托夫没能成为兽性的爱国者，而莱蒙托夫"与我的心是多么的相近啊"！

可以说克鲁泡特金对普希金和莱蒙托夫的评价，也和勃兰兑斯很接近。材源5克鲁泡特金的《俄罗斯文学的理想与现实》，是在他1901年于波士顿罗威尔研究所以英语面向美国人所做的十九世纪俄国文学八讲的基础上完成的，论述了普希金以后的近代文学，其第二章《普希金与莱蒙托夫》当中的莱蒙托夫部分成为鲁迅的材源。第二章目录如下：

第二章　プーシキンとレールモントフ
　　プーシキン
　　　形式の美　—プーシキンとシラー—青年時代、流刑時代、晩年及び死—お伽話「ルスランとリュドミーラ」—抒情詩—バイロニズム—劇—「エフゲニイ・オネーギン」
　　レールモントフ
　　プーシキンかレールモントフか？　—生涯—コーカサ
ス—自然の詩—シェリーの影響—「悪魔」—「ムチィリ」—
自由に対する愛—死
　　散文家としてのプーシキンとレールモントフ
　　同時代の其他の詩人、小説家

【中文对译】
　　第二章　普希金与莱蒙托夫
　　　普希金
　　　形式的美——普希金与席勒——青年时代、流放
时代、晚年及死——童话《露丝兰和柳德米拉》——抒情
诗——拜伦主义——戏剧——《耶夫格尼·尤乃金》
　　　莱蒙托夫
　　　普希金还是莱蒙托夫？——生平——高加索——自然
之诗——雪莱的影响——《悪魔》——《穆奇里》——对自
由的爱——死
　　　作为散文家的普希金和莱蒙托夫
　　　同时代的其他诗人、小说家

　　克鲁泡特金在该章中首先这样论述了普希金，即，以普希
金那种"轻薄的性格"当然不可能知道"让拜伦的心情燃烧殆尽
了的对革命后的欧洲的深广憎恶和轻蔑"，普希金的"拜伦主义"
不过是表面的东西，他对"鼓舞了拜伦的对于自由的憧憬，和对
于伪善的憎恶"一无所知。把普希金当做俄国的拜伦是不正确
的。他进而指出，自从尼古拉一世的军队攻破波兰以来，赞美俄

罗斯陆军并不是诗人的工作，人人对此皆有所感，然而普希金却不具备抓住读者如此之心的力量。很显然，克鲁泡特金的这种见解也和勃兰兑斯的评价一同影响到鲁迅对普希金的评价上来。

接下来是关于莱蒙托夫的部分。在克鲁泡特金看来，莱蒙托夫在苦恼于"宇宙当中善恶斗争的大问题"这一点上，与雪莱近似。他指出：

> 36　莱蒙托夫的恶魔主义或厌世主义，并非绝望的厌世主义，而是对人生当中所有可耻的东西所做的战斗的抗议。（55页）
>
> 37　莱蒙托夫深爱俄罗斯，却不是作为国家的俄罗斯，也不是对于所谓爱国者们来说非常重要的、国家的压倒性的武力。（56页）

强调他的祖国爱，是朝向朴素的农民生活，朝向为自由而正和俄国进行炽烈战斗的高加索民族的那种东西。鲁迅对莱蒙托夫的介绍，是在克鲁泡特金的这种见解之上确立起来的。

鲁迅在谈及莱蒙托夫的部分里，也另从升曙梦的文章中获取材源。材源6《莱蒙托夫之墨迹》、7《俄国诗人及其诗歌　六　莱蒙托夫》。升曙梦，是俄国文学学者，他与八杉贞利一样，作为把俄国文学翻译介绍到日本的先驱者功绩很大。材源6，不过是作为莱蒙托夫的轶事而使用。材源7，原本很短，鲁迅用作材源的部分，也将要旨说尽了。不过，鲁迅特意以此作为对莱蒙托夫的评价却有意义。

> 38　普希金常倾向于平和的感情，苟有与周围社会或酿冲突之事亦尽量避免之。莱蒙托夫则不同，随着时间的推

移,他对周围社会的不满之念,反抗之情愈发炽烈,与其和平,他更渴望战斗。(106页)

读这个评价,那么可知与勃兰兑斯和克鲁泡特金相同,可以认为鲁迅是赞同升曙梦的看法的。也就是说,他对莱蒙托夫的祖国爱所给予的肯定评价,与对普希金"兽爱"的否定是互为表里的。

在莱蒙托夫的部分还有材源不明之处。[1] 从内容来看,似有其他材源,有待今后调查。

五

第八章,几乎都依据材源 9 "Brandes, Georg. *Poland*."(勃兰兑斯《波兰》)。除该章末尾一节材源不详[2]外,其余都可在 9 中找到材源,而且完全没有像在其他章里所看到的那样,鲁迅或用自己的话或根据其他材源加以批判的地方。因此在这里应把鲁迅未取勃兰兑斯之处,读作他无言的主张。

《波兰》,就像《俄国印象记》,前半部分讲波兰印象,后半部分叙述"十九世纪波兰浪漫主义文学"[3]。原书为丹麦语,1888 年出版。鲁迅所使用的,推定是 1903 年出版的英译本,但译者名不明,亦无前言后记,其公刊出版信息不详。后半部分的目录如下:

---

[1] 对莱蒙托夫故事的讲述,约有一半篇幅来自材源 6。类似这样的地方也应有材源,但后一半材源不详。

[2] 关于克拉旬斯奇的诗歌影响所记之最后部分,推测有材源,但不详。

[3] 《波兰》之后半部分有汉译。成时译《十九世纪波兰浪漫主义文学》(人民文学出版社,1980),以海涅曼 1904 年版英译书为底本。因该书没有日译本,所以是很珍贵的参考资料。但遗憾的是该汉译本承袭了底本当中与原文即材源 9 的叙述相矛盾之处。

ポーランド文学とデンマーク文学との接点

I　ヨーロッパ文学全体に共通の傾向　固有の特徴
回顧　コハノフスキ　スカルガ　イエズス会運動　フラン
ス哲学　合理主義

II　民族性、ヨーロッパ・ロマン主義、政治的状況に
よって決定されたポーランド・ロマン主義　古典的なもの
とロマン的なものの対立についての特殊な観点　ナポレオ
ン崇拝とバイロン崇拝　シェークスピアとダンテの関係
作家の情熱に与えた亡命生活の影響

III　ロマン主義の首唱者ブロジィンスキ　民間バラー
ド　ウクライナの詩人達、マルツェフスキ、ザレスキ、ゴ
シツィンスキ

IV　ミツキェヴィッチとゲーテ　「ファリス」と「青
春頌」　ミツキェヴィッチの青春　ミツキェヴィッチとプ
ーシキン

V　政治的状況はあらゆる主題処理の方法、愛と憎
しみに対する視点、母の情と子の情、個人と国民の間の関
係、天才とまわりの世界との関係、感情と理性の関係、宗
教と哲学の関係を決定する

VI　指導的詩人、ミツキェヴィッチ、スウォヴァツ
キ、クラシンスキの二つの主要なテーマ　前二者、復讐の
詩人達　クラシンスキ、愛の詩人

VII　ポーランドに於けるハムレットの性格　スウォヴ
ァツキによって急進的な方針に沿って構想されたハムレッ
トの型と、クラシンスキによって保守的な方針にそって構
想されたハムレット

VIII　当世紀唯一の叙事詩『パン・タデウシュ』　ミツ

キェヴィッチとジェヴスキ　ミツキェヴィッチの重要性

　　Ⅸ　詩人達の分裂　ロマン主義の崩壊　今日のポーラ
ンド文学　批判的要約

　　Ⅹ　結論（傍線　筆者）

【中文对译】

　　波兰文学与丹麦文学的接点

　　Ⅰ　欧洲文学整体之共同倾向——固有特征——回
顾——科哈诺夫斯基——斯卡尔加——耶稣会运动——法国
哲学——合理主义

　　Ⅱ　民族性、欧洲浪漫主义、政治状况所决定的波兰浪
漫主义——关于古典与浪漫对立的特殊观点——拿破仑崇拜
与拜伦崇拜——莎士比亚和但丁的关系——给予作家热情的
亡命生活之影响

　　Ⅲ　浪漫主义的首倡者布罗金斯基——民间叙事声乐
曲——乌克兰的诗人们、阿尔绥费斯基、扎莱斯基、哥辛茨
斯基

　　Ⅳ　密茨凯维支与歌德——《法里斯》与《青春颂》——
密茨凯维支的青春——密茨凯维支与普希金

　　Ⅴ　政治状况决定与所有主题的处理方法、对待爱与憎
的视点、母子之情、个人与国民之间的关系、天才与周围世
界的关系、感情和理智的关系、宗教与哲学的关系

　　Ⅵ　指导性诗人、密茨凯维支，斯洛伐支奇，克拉旬斯
奇的两个主要的主题——前二者，复仇的诗人们——克拉旬
斯奇，爱的诗人

　　Ⅶ　波兰的哈姆雷特性格——由斯洛伐支奇沿着急进的
方针构想出来的哈姆雷特型与克拉旬斯奇按保守方针构想出

66

来的哈姆雷特

Ⅷ　本世纪唯一的叙事诗《塔杜施先生》——密茨凯维
支与杰维斯基——密茨凯维支的重要性

Ⅸ　诗人们的分裂——浪漫主义的崩溃——今天的波兰
文学——批判之要约

Ⅹ　结论（下划线为笔者所加）

第八章的材源为画下划线的部分。

《波兰》一书首先将波兰浪漫主义视为十九世纪波兰文学的
框架，它与欧洲各国有很大的不同，与其民族性相生相伴，具
有极为特殊的政治意味，而接下来是考察波兰浪漫主义如何制
约外国文学的影响和文学家的生活方式、作品素材的选取和主
题的设定。

波兰浪漫主义，确立于亡国民族相信自己具有存在意义的基
础之上。即，波兰的浪漫主义，"将梦想同胞的感情系结为一"，
"其成立的条件是祖国虽早已肉眼不见，却是必须要相信其存在
的认识"。1830 年的所谓"十一月起义"失败后，许多波兰人流
亡。诗人们失去了定居的场所，不再能支配自己的命运，这给他
们的精神生活带来很深的神秘倾向。他们相信藏匿起来的神意，
将自己视为代替人类的受苦难之人。他们"以激烈的痛苦和诗的
狂热，洞察（厄运的）黑暗，想要学习这种命运所具有的意义"。
当他们认为解读了其中的意义时，他们便成为预言者和传导者。
"诗人们似乎感受到自己的使命，那就是为给正处在（朝着崇高
目的进发）途中的民族以力量，就应该把精神的粮食和精神的强
壮剂投放给人们。"这样，诗人就不是"真理的探求者"，而是
"预言者"，谁都以完全相同的方法，将所有的"想"汇集于"对

67

白身民族、对凝聚的爱国主义、对希望、对叛变与邪恶的憎恶、对正义的最后胜利的确信"上来。"民族这个理念",渗透了他们的全部,为实现这个理念而战斗,被理解为具有"宗教"性质的义务。

《波兰》就是在这样的视野当中,就个别问题而呈现出其浪漫主义的特质。这并非单纯文学史的叙述,而是提出了处在亡国这种特殊状况当中的民族文学的特质问题。

材源完全没从表示这一框架的部分选取,而是集中在讨论传记叙述和作品内容的部分里。因此,波兰浪漫主义的缘起、国民的弥赛亚主义[1]、密茨凯维支等人所表现的神秘主义倾向,都并没在《摩罗诗力说》的字面上浮现出来。

勃兰兑斯在这本著作中,举了三个诗人作为波兰浪漫主义的代表:密茨凯维支、斯洛伐支奇和克拉旬斯奇,说前二者为复仇诗人,后者为爱的诗人。勃兰兑斯对三人描述,着笔均等,但以此为材源的鲁迅,却只是把重点放在前二者,而对后者只以两三行介绍了事。鲁迅从《波兰》中领受的是这两个诗人身上所见之复仇精神。《摩罗诗力说》第八章所反复选取和讲述的正是充满可怕的执着之念的复仇故事:为打败民族之敌而不择手段,欺瞒、背叛和计谋等一切方式皆被允许。

然而,关于鲁迅所轻视的克拉旬斯奇,勃兰兑斯是这样叙述的。克拉旬斯奇的父亲是国会法庭成员,是个苛裁波兰政治犯之人。其父公职地位之高和波兰人对其父的诅咒,给予这个儿子的人生以重大影响。他对因渴望复仇而被毒害了的民族精

---

[1] 关于密茨凯维支体现的国民之弥赛亚主义,H. G. 辛克的论述(生松敬三、塚本明子译『ロマン主義の精神』,1975)可为参照。

神充满恐惧，认为通过自己精神上所发扬的善而可以期待美好时代的到来，思考以知性和道德的优越来征服敌人。又，勃兰兑斯在介绍三个诗人的复仇精神和爱的精神之后，还写了如下一段话：

> 39 在人生的战斗中，有二大主要信条。一个是现世的，一个是精神的。前者意在由行为而获得直接结果，后者意在更远的东西。前者具有如下意义。人生充满可怕的事，所以根绝你的敌人就是把你的敌人变得无害。为此所有手段都是合法的。后者具有如下意义。人生充满可怕的事，所以要通过以爱报憎来减少可怕的事。爱你的敌人吧，以自尊心来解除他的武装。（略）大抵在国与国之间，两样信条都同样不切实际。因为一方面复仇不断又唤起新的复仇，另一方面，只作为一种信条的爱，在这个羔羊的和善不足以从狼牙下守护羔羊的世界上是不合适的。（268 页）

鲁迅在选取材源时，完全无视勃兰兑斯对克拉旬斯奇信条的理解，把复仇与爱的对比讨论以及所附加的批判，从勃兰兑斯的语境中去除了。

鲁迅的无言主张，也表现在对勃兰兑斯评论普希金的处理上。《摩罗诗力说》在叙述普希金和密茨凯维支分别作《青铜骑士》和《彼得大帝的纪念碑》的诗[1]，以作为交往之纪念时，加评语道：普希金"自鬻之梦，已背之而去，又谓前路已不见仪

---

〔1〕 两首诗的构思不同，创作时环绕诗人的状况也不同，因此也就碍难成为两人交往之纪念。详情请参照「『摩羅詩力説』材源考ノート（その十四）」（『野草』第二十六号，1980）。

的之存，而密克威支则仪的如是，决无疑贰也"。[1]这的确是把勃兰兑斯的语句加以衔接才有的句子，但却未必是勃兰兑斯原来的语境。

40　正像普希金是俄罗斯的，密茨凯维支是波兰的。（略）当时的俄罗斯，还不是国家而不过是单纯的管理鞭子。管理在德国人之下，鞭子在哥萨克手里。但俄罗斯是有国民而无政府，波兰则是无政府而有国民，因此比较而言是受惠于命运的。（238页）

勃兰兑斯有着一双对比的眼目，他在比较受异民族所支配者的直接反抗和受本民族强权威胁的曲折反抗。勃兰兑斯对普希金的批评，就慎重配置在文中的对比中。然而鲁迅之文却将这种对比消灭掉了，而只偏至于一端。

这种偏至还表现在触及密茨凯维支评论拜伦之处。鲁迅引用了密茨凯维支的评语："谓裴伦所作，实出于拿破仑，英国同代之人，虽被其天才影响，而卒莫能并大。"但在此之后，其实还有一段勃兰兑斯的见解鲁迅并没引述。

41　在此列举的文章，不论哪篇都是错的。上面所举的那些拜伦的同时代人，不论是谁，仅就诗歌而言，也都多次到达与拜伦相同的水平。而且在若干点上还胜过拜伦。（略）在波兰你不能不感到，拜伦因其错误的名声所获得的评价，

_____

〔1〕　鲁迅对普希金的这一评论，同他在《摩罗诗力说》第七章里借勃兰兑斯的评语对普希金的两首诗所加的批评一道，在前不久的中国被关联以反霸权的论调加以解读和评价。这种《摩罗诗力说》的读法令人很感兴趣。请参照拙稿「読後雑感——最近の初期魯迅関係論文」(『中国文芸研究会会報』25，1980 年 10 月)。

70

正与他真正的伟大程度相等。（206页）

这些不都是在讲述着鲁迅取舍选择的意图吗？《摩罗诗力说》第八章所浮现出来的正是被支配民族波兰对支配民族俄国复仇方式所寄予的非同寻常的关心。虽然是介绍拜伦的作品，鲁迅却尤其把着力点放在《海盗》的复仇精神上，我以为，其意图在这里表现得更加明显。

而且还可以推测，鲁迅对恶魔派始祖拜伦寄予着深厚的信赖，甚至达到了近似崇拜的程度。[1]在《摩罗诗力说》里登场的诗人们，其价值都可用拜伦所表现出来的复仇精神来测量。这便是对普希金和克拉旬斯奇评价低的缘由所在。

六

第九章，依据材源10 "Ricdlc, Frederick. *A History of Hungarian Literature.*"（李德尔《匈牙利文学史》）及材源11 "Petöfi, Alexander. *Der Strick des Henkers.*"（裴多菲《绞吏之绳》）

材源10李德尔[2]《匈牙利文学史》是作为计划网罗英、德、法、意、西班牙、古希腊、中国、日本、阿拉伯、波黑尼亚、俄罗斯、匈牙利等国文学的《世界文学小史》系列之一，由伦敦的海涅曼出版社出版的，著者是布达佩斯大学的匈牙利文学教授，系受出版社之委托，经匈牙利学院选拔而为写手。初以匈牙利语

---

〔1〕 关于清末拜伦接受之状况，藤井省三「中国におけるバイロン受容」（『日本中国学会报』32，1980）有论述，可参考。但其中关于中岛长文先生批评笔者之处，因资料的解读不同和有看漏、看错之处，碍难说正确理解了笔者的意思。

〔2〕 弗雷德里克·李德尔，是英式读法，以匈牙利语读，则为李德尔·费杰修（Riedl Frigyes 1856—1921）。

写作，后经匈牙利人译成英文，以英文出版。全书十七章附参考文献和索引。成为鲁迅材源的是第十四章，亚历山大·裴多菲之章，页数 25 页。前半部分介绍诗人、爱国者裴多菲的一生，后半部分论述裴多菲的诗及其世界观。《摩罗诗力说》第九章的材源在前半部分。

在恶魔派诗人中，鲁迅尤为具体地叙述了裴多菲如何参与本国革命，如何战死的经历。与其他诗人相比虽着墨不多，但裴多菲贯穿民族爱的生涯轨迹却很鲜明。

李德尔交替引用小故事、诗歌、书信和日记来讲述诗人的一生[1]，鲁迅却与处理其他诗人不同，几乎没有出示该书所介绍的裴多菲的诗。内容上略有所及的只有《起来，匈牙利人！》[2]和《勇敢的约翰》二篇。裴多菲虽也写小说，不过其本领还是诗。李德尔评述裴多菲，称其诗把自我感情直率地倾吐在民歌这个容

---

〔1〕 《摩罗诗力说》第九章出现的对李德尔的引用，完全照搬李德尔《匈牙利文学史》，并无更改。兴万生《鲁迅著作中引用裴多菲诗文新考》（《鲁迅研究》2，1981 年 2月）一文，将这些引用视为鲁迅对李德尔引用之引用，还把匈牙利文译成中文，更在《摩罗诗力说》里找出 84 处加以对照。我对这篇文章很感兴趣，不过对其研究方法却不禁有疑问。第一，虽然明确标明第九章源自李德尔《匈牙利文学史》（兴万生《裴多菲评传》亦同样标明，上海文艺出版社，1981），却看不到拿该本来对照的痕迹。如果拿来对照，那么当然就会发现这不是鲁迅所引用的。而且论文前言还说，关于鲁迅作品所见对裴多菲的引用，为查明出处而得到了匈牙利的中国现代文学研究者高恩德·恩德尔博士（Dr. GALLA, Endre.）的帮助。《摩罗诗力说》第九章涉及裴多菲的材源，早已由高恩德博士查明，是李德尔《匈牙利文学史》（*Világjaró magar irodalom, A magyar irodalom Kínában Akademiai Kiadó*. Budapest 1968）。笔者获知这一材源亦是由于高恩德博士的工作。第二，将此误读为鲁迅的引用，会导致人们由此判断鲁迅对裴多菲作品有着相当深的阅读。正因为所举资料的珍贵，其处理资料基本的手续粗糙才令人惋惜。再者，关于李德尔的这个书，早有周作人谈及。参见《旧书回想记二十八则》二 玛伽耳人的诗》（《书房一角》卷一，《周作人全集4》，1982，373 页）。

〔2〕 该诗标题为《国民之歌》（Nemzeti dal）。《起来，匈牙利人》（Talpra Magyar）取自首句"起来，匈牙利人，祖国在召唤你！"（"Talpra magyar, hía haza！"）。

器里，"给古典诗歌世界吹入划时代的改革新风"，"在民众的想象力这株野生的玫瑰上，嫁接出真正的诗这一被栽培的玫瑰来"。然而鲁迅却不关心这样的诗。例如关于《勇敢的约翰》，李德尔大写特写裴多菲在该诗当中本领的发挥，特以两页多的篇幅介绍梗概，而鲁迅对这种处理方式却并没有表现出兴趣。[1]

鲁迅特意介绍的是一篇小说。但在李德尔所写的文学史中却并没有关于这篇小说——《绞吏之绳》的叙述。在被认为是鲁迅所参考的谢尔的《世界文学史》、卡尔佩雷斯的《世界文学史》、赖息的《匈牙利文学史》等资料当中，有提及这篇小说的地方。[2]然而都只有两三句评语，而且评价很低。小说的介绍部分，是鲁迅自己阅读并写出的，这样看比较妥当。鲁迅所使用的文本是材源 11 德译本 *Der Stick des Henkers*。据周作人讲，鲁迅在东京露天旧书摊上找到了瑞克阑姆文库的小说，不仅爱读，还一直想翻译。[3]

故事讲的是一个被朋友夺了恋人的男人，因欲陷情敌以穷地，反致自己最爱的独生子被情敌所杀，其之后发誓复仇，终于导致情敌的孙子自经，达到了复仇的目的。鲁迅的介绍虽然很短，却说清了故事梗概。《摩罗诗力说》里所引用的对话，发生在某个雷

---

〔1〕 在写作《摩罗诗力说》二十多年之后，鲁迅为青年世界语学者孙用从世界语所译的《勇敢的约翰》四处奔走，在严酷的出版状况中促其出版是很有名的一件事。正如后述，这是属于鲁迅传播裴多菲的事情。

〔2〕 周兄弟从这些文学史中就"其他国家的有意义的文艺作品"所受到的暗示，周作人在回忆中留有记录（《鲁迅的故家 三二 德文书》《知堂回想录 七八 翻译小说下》等）。《裴彖飞诗论》译自赖息《匈牙利文学史》之"第二十七章 裴多菲"。
Johannes Scherr *Illustrierte Geschiehte der Weltliteratur*（1902 Stuttgart）
Gustav Karpeles *Allegemeine Geschichte der Litteratur*（1891，1901 Berlin）
Reich Emil *Hungarian Literature–an historical & critical survey*（1898 London）

〔3〕 周遐寿《鲁迅的故家 二五 周瘦鹃；三一 南江堂》《瓜豆集》（《关于鲁迅之二》）等。

雨交加之日，一个乞丐前来避雨，而他所遇到的正是诀别尘世带着一个仆人住在儿子墓旁的主人公。当主人公知道眼前的乞丐正是以前的情敌时，便将他揪起来剜掉了一只眼睛，在因遭雷劈而起火的树下，要把曾经绞在儿子颈上的绳子套在仇敌的脖子上。这时仆人出来叫停，说："对于这个可怜的家伙来说，生与死，哪一种是更重的惩罚呢？"主人公说："对，是活着。让这家伙去活吧。"于是便放了这个浑身是血、疼得满地打滚的情敌。不久情敌的孙子用这根绳子自缢而死，而主人公确认其确实已死之后，便把绳子又拿到情敌的墓前，说："你就是身在黄泉，也用这根绳子吊死吧！"这是小说的结尾[1]。小说的主题在于执拗的复仇，扉页上写着"罚其父罪，我仍其子三代、四代带受惩罚——耶和华"。鲁迅详陈这句话，表述为有怨必还，绝不手软。

42　观其首引耶和华言，意盖云厥祖罪愆，亦可报诸其苗裔，受施必复，且不嫌加甚焉。（第九章）

不论过去还是现在，对裴多菲小说的评价一直很低。[2]读这

---

〔1〕 在解读德译本的过程中，我得到了河村博先生的帮助。

　　兴万生在《鲁迅与裴多菲》（《鲁迅研究集刊》1，1979年4月）中归纳这篇小说的故事梗概，主人公安陀罗奇，"最后终于被仇敌抓住，吊死在绞刑台上"。不过死在绞刑台上的不是主人公，而是主人公的爱子。故事讲的是主人公实现复仇的经过，这是该篇小说的内容，主要登场人物活到最后的只有主人公一人。何以会出现上述归纳，原因不明，但至少与所用文本，在关键之处出现了重大差别。请参照拙稿「興万生『魯迅と裴多菲』と守魁訳『裴多菲伝』を読んで」(『中国文芸研究会会報』23，1980年5月)。

〔2〕 有评论说，由于裴多菲并没打算认真写，所以也就谈不上"失败在自己并无成功的打算上"（赖煜前引书），还说，"他不是想去描写，只是尝试着原样抽取在瞬间激情中由自己的内部世界喷涌而出的情动的经验。两者（指小说《绞吏之绳》和剧本《海乙那》——引者）所具有的情念是复仇这一点并不令人惊讶"。(Gyulla *Illyés Petőfi* Corvina Press Budapest 1973)

篇小说让人感觉缺乏可使虚构成立的真实性,复仇情念随处可见,毫无节制,回荡在作品中的可怕的叫喊给人留下强烈印象。若置评一语,则是篇百孔千疮的小说。不过可以想象,与小说的好坏无关,其核心主题复仇,穿透了虚构,反倒给鲁迅留下了强烈的印象,抓住了鲁迅的心。鲁迅特意把《绞吏之绳》用作这里的材源,早已明示出这一点。《摩罗诗力说》第四章为彰显复仇精神而特以拜伦《海盗》为材源,第八章只着眼于两个诗人的复仇,还不顾一般评价而只把这篇《绞吏之绳》的核心主题抽出。从这些材源的配置、用法上可以知道,复仇主题是鲁迅始终一贯的执着追求。

以上是由从所取材源所知,而在材源 10 里,在被舍弃的材料里也有与《摩罗诗力说》主题深深相关的内容。在材源 10 的后半部分,李德尔首先把裴多菲诗的主题概括为爱和自由,他通过长篇叙事诗《使徒》对裴多菲的世界观做了以下归纳。

43　人类在不断发展。伟大的人物和伟大的理想,给予人类的教育以最大的影响。但这种教育,应该是人类全体共同进行的工作,而每个人都应对这项工作作出自己的贡献。不论是哪个人或哪种人生,都会以行为给后来留下某种痕迹。(214—215 页)

由此可知,裴多菲是被作为人类的发展样态捕捉的,在裴多菲看来,人活着就是要贡献于这种发展。上文之后,李德尔接着援引使徒之言,进一步明确了所谓"发展"是什么。

44　葡萄很小,但使之成熟却需要一个夏天。世界(为了这种成熟)需要更多的东西。是几千道太阳的光线照射在一粒果实上吗？（倘若如此）世界是不是有几百万道太阳的光线就好？然而，可使世界发展，可使世界成熟的太阳光线，正是人的灵魂。我（使徒）愿自己成为一个有助于大地成熟的人。[1]（215页）

这里所说的"发展"，与鲁迅下文所说的"进化"，作为概念是重合的。

45　而不幸进化如飞矢，非堕落不止，非著物不止，祈逆飞而归弦，为理势所无有。此人世所以可悲，而摩罗宗之为至伟也。人得是力，乃以发生，乃以曼衍，乃以上征，乃至于人所能至之极点。（第二章）

在"此人世所以可悲"这句话里，显现着一种冲击，那就是进化的必然不得不通过灭亡来确认。然而值得注意的是，尽管如此却仍把前进不止看做恶魔派的伟大之处这种认识。同样是受到冲击，当时有很多人从支配与被支配的位置颠倒中来寻求民族救亡的契机，鲁迅则与此不同，他对只是在支配和被支配之间循环的价值体系本身持有怀疑。在鲁迅看来，恶魔派诗人们正是挑战既存价值体系，获得了不断前进力量而能达到人之制高点的人。他们赋予鲁迅人之精神进化观以具体的指标和映像。唤起这个鲁迅的，不正是滨田刻画的雪莱和李德尔笔下的裴多菲吗？

---

[1]　"使徒"（"Az apostol"，1848.6—9）。引文在第十一章。主人公（西尔威斯特）不被周围所理解，身处嫉妒和嘲笑之中，他读世界史，进而想到了自己的使命。上帝听到后，就把西尔威斯特（使徒）的名字加进了殉难者的行列里。此据兴万生的汉译（兴万生译《使徒》，人民文学出版社，1963）。该篇是裴多菲晚期的作品，因革命内部分裂，匈牙利革命陷入困境，裴多菲决心为"名誉之死"而战。

还有一点，《摩罗诗力说》虽然没有提到，但在了解鲁迅传播裴多菲的意义上却不能不提。在恶魔派当中，裴多菲是鲁迅一生都倾注精力介绍而他本人又深受影响的一个诗人。鲁迅不仅帮助年轻的翻译者，促成裴多菲的诗歌翻译，他的作品里也留下了裴多菲的痕迹。[1]在青年诗人白莽刑死之后，鲁迅在他留下的裴多菲诗集余白处发现译诗草稿，并在纪念他的《为了忘却的纪念》（1933）中予以介绍。这首诗明确表达了裴多菲诗歌的两大主题，即李德尔所说的"自由与爱"。这是首题为《自由哟，爱哟！》的短诗，原诗若原行直译，便是以下这么种形态。[2]

　　　　自由哟，爱哟
　　　　这理想中的两样东西
　　　　为爱，而奉献
　　　　生命
　　　　为自由，而奉献
　　　　爱

---

〔1〕　鲁迅除翻译裴多菲抒情诗五篇，发表在《语丝》（周刊第九期、第十一期，1925年1月）之外，还在作品中提到裴多菲。其中有名的是散文诗《希望》（就此将放在后面，在本书的余滴《鲁迅与裴多菲——〈希望〉材源考》中阐述）。此外，鲁迅还尽力帮助孙用和白莽等裴多菲诗与传的译者。关于中国的裴多菲接受问题，高恩德博士有很好的论文加以概括。（Endre Galla "*Petöfi in China*" 1967 Annales Universitatis Scientiarum Budapestinensis de Roland Etövös Nominatae sectioplilologia Tomus VII pp. 25–38, Endre Galla "Pai Mang und Petöfi" —Aus der Geschichte der Aufname der Ungarischen Literatur in China—1962 Acta Orientalia Tomus XV pp. 120–124）这些亦有中国的裴多菲学者指出（兴万生《裴多菲评传》，上海文艺出版社，1981年5月）。
〔2〕　原题为 "Szabadság, szerelem!"（1847.1.1）。兹将今冈十一郎日译和孙用汉译拿来与原诗对照，译成日语。

白莽由德译本重译了这首诗。[1]

生命诚宝贵
爱情价更高
若为自由故
二者皆可抛

这首诗虽当时因鲁迅才得以被介绍，但鲁迅却早在二十几年前，在李德尔的《匈牙利文学史》里与其相遇过。当鲁迅在一个和从前的自己一样敬爱裴多菲的青年的遗物中找到这首译诗时，他会作何感想呢？该诗因《为了忘却的纪念》而在革命青年中间广为流传，在延安地区还流行为革命进行曲。在 1950 年代，裴多菲翻译诗集的发行部数，高达十万部。由此事实可窥知裴多菲的诗在中国脍炙人口。[2]在中国最早介绍裴多菲的是《摩罗诗力说》。

---

〔1〕 白莽所译裴多菲，有传记和诗歌九篇，在鲁迅的帮助下发表在《奔流》第二卷第五期（1929 年 12 月）。其中，传记译自白莽所藏文本，诗歌译自鲁迅赠给他的瑞克阑姆文库版文本（其原委在《为了忘却的纪念》中所记甚详）。

据上述高恩德博士的 "Pai Mang und Petőfi"，白莽所藏文本为 A. Teniers *Petőfi's Gedichte*（1887 Halle），鲁迅赠送瑞克阑姆文库为 J. Goldschmidt *Gedichte von Alexander Petőfi*（1883 Leipzig）。白莽留给鲁迅的是特尼鲁兹翻译的诗集。事实上，瑞克阑姆文库版裴多菲诗集并未收录这首短歌。是白莽根据特尼鲁兹的德译翻译过来。高恩德博士指出，特尼鲁兹的翻译并不正确，是即兴翻译，但白莽以文言翻译该诗，比此前和此后的汉译都要好（参照拙稿「殷夫覚え書き」，『東洋文化』56 号，1976）。

〔2〕 高恩德博士在上述书中，根据孙用《裴多菲在中国》（未见），谈到了"自由与爱"之诗在此后中国的反响，而笔者自己也意外有机会获知该诗至今仍活在中国的民众当中。曾有中国留学生告诉我她在"文革"中抄写并阅读当时作为禁书的小说，其中登场的革命家就用血把这首诗写在了墙上。那便是这首五言诗。据高恩德博士介绍，孙用翻译的《裴多菲诗选》（作家出版社，1954），是根据匈牙利文本翻译的迄今为止在中国出现的最有代表性的裴多菲诗集，在中国受到了普遍欢迎。

"文革"结束后，又有守魁译《裴多菲传》（《辽宁大学学报》，（转下页）

鲁迅在《为了忘却的纪念》里，把白莽寄予匈牙利爱国诗人裴多菲的敬慕重叠到自己年轻时日的情感中，这说明裴多菲长久地存活于鲁迅的内心。可以说，鲁迅成全了裴多菲精神媒介之美。

最后，还要说一下探讨材源所留下的疑问。《摩罗诗力说》里提到的《起来，匈牙利人！》《国民军》和《勇敢的约翰》书名之后都附有匈牙利语。在李德尔的材源10里，这些篇名并没有英译，是以匈牙利语直接表记的，但没有英译的篇名为何能翻译过来呢？这是个疑问。若当时鲁迅有一册赖息《匈牙利文学史》在手[1]，那么会看到《勇敢的约翰》有英语和匈牙利语双语并记，但《绞吏之绳》，其作为材源的瑞克阑姆文库里却并没有原题表记，这可使人想象到鲁迅还另有可参照的以匈牙利语表记题名的资料。

七

构成《摩罗诗力说》的核心要素可认为有三：一者，诗应是如琴弦，握拨一弹而能使人觉醒的心声；二者，被压迫的人要想恢复自己的地位，就应不断去复仇，去持续战斗；三者，但在这种战斗中，应该否定掉兽性。

（接上页）1979 年 4、5、6 期）、兴万生《裴多菲评传》（上海文艺出版社，1981）、兴万生《裴多菲》（《外国文学评介丛书》，辽宁人民出版社，1984）、孙用译《裴多菲诗选》（《文学小丛书》，人民文学出版社，1979 年第二版。第一版，1959 年，系前记作家出版社版之通俗系列，未见）、兴万生译《裴多菲诗选 上·下》（上海译文出版社，1982）、兴万生、戈宝权、冯春、金熙译《裴多菲小说散文选》（上海译文出版社，1985）等相继出版。此外，出现在丛刊、杂志、外国文学史和概论书等当中的有关裴多菲的论述（包括少量的作品翻译）也有很多。

[1] 1908 年的《裴彖飞诗论》系该书第二十七章 "Petőfi, the Incarnation of Hungary's Poetic genius" 的翻译。其序中有言 "往作《摩罗诗力说》……顷见其国人赖息 Reiche E. 所著《匈加利文章》"，说该书是偶然得到的。

诗人是咏唱心声之人，这一点是滨田的雪莱形象鼓吹给鲁迅的。其以第一章"盖人文之留遗后世者，最有力莫如心声"起笔，到第九章"今索诸中国，为精神界之战士者安在？有作至诚之声，致吾人于善美刚健者乎？有作温煦之声，援吾人出于荒寒者乎？"——把民族救亡的希望寄托于心声的出现而结束，是《摩罗诗力说》贯穿始终的基调。《雪莱》不仅是《摩罗诗力说》第六章的材源，还有一部分成为第九章后半部分的材源，进而还在相当于总论和结论的第一、二章和第九章里反映为鲁迅的诗歌观，这一点说明鲁迅对著者的主张有着很深的共鸣。而且，具有心声者，即诗人，应该达到"人所能至之极点"，是将自己的战斗进行到底之人，而此即是迈进在精神进化之路的"人"的身姿——这一点虽然是鲁迅之所谓的"进化"，但这一概念却与滨田笔下不停寻求理想的诗人雪莱、李德尔介绍的裴多菲世界观有互相重叠的地方。第二章里"盖诗人者，撄人心者也"，人们有感于心声，而"心弦立应"，"平和之破，人道蒸也"，与第六章里的"捂击排斥，人渐为之仓皇；而仓皇之中，即呕人生之改进"说的是一回事。而正像已经说过的那样，这些言说之处并无材源。它们不是来自滨田，而是鲁迅对诗歌效用的独自评价，笔者以为，这是诗歌当中所包含的反抗契机。鲁迅的所谓心声，便包含这样的概念。

鲁迅把《摩罗诗力说》的诗人定义为"凡立意在反抗，指归在动作，而为世间所不甚愉悦者"，那么又是什么在维持他们的抵抗和战斗呢？这便是意志的力量。[1]鲁迅很看重康拉德（《海盗》）和曼弗雷德（《曼弗雷德》）的坚强意志。战斗的对象，如果按《摩罗诗力说》的叙述顺序，从拜伦到裴多菲来排列，那么

---

[1]　此处可认为是受尼采超人思想的影响。这是个大问题，我打算另外去考量。

焦点则逐渐由天帝、世俗转向同时代人，进而再瞄准到民族的压迫者。而且在这种变化中浓厚起来的是对压迫者的复仇色彩。压迫者即民族之敌，即作为统治者的异民族。鲁迅以《海盗》强调复仇精神，在论及波兰时，几乎把篇幅都用在复仇诗人密茨凯维支和斯洛伐支奇上面，论及匈牙利时，特别介绍了李德尔未置一词的裴多菲的复仇故事《绞吏之绳》。而在材源的用法上，则不惮无视勃兰兑斯语境，把为达到复仇目的而不择手段的战斗，尤其在对波兰的两个诗人的描写上呈现出来。还有，虽然提到克拉旬斯奇的名字，却把这位爱的诗人看得很轻，对雪莱的为理想而不断战斗有共鸣，却不把他的通过爱感化敌人引以为同调，由这些可以知道鲁迅是在有意强调复仇。不过，要讲强调复仇精神，那么木村鹰太郎也是同样，鲁迅也的确从一开始就从前者获取材源，但他和木村决定性的不同，便是拒绝将弱肉强食的原理置于战斗的根底当中。

这便是从战斗当中排除和否定兽性的爱国心之缘由所在。这在以勃兰兑斯的批评来否定八杉贞利的普希金形象之处有着最好的体现。勃兰兑斯在批评普希金时，在行文上有着对比搭配，鲁迅却完全去掉了这种搭配，由此也强烈地表现出他对普希金的否定。鲁迅所谓的战斗，是为"自由"和"人道"的战斗。在鲁迅看来，拜伦支援希腊独立，就是因为"衷悲所以哀其不幸，疾视所以怒其不争"[1]，而这是对甘居被支配的地位，放弃战斗的奴隶性的否定。对支配民族践踏弱者以谋取本民族之伸长的兽性的否定，与对被支配民族奴隶性的否定有着互为表里的关系。如果不

---

[1] 这句话在不明示出处的情况下经常被引用，以表示鲁迅对受虐者的看法（许钦文《〈彷徨〉分析》、李何林《鲁迅〈野草〉注解》等），都以"哀其不幸，怒其不争"四字互对使用，意思似已相当普遍化。

在战斗中排除弱肉强食的原理，那么自己便也会如此。对鲁迅来说，这两者还都不是"人"。在人的精神进化之路上上征，朝着人所能到达的极点不断前进者，便是具有心声之"人"，而这个过程即是战斗。作为"人"的战斗，专以"意志的力量"来维持，表现为对妨碍"人"之实现的民族之敌的不停息的复仇。为达目的哪怕不择手段也在所不惜。构成《摩罗诗力说》的三要素，在互相关联中循环。《摩罗诗力说》的诗人们，便是这个"人"的模型。[1]

或问，《摩罗诗力说》把这样的"人"的形象出示给读者，其目的何在呢？这可从鲁迅为何对普希金和克拉旬斯奇只给予很低的评价中获得解答。鲁迅的课题在于如何抵抗外来压迫，排除其他民族支配，如何使自身民族获得生存。波兰与帝制俄国，两者情况不同，波兰民族完全处在其他民族的统治之下，而帝制俄国则一方面压迫其他民族，另一方面又在本国实行恐怖政治，因此两者实现自由与独立的抵抗方式不同。而处在与体制对极立场的人，同与体制有着某种血缘的人，在抵抗方式上也还有所不同。普希金得不到迪卡布里斯特朋友们的理解，而且吃着皇帝的俸禄，却还要和有形无形之敌进行战斗，遂死于非命；克拉旬斯奇有个身在体制内的父亲，这便让他咏唱对待敌人不是复仇，而是用爱去感化。事实上有不少人也像他们一样处在苦恼和扭曲的抵抗当中，置身于自己所认同的现实当中。然而对鲁迅这样一个生活在清末社会的被压迫民族的一员来说，最为现实的，是猛烈复仇的战斗方式。在《摩罗诗力说》的底流当中，有着汉民族之"人"的尊严。《摩罗诗力说》便是在这个意义上的时代之书。

---

[1] 与此相关，本书《第三章 造就出理想诗人形象的现实》亦有所涉及。

鲁迅为写《摩罗诗力说》在日本收集了资料，其中也包括用日语写的东西。但正像已经看到的那样，那些资料都是外国作家评传类，只凭这个还很难看到日本文学对《摩罗诗力说》的影响。翻译文学的情形怎样呢？《摩罗诗力说》里登场的诗人作品，当时译得较多的是拜伦、雪莱、普希金，并不是《摩罗诗力说》里言及的作品都被翻译成日文了。关于在雪莱、普希金和莱蒙托夫项下被介绍的作品，截止到同一时期还没发现有翻译。而波兰的三诗人及裴多菲甚至连翻译也没有。不仅仅是被翻译成日语的作品，《摩罗诗力说》中谈到的诗人们的作品，鲁迅也并非一一读过才介绍的，这从材源的用法上可以看得很明白。[1]材源2《海盗》和材源11《绞吏之绳》，因为是有意特别选用的可另当别论。材源11是以德语阅读的。确实，或在《摩罗诗力说》里提及，或在《域外小说集》里翻译那些作品，当时也正好在日本被翻译过来，不过，例如去读柯尔纳的《逃兵》（「逃脱兵」，桥本青雨译，《太阳》12卷12号，1906），加尔洵的《四日》（「四日间」，刘心译，《新小说》，1904），可以看到它们或把普鲁士换成日本，或把法国换成俄国，让士兵喊着天皇陛下万岁去战死，让"支那人"躲过俄国兵的监视救助身负重伤的日本兵（「逃脱兵」），或讲述在朝鲜与俄国兵作战负伤的日本兵的故事（「四日间」），作品中呈现着战时状态下的爱国反应。对鲁迅来说，这种对"兽性

──────────

[1] 鲁迅以原样使用的形态把作品梗概和评语等用作材源。前引兴万生《鲁迅著作中引用裴多菲诗文新考》、赵瑞蕻《鲁迅〈摩罗诗力说〉注解·今译·解说》（天津人民出版社，1982年4月）都以《摩罗诗力说》中的"引用"部分对照原著（赵先生是借助译成英、德、法语的资料来读取波兰、匈牙利文的资料）。赵先生在《前记》里说，他在"鲁迅的文言译文"与原著之间出现较大出入时，对照原文译出，"中间省略"之处也予以补充。不过，包括尚未确定材源存在之处在内，在"鲁迅已经读过"这样一个前提下，把《摩罗诗力说》本文和"引用"的原著直接拿来简单比较，我认为作为研究方法是不合适的。

爱国"的赞美并不能作为参考。[1]当说到不是在创作文学和翻译文学的层面，而是在文学思想层面上的影响关系时，那么我以为可列举出滨田佳澄、木村鹰太郎和升曙梦的名字来。[2]

《摩罗诗力说》是以剪刀和糨糊对许多材源加以剪裁和粘贴写成的，其各个部分的确是他人之作。鲁迅的意图，隐见于材源的取舍运用。《摩罗诗力说》的特异性，可由将以拜伦为始祖的恶魔派谱系，引接到波兰和匈牙利的被压迫民族诗人这一点上看出。[3]

鲁迅不是在奴隶和奴隶主位置颠倒的循环关系中，而是在

---

[1] 在第 34 页注释〔1〕中所说的「明治三〇年代文学と鲁迅」一文中，松永正义先生，把斋藤野之人的柯尔纳论，作为鲁迅的柯尔纳形象的材源。由"内容以及表达方式上的重合度"推定，似乎如此。根据我到目前为止的探讨，就《摩罗诗力说》的材源用法而言，与其说是咀嚼了要旨而写出，倒莫如说是直接剪裁材源的文章来使用。如果假定在总论部分里也采取了同样的方法，那么不就需要对"表现方式上的重合度"进行详细的比较和探讨吗？在这种论述的根底当中存在着一个视点，那就是"把鲁迅作为从与日本文学相同的此岸出发的一个先行者"来看待。然而就说是日本文学，一般来说，不仅是有文学思潮，不是还包含着文学创作吗？这也是我在此踌躇使用"日本文学"这一具有总括性概念之言辞的缘由所在。

[2] 据周作人说，鲁迅对当时的日本文学不大注意，除了读漱石的小说外，森鸥外、上田敏、二叶亭四迷、升曙梦的批评与翻译都只作为参考来看。周作人还说，升曙梦的翻译可谓忠实，但二叶亭四迷的艺术性很高，也很日本化，作为参考尚可，但用作底本就不合适了。

[3] 勃兰兑斯在《十九世纪文艺主潮史》第二十三章谈到拜伦的诗给予斯拉夫民族的影响时，作为例证列举了普希金的《埃普格尼·欧乃金》、莱蒙托夫的《现代英雄》、马尔切夫斯基的《玛丽亚》、密茨凯维支的《康拉德·布莱罗德》、斯洛伐支奇的《拉姆布罗》和《别尼奥夫斯基》。鲁迅在第五章末尾说，"次复入斯拉夫族而新其精神，流泽之长，莫可阐述"。包括"斯拉夫族"这个词在内的这句话，不见于木村鹰太郎的文内。倘若鲁迅读过勃兰兑斯该书，那么在构想上或许会受到某种暗示。不过，除此之外并无可判断的资料，所以目前还处在推测的领域。

周作人回忆说，鲁迅当时最为醉心拜伦，其次是匈牙利、俄国、波兰的爱国诗人。还说，鲁迅当时的思想可用民族主义来概括，介绍的文学也以被压迫民族为主，俄国虽不算被压迫民族，但由于当时是专制与革命抗争的时代，也便将其看做同病之友而取其反抗压迫的一面。

人的永无止尽的精神进化这条上升的直线上找到了救亡之路。西欧，以及一群跟随其后要去追赶的后进各国——这是一种图式，我认为，在鲁迅特异思想所照亮的世界里，有一种与该图式迥然有别的东西。鲁迅的考察，不仅仅是单纯地从波兰、匈牙利以及中国抽取出后进的被压迫民族这一共通项，而是抵达了一种更深层面的把握，即正因为是被压迫民族，所以才能够建构起这些东欧被压迫民族所具有的文化和思想。总之，鲁迅是在自觉到自己是奴隶并由此而产生出来的文化和思想上，发现了看似引领世界的（奴隶位置所没有的）西欧各发达国家所没有的新的东西。《摩罗诗力说》到了波兰和匈牙利的章节，便终于呈现出这种本领来。[1] 在波兰之章节里，鲁迅探索奴隶成为"人"的契机；在匈牙利之章节里，又将这种"人"的形象鲜明地系结于裴多菲之上。在同时代的革命论调当中，波兰也和印度、埃及一样，都是常被引用的亡国的好例，其中甚至还混杂着些许庆幸自己未蹈前辙的优越意识，倘若能够想到这些，那么便可以看到鲁迅思想的独异性，那就是他在东欧被压迫民族的诗人们的诗和行动中，看到了觉醒了的奴隶的身影，并从他们的处在货真价实奴隶状态的觉醒当中，发现了其中存在着为从奴隶恢复到"人"而所做抵抗的契机。这一点是可从《摩罗诗力说》的构成中读取到的意义。我认为，鲁迅所提倡的"文艺运动"的核心，就在于创造出摆脱奴隶状态而能体现新的价值之"人"。

---

〔1〕 高恩德博士论述道，在《摩罗诗力说》所论及的诗人中，密茨凯维支，特别是裴多菲最引鲁迅关注，作为"反抗"和"抵抗"的伟大的人格体现，即使是把裴多菲放在其他诗人当中，鲁迅仍赋予他很高的地位（"Petőfi in China"）。

另据周作人回忆，勃兰兑斯的《波兰》给鲁迅留下了难忘深刻的印象，鲁迅看重裴多菲的诗集和小说（《绞吏之绳》），周氏兄弟当时对匈牙利小说抱有好感，其理由之一，是因为把匈牙利人当做黄色人种看待，所以在那个讲究民族主义的时代也就唤起情趣来。

第三章　造就出理想诗人形象的现实
——《摩罗诗力说》中"人"的形成及其意义

　　上一章探讨了鲁迅在开始他的"文艺运动"时期所做的《摩罗诗力说》，阐述了由该篇之构成所能读取到的鲁迅独特的"人"的思想。在本章当中，我想接下来就体现鲁迅"人"的思想的诗人形象是在当时怎样的状况下塑造出来的这一问题进行一下探讨。

一

　　《摩罗诗力说》刻画了恶魔派诗人形象，以作为具有心声之人的体现者。鲁迅理想中的人的形象即在于此，叙述的中心也放在这里。那么，是什么促成鲁迅去塑造如此的诗人形象呢？
　　鲁迅在论述这些诗人时，在《摩罗诗力说》开头的一、二章和最后九章的后半部分，即在相当于绪论和结论的部分里，这样阐述道：

　　　　中国之治，理想在不撄，而意异于前说。有人撄人，或有人得撄者，为帝大禁，其意在保位，使子孙王千万世，无有底止，故性解（Genius）之出，必竭全力死之；有人撄我，或有能撄人者，为民大禁，其意在安生，宁蜷伏堕落而恶进取，故性解之出，亦必竭全力死之。（第二章）

故不争之民，其遭遇战事，常较好争之民多，而畏死之民，其苓落殇亡，亦视强项敢死之民众。（第二章）

故无流血于众之目前者，其群祸矣；虽有而众不之视，或且进而杀之，斯其为群，乃愈益祸而不可救也！（第九章）

很显然，这里对"帝"与"民"（或众人）的评价是否定的，他们的行为给社会带来了灾祸。

与此相反，在同一个部分里对恶魔派的诗人却做了如下阐述：

今则举一切诗人中，凡立意在反抗，指归在动作，而为世所不甚愉悦者悉入之，为传其言行思惟，流别影响，始宗主裴伦，终以摩迦（匈加利）文士。凡是群人，外状至异，各禀自国之特色，发为光华；而要其大归，则趣于一：大都不为顺世和乐之音，动吭一呼，闻者兴起，争天拒俗，而精神复深感后世人心，绵延至于无已。（第一章）

上述诸人，其为品性言行思维，虽以种族有殊，外缘多别，因现种种状，而实统于一宗：无不刚健不挠，抱诚守真；不取媚于群，以随顺旧俗；发为雄声，以起其国人之新生，而大其国于天下。（第九章）

此盖聆热诚之声而顿觉者也，此盖同怀热诚而互契者也。（第九章）

同样很显然，这些诗人就是"帝"和"民"所要竭力扼杀的人，他们的确正处在这样的位置上，而鲁迅对他们的行为所给予的评价则正是肯定的。

当把前者的否定形象与后者的肯定形象重叠起来看，就会清晰地浮现出在核心部分里两者所被赋予的相互对立的意义。所谓撄人心者，就是搅乱人心、放歌引导人们去反抗者，"帝"和"民"之所以要扼杀这些放声高歌的诗人，就是因为那些因听到歌声而觉醒的反抗者，会把"帝"赶下位，会把"民"从安于堕落的蛰居下踢散。而且，我还注意到，分别描写诗人们的反抗人生的核心部分姑且不论，在这前后可叫做总论之章的部分里，《摩罗诗力说》的叙述中心虽然在于描绘后者的肯定形象，但前者否定形象所占的叙述比例则比后者要多，表现也更有现实感。

那么就可以认为，《摩罗诗力说》里登场的肯定形象，是作为否定形象存在的土壤被构想和塑造出来的。他们是以鲁迅对本国历史和社会现实的否定认识为媒介而创造出的人物形象。

理想的诗人形象是如何"炼"成的？其解读的锁钥就在于此。

二

那么，鲁迅当时对现状的认识是如何培养出来的呢？

在笔者看来，促使鲁迅去思考"人是什么"的要素有两点：一是严复《天演论》的影响；二是鲁迅对当时的国民思想抱有违和感。

关于译述《进化与伦理》的严复的《天演论》是怎样的一部书，本书另有《补论》详细探讨，请读者一并予以参照。这里只谈探讨的结果。

如果极简单地来谈《天演论》的主旨，那么就是把清末所处的亡国状况把握为天之所为（天行），而要解决这一危机，就在于人能主动地展开行动去战胜天，即"胜天为治"。严复在《天演论》里植入了自己的痛切之思，他希望那本书的读者能够成为怀抱救亡意志，展开"胜天"行动的人。很多知识青年读了《天演论》后，对亡国状况有了深刻的认识，受到了强烈冲击。鲁迅也是读者之一。鲁迅与《天演论》相遇是在他1902年到日本留学以前、在南京的江南陆师学堂附设矿务铁路学堂约两年的在学期间的事。此后，在日本留学时也反复阅读，成为其案头之书。[1]

正像人们通常所说的那样，《天演论》显现了斯宾塞社会进化思想的影响，这一点不可否认。严复所提倡的"人"，是展开行动、救国于危难、教化人民、使国与民走向富强的人。"人"的任务是培养民，使之成为适合构成国家的一员。在救亡论所具有的以适者生存作为国家存续指标的框架内，的确有《天演论》所包含的社会进化思想的反映。但该书最后所提倡的"胜天为治"，意味着对天的反抗，这一点不是斯宾塞的，而倒应该认为是来自赫胥黎的暗示。两者对读者的影响都很深。因此，面对清末的政治状况，读者在获得此即"天行"的认识的同时，也当然会把严复的话铭刻在心，那就是对抗"天行"，拯救危机还得靠"人"。

我认为，鲁迅受严复《天演论》的最大影响，就是这部书告诉他，人作为启动社会的要因，其作用如何重要，从而使他认识

---

〔1〕 鲁迅后来记述过在南京求学时读《天演论》感到惊讶的情形（《琐记》，收《朝花夕拾》）。据其弟周作人介绍，鲁迅当时很关注严复的翻译，从《天演论》到《法意》（孟德斯鸠《论法的精神》）出一本买一本（《关于鲁迅之二》，收《瓜豆集》）。据说，鲁迅在《随感录二十五》（《热风》）开头所引严复的话，就出自《法意》译者序言。在这篇文章里鲁迅评严复，说他"做"《天演论》，是一个十九世纪末年中国感觉敏锐的人。鲁迅留学时代的好友许寿裳回忆，有一次他和鲁迅谈到《天演论》，竟不约而同地背诵出其中的一段，而鲁迅到仙台以后还在写信时模仿《天演论》笔调跟他开玩笑（《亡友鲁迅印象记·杂谈名人》）。由这些事情可以想到鲁迅是怎样醉心于《天演论》。

到人应该是主动的行动者，这样才会战胜天。如果去和第二章所描述的恶魔派诗人形象相对照，则可对此认同。恶魔派诗人们，是对天地之间的各种恶、对民族的仇敌发起反抗行动的人，若又有人闻其歌声而被触动心弦，则会奋起而争天拒俗。这是鲁迅说的。他同时又把严厉批判的目光朝向想要扼杀这些诗人的俗众。我认为，在《摩罗诗力说》中所描绘的诗人们的身影里，就有被严复触发而来者，后者希望出现与天争胜的行动者。严复在《天演论》的最后所明确的以天为斗争对象的"人"这个概念，在鲁迅构想"人"的形象时，发挥了巨大的作用。倘若如此，那么便可以说，鲁迅在促成其创建"人"的概念的部分里，受到了《天演论》的影响。

然而，《天演论》所包含的社会进化思想，并没原样转映到鲁迅的"人"的思想当中来。在对时代抱有危机意识这一点上，鲁迅也跟《天演论》的其他读者一样，但此后在向何处寻求民族再生之路这一点上却不尽相同。若粗略而言，那么就是鲁迅并不以那样一种救亡之策为同调，即以侵略中国的欧洲等发达国家作为强者的范本，通过紧随其后的蹈袭为业已走向衰弱的中国打开活路。鲁迅并不认为被支配者与支配者处在同一位置会是一条生存之路。正如上一章所述，鲁迅是以他独特的人的进化观摸索救亡之路。鲁迅所思考的人的精神进化，其目标并不是成为现实中存在于眼前的强者。在鲁迅看来，不论现实中的强者还是弱者都应被淘汰。他把侵略者欧洲等强国的爱国规定为"兽性"，把追随前者之后的中国规定为"奴子性"。他认为，从人的精神进化过程来看，这些都处在落后的阶段。鲁迅的这种人的进化观的创造，是通过否定上下反复循环的封闭的价值体系本身获得实现的，后者即所谓奴隶成为奴隶主，进而更君临于新的奴隶之上。

一方面是列强在不断争夺利权，瓜分领土；另一方面是阻挡乏术、不断退缩和妥协的清政府，以中国为舞台所拉开大幕的这场侵略剧，如果以侵略者和被侵略者的精神关联的视角来看，则呈现的是内面奴性呼应外来兽性所上演的一幕。在对这两种特性否定的基础上，鲁迅打出的旗帜是对压制的反抗和对不自觉的奴隶的憎恶。鲁迅把鼓舞枯涸的民族精神，使其生命复苏的反抗和叱咤之声命名为"心声"，把具备心声之"人"解读为与兽性和奴性之人价值迥异、在精神上充分进化了的"人"。具备心声之"人"，被摆在与兽性和奴性之人对极的位置上，从这个意义讲是相对的。而且这种相对，并不是可以做出选择意义上的相对，它并非因为可在现实看得见的事物里做出这样或那样的选择才成立，而是否定现实中的唯一，由可见之物看到不可见之物而发生的相对。凝视应该否定的负面东西，从中透视出但愿如是的正面的东西，鲁迅相对化认识的特质就在于此。而承载这种特质的则是他卓越的想象力。

三

恶魔派诗人绽放在鲁迅的人的精神进化树的枝头，那么，这些形象是经过怎样的相对化的认识过程获得的呢？被对置于他们相反一极的又是什么呢？在此也就不能不阐述一下鲁迅对前述国民思想所抱有的违和感与他"人"的思想的形成有着怎样的关联。

在进入正题之前，需要首先看一下留学生鲁迅周围到底发生了什么。从鲁迅来到日本（1902 年 4 月）到他从仙台医学专门学校退学（1906 年 3 月），这一时期不论在留学界还是在鲁迅所身居的日本，正是以对应持续占领满洲的俄国为基轴的风云激荡的时期。在留学界，1903 年是个划时代的年份。是年春，俄国向清政府提出 7 条密约作为从满洲撤军的条件。以此为发端，留日学生提倡主战论，并组成"拒俄义勇军"。这一行动虽被接受清政府请求的日本官方所禁止，但义勇军很快就转身成为"军国民教育会"，不久又从拒俄转向排满，出现了以种族革命为目的的秘密会社。而在稍后不久，上海发生了"苏报事件"。这是一起针对章炳麟和邹容的压制言论事件。前者的《驳康有为论革命书》和后者的《革命军》，与陈天华的《猛回头》《警世钟》并称鼓吹辛亥革命思想的四本重要宣传手册。这一年留日学生同乡会刊《湖北学生界》《江苏》《浙江潮》等相继创刊，在鼓吹革命方面发挥了很大的作用。

翌年（1904 年）2 月，日俄战争爆发，时间刚好和鲁迅在仙台医学专门学校的第一年重合。4 月，鲁迅结束在弘文学院的两年基础课，正是第二次旅顺口封港作战之后不久。在黄海海战结束约一个月后的 9 月，鲁迅进学仙台医学专门学校。是年冬，光复会藉军国民教育会之势头在上海成立，鲁迅不久便加入了该会东京支部。此时，战况正由占领 203 高地向攻占旅顺市区进展。1905 年 4 月，邹容狱中咯血而死。他是神经病发作，前一天夜里吃了狱医给的药，人走时还剩下 70 天的刑期。他比鲁迅年轻 4 岁，享年 20 岁。决定日俄战争胜负的日本海海战，是这之后一个多月的事。7 月，章炳麟出狱，逃亡日本，两千位留学生冒雨在神田的锦辉馆集会欢迎，会场之外也站满了人。与此同时，鲁迅在仙台遭遇了幻灯片场面：中国人被当做俄国侦探抓来处刑，有很多中国人赶来围观。而他又被同学怀疑考试作弊，强行要求他拿出藤野先生修改过的笔记。一方面是陷入战争狂热的日本，另一方面是反抗俄国侵略、革命思想正在酝酿并有很多人冒死促其传播的中国，鲁迅在这两厢之间遭遇到的这一系列事件，就发生在日俄战争结束前后的这一时期。同一时期，胎生于兴中会、华兴会、光复会的中国革命同盟会在东京成立。在一个月后的东京，因不满《朴茨茅斯和约》爆发了日比谷打砸放火事件[1]。11月末，同盟会机关刊物《民报》创刊。对于呈现出中国革命幕后样态的留学界，接受清政府意向的日本文部省，颁布了所谓《清国学生取缔规则》(『清国学生ヲ入学セシムル公私立学校ニ関スル規定』)，引发了中国留学生反弹，掀起反对运动，各校相约停课。《朝日新闻》(12月7日)就此诽谤说，这一行动"出于清国人特有之放纵卑劣之意志"，故其"团结亦颇薄弱"。陈天华被"放纵卑劣"这个词所刺痛，呼吁同胞不要忘记此言，将其铭刻于心，培育起与所谓"放纵卑劣"相反的国民性来。为让同胞永远记住这一点，他在大森海岸投海自杀。

对于这样的时代相貌，那些在同乡会刊上鼓吹革命的留学生们是怎样把握的呢？

首先能指出的是，他们是在"竞争"这一视点上，依照进化论来理解社会的。所谓中国今天正处在世界竞争潮流的最激烈的旋涡中的说法，便是出于这种认识。他们把现在规定为"民族帝国主义"时代，关于帝国主义，例如就有如下说法：

> 曰"野蛮人无开发土地富源之能力，文明人必代而开拓之"。又曰，"优等人种虐待劣等人种，为人道之当然者"。(《论中国之前途及国民应尽之责任》，《湖北学生界》第三期，"论说"栏)

---

[1] 日比谷打砸放火事件，系1905（明治三十八）年9月5日发生在东京日比谷公园的大规模暴动事件。其发端于当日在该公园举行的反对日俄讲和条约（即朴茨茅斯条约）的国民大会，警察机构和政府系统的报社受到袭击，并且持续到第二天，直至政府发布戒严令。——译注

虽然接下来是对帝国主义展开批判，但有一点不能遗漏掉，那就是在关于世界竞争的看法上，认为对方具有只用于竞争的文明的力量，从而在批判中微妙地引以为同调。而与这种认识互为表里的是，尽管如此，中国却处于黑暗之中，人们甘当亡国奴而不知耻的这样一种认识。于是就出现了应该具有"竞争"气概，以免沦为亡国之民的主张。兹举一例。《学生之竞争》（《湖北学生界》第二期，"争论"栏）之论者道，学生肩负二十世纪中国兴亡之责，今日所急于竞争之点，"莫过于内界之竞争"。所谓"内界之竞争"，即"权利之竞争"和"势力之竞争"。前者有英国和日本为立宪而展开"竞争"的榜样，后者有俄国和奥地利学生打倒沙皇和梅特涅的先例。论者批评中国学生只有一己而毫无向外的目光眼界，所以号召学生以"圣贤之品格""豪杰之魄力""宗教家之热诚""哲学家之理想"，立于"竞争"最激烈之点。这四点，据论者所言，归纳起来，就是忠孝，意味着对国家之忠和对祖宗之孝。这是主张国家主人公血统的正统性，以此来唤起处在异民族天子独裁下的汉民族的爱国心。由此所导出的，便是"国民"思想。

所谓"国民"，是作为与"奴隶牛马"相对立的概念来倡导的。其认识基点是，清政府统治下的人，又进而举国被置于外国的统治之下，因此是奴隶的奴隶，即双重奴隶。这里，作为稍有整合的"国民"之论，《论中国之前途及国民应尽之责任》和《中国当重视国民教育》（《湖北学生界》第二期，"教育"栏）等文章，便提供了关于"国民"概念的素描。首先，认识的出发点是列强瓜分中国，中国将亡，那么在这一前提下所提出的问题便是"国"者为何？所谓"国"因有"国民"的存在而成立，亡国的状态之所以发生，就是因为没有"国民"的缘故。现在中国有的只是那些失主权、丧民气、甘愿以奴隶牛马自居的人。因此，"国民"不在则"国"亡，"国民"在则"国家"强。譬如日本有武士道和大和魂，有"任侠敢死"的精神，所以才强。所谓"国民"就是具有"独立之精神""合群之性质""自主之品格""进取之能力""协力而图公利之思想"，有气魄不受抑于外界的人。"国民"之有无，与"国家"之存亡成正比，其多少与强弱成正比，其程度高低与帝国主义之发达与否成正比。[1]

这种以"国民"为"国"之城寨，抵御外敌的想法，便是留学生中先进分子的想法。他们认为，爱国心和尚武精神，是作为"国民"所必备的两个条件。这个"国民"又进一步凸显为"军国民"，便是这一概念的进一步明确。几乎所有的学生都被期待成为"军国民"，因此，教育的重要性也就得到了强调。"尽死命，效死力，为国民之前驱者，其各国之国民军也。""教育者，制造国民之器械，国民者，制造国民军之材料也。"（《教育与群治之关系》，《湖北学生界》第四期，"教育"栏）"军国民教育会"的宗旨就是培养尚武精神，实行爱国主义，这正可以说是上述理念的具体体现。"国民"思想，于是也化为革命思想的内核。

奴隶的否定形态是"国民"，造就"国民"便是革命的中心课题，如此把握问题的，是来自四川省的留日学生邹容的《革命军》。在他的革命前提里，有着"中国者，中国人之中国也"的排满思想。在其思想根底中有着这样一种意识：汉民族本来在国土、历史、政治方面很出色，足具震撼全球的资格，但却处在有着蛮俗和兽心的狂暴的周边民族不正当的统治之下。作为侵略者的满族统治者，连其民族发祥地山海关外的满洲都守不住，拱手让给俄国，还怎么有心思爱并非本族土地的中国。在秦汉以来长期专制政治下，

---

[1] 除此之外，《国魂篇》（《浙江潮》第一期、第三期，"社论"栏），《民族主义论》（《浙江潮》第一期，第二期，"论说"栏）也都主张国之立，取决于国魂之有无，能够生存于世界的，都是内部民族很团结的"民族国家"。

民以仕一君为忠，丧失了忠于国的爱国心。所谓二十四朝之史，实为一部大奴隶史。所谓忠君，是使中国人变成奴隶的思想。而现在，汉民族是屈从于外国的奴隶政府之奴隶。因此，革命的当务之急，就是要打倒清朝，排除异民族统治，为此也就必须根除在漫长的历史中培养起来的奴隶根性。否则，在生存竞争的法则下，"有国民之国，群起染指于我中土，我同胞其将由今日之奴隶，以进为数重奴隶，由数重奴隶，而猿猴，而野豕，而蚌介，而荒荒大陆，绝无人烟之沙漠也"。——这是邹容的主张。他在最后提出了革命的目标，即造就享有自由的"国民"，以确保民族独立的立宪共和制"国家"和天赋人权及独立人格。他还呼吁每个同胞都应以此革命为义务。关于《革命军》所概括的革命思想，有两点值得注意，一点是把造就"国民"这一人的变革问题作为革命的中心课题；另一点是其革命思想带有强烈的民族自负色彩。

四

我认为，鲁迅的"人"的思想，就胎生于这种"国民"思想的潮流中。鲁迅这时就像在同"军国民教育会"的成立和"苏报事件"遥相呼应，写了《斯巴达之魂》，发表在《浙江潮》（第五期、第九期）上。这篇小说取材于波斯战役，黎河尼佗率领斯巴达军与入侵希腊的波斯军团在德尔摩比勒展开激战，最后全军覆没；当时有一个斯巴达士兵因目盲生还而归，其妻子以死相谏，促其返回，遂曝尸疆场，而他终不失斯巴达之魂。这篇作品体现了"国民"思想。不过，也仅止于显现了"胎生"。鲁迅的"人"的思想，虽处在"国民"思想的潮流当中，却又带有自己的独特性。这是他自从仙台回到东京以后才出现的。"国民"思想产生的契机是对"奴隶"思想的拒绝，而鲁迅则与此相关。关于这一点后面还将谈到，但想在此指出的是，认为人的变革是革命的核心，这一视点并非鲁迅所独具，其作为与制度、文物的变革相反的命题而设定，鲁迅也是这一课题的承担者之一。

那么，在鲁迅眼中，为革命思想着色的强烈的民族自负又是怎样映射的呢？

若首先从《革命军》来看，那么便是出于正统意识的针对满族的自负，即汉民族才是应去继承本可与欧洲文明为伍的文明的民族。然而，这却是一种曲折的思想投影，因为这份自豪眼下正被隶属于低文明程度的异民族的屈辱所伤害。所以，一方面是对作为直接支配民族的满族发生敌视和侮蔑，强调现在的朝廷、政府和皇帝，皆与我黄帝神明之子孙异种，是野蛮民族，指斥其恣意暴虐，闯入中原，驱使汉人，坐食其利（第二章 革命之原因）；另一方面是对支配了支配民族王朝的欧洲列强产生容忍，认为其侵略是一种必然，英、法、美之所以能灭掉自己是由于他们的文明程度高（第二章 革命之原因）。由此便导出了以下逻辑——如果自己没受到满族的侵略，那么英国、俄国、德国，也会惧怕我们。灭掉印度、波兰、埃及、土耳其的也就不是他们，而是我中国（第二章 革命之原因）。"尔有黄祸之先兆，尔有神族之势力"（第七章 结论）一句，便象征了这种扭曲的民族自豪感。

这是由民族自豪感当中所能看到的对待列强发达国家和对待被压迫民族的看法，我想，在鲁迅那里是否会有不同的思考方式。他在寄自仙台的信[1]里有这样一段："惟日本同学来访者颇不寡，此阿利安人亦殊懒与酬对，所聊慰情者，廑我旧友之笔音耳。近数日间，深入彼学生社间，略一相度，敢决言其思想行为决不

---

〔1〕 1904年10月8日（旧历八月二十九日）由仙台寄给蒋抑卮的信，1976年6月5日《光明日报》首次介绍，系现存鲁迅最早的书信。

居我震旦青年上，惟社交活泼，则彼辈为长。"所谓"此阿利安人亦殊懒与酬对"，对日本来说不是一句友善的话。当时，日本也正兴起黄祸论，以此为背景，就有人说雅利安人起源于日本人。[1]不过与其说这里提到这一观点，还不如说是在黄色雅利安人的意义上所使用的比喻的说法。结合"敢决言其思想行为决不居我震旦青年上"这句来看，我觉得这里浮现出了在《藤野先生》里登场的侮蔑在甲午之战中战败民族的日本学生的傲慢。如果和作为"中国主人翁"[2]的"我震旦青年"，即立志成为"国民"的中国青年相比较，那么因日俄战争捷报频传而把尾巴越翘越高的日本学生，则令人望而生厌。《藤野先生》是直到很久以后加上虚构的成分写作的，在阅读时应慎将其中所写都当做事实，不过在这篇文章中，藤野先生是个给人留下很深印象的充满善意的人物，这也正好反过来说明在鲁迅的周边这样的人物太少。再就是鲁迅在幻灯片里所见到的情景，中国人被日本人当做俄国侦探抓来要处死，同是中国人的一群却赶来围观。有人证实说，其实教室里并不存在鲁迅看幻灯片时的日本学生刺耳的拍手喝彩。[3]可以认为，

〔1〕 关于此事，橘川文三『黄禍物語』（筑摩書房，1976）所述甚详。据此可知，黄祸论一般被认为首倡于威廉二世，在欧洲被大肆宣传，中国和日本对其产生反应都是在日俄战争之后。另外，鼓吹日本人和雅利安人种论的是田口卯吉（其有「日本人種論」、『破黄禍論』、「日本人種の研究」等文章和著作）。还有，中岛长文也就此指出过，见其「鲁迅の手紙（七）」（『颱風』第九号，1976.10）、仙台における鲁迅の記録を調べる会「『鲁迅仙台書簡』について」（『野草』19号，1977.3）。此外，在留学生当中，也有从文明和生活程度的角度把日本人和雅利安人置于同格的看法（《日本大阪博览会中国福建出品移出台湾馆始末记》，《江苏》第一期，记事；《大阪博览会人类馆台湾女子事件》，《浙江潮》第四期，杂录等）。但也有人把日本人视为对抗雅利安人的力量。关于这一点后面将要谈到。

〔2〕 同一封信里还有这样一句："树人到仙台后，离中国主人翁颇遥，所恨尚有怪事奇闻由新闻纸以触我目。"

〔3〕 仙台における鲁迅の記録を調べる会編『仙台における鲁迅の記録』，1978年，平凡社，176页。

这是只能以虚构才能讲述出来的真实。还有，鲁迅在回忆留学时代时，很少有关于日俄战争的评价。为何不谈？其意义也值得思考。譬如，在另一方面就有这样的社论，面对开战之机迫近的日俄之战，将其解释为黄白人种之间的竞争，是黄祸势力在扩张，以阻雅利安人的东渐之路，其对日本抱有共鸣，号召跟在日本人后面参加战斗（《日俄开战与中国之关系》，《江苏》第八期，社说），如果将此考虑进去，那么鲁迅的沉默，不也是一种意志的表达吗？进而，在把日本人定位为与雅利安人想敌对的黄色人种之旗手的潮流中，给日本人加上"雅利安人"称呼，亦可见鲁迅对日本人看法之一斑。从一封信里不可能再动员出更多的想象，但从那副冷眼，那副观察追赶先进列强的日本之冷眼中，却至少读不到倘若汉民族不在清政府的统治之下，就会取代欧洲列强去灭掉印度和波兰那样一种心境。在鲁迅口中是听不到既然欧洲惧怕黄祸，那么就索性去做"黄祸的前驱"这样一种言辞的。[1]

谈到鲁迅的弃医从文，作为讲述这一转进意义的所谓"幻灯事件"，是必被引证的资料。有时这一事件还常常会在传说的意义上被加以解释。这是否因为只盯着这是鲁迅说的，而并没去注意后来的鲁迅为什么会这样来描绘自己青年时代的转折所导致的结果呢？我认为不应把这一事件作为传说，而应去思考其对鲁迅来说所具有的象征意义。正如人们所知道的那样，在《〈呐喊〉自序》里有这样一段话："凡是愚弱的国民，即使体格如何健全，如何苗壮，也只能做毫无意义的示众的材料和看客，病死多少是不必以为不幸的。所以我们的第一要著，是在改变他们的精神。"我想，这话里就反映了上面所说的"国民"思想。然而，接下来

---

[1] 在《破恶声论》（1908）中鲁迅谈到了"黄祸"，指出"倡黄祸者，虽拟黄人以兽"，但中国的自比"黄祸"者却比前者更加野蛮。

说的"而善于改变精神的是，我那时以为当然要推文艺，于是想提倡文艺运动了"，则是要讲述一般"国民"思想所涵盖不尽的内容。因为为什么非得是文艺不可，这个答案从"国民"思想中找不出来。而要想知道"善于改变精神的是……"这句若无其事之言所表达的意义，也就非得参照他为此而写作的《摩罗诗力说》，看看他在其中是如何主张的不可。"幻灯事件"不正是上述革命观的扬弃之场吗？到这一事件为止，鲁迅身居革命潮流，一方面在其中孕育自己的思想，另一方面又对其感到龃龉。因此这一事件不也是后来的文学家鲁迅所要经常回归的地方吗？而作为他转向文学后写下的第一篇文学论，《摩罗诗力说》不正是在这一扬弃之上搭建起来的吗？

话说到这里，就要回到恶魔派诗人形象的相对性上来。前面已经谈过，鲁迅处在把人的变革契机导入到革命中来的革命派的大潮当中，但恶魔派诗人形象，却诞生于对革命派人士身上应当否定的要素之凝视。应当否定的要素，显现于着色在"国民"思想上的民族自负。他们由于相信自己具有潜在的优越性，而把自己拟视为现实中存在的其他优越者（欧洲各发达国家）。此时他所轻视的是那些现在隶属于优越者的人们（满洲政府的当政者）。曾经沐浴辉煌文明的人，现在沦为奴隶，其所做的梦，归根结底不过是支配与被支配的循环梦。"灭满兴汉"这一革命口号，显示了强烈的民族意识，其核心是被专制体制和异族——曾被作为周边的蛮族所蔑视的异族——支配所双重激发出来的猛烈的敌意。这里还要再重复一遍，革命派思考的最大公约数，是认为遭受外国侵略却又无力抵抗的中国将要亡国，认为作为民众的中国人是外国和清朝的双重奴隶，而革命则被把握为摆脱奴隶状态所应履行的程序。到这一步，在鲁迅那时的革命思想中，这作为最大公约数也还能共享。但不做奴隶了会怎样？鲁迅就此所做的展望与他们不同。不是作为事实的不同，而是鲁迅把他们的收束于循环系统中的展望作为负面的东西来看待，由此迈进一个新的境界里，打开了奴隶不再是奴隶的展望。

<h2 align="center">五</h2>

鲁迅在《摩罗诗力说》的诗人们身上开启了自己的展望。他们是——为其他民族的独立奉献生命，并以坚强的意志支撑这一无偿行为的拜伦；在抛弃支配与被支配关系当中考虑人类的解放，在自己支配自己当中看到人的尊严，并通过与恶的无限战斗去达到理想的雪莱。鲁迅就是这样塑造恶魔派的鼻祖。所谓拜伦主义，给欧洲各国带来了各种各样的影响，但鲁迅却尤其关注其在波兰和匈牙利被压迫民族中的继承方式。在那里的拜伦主义，民族主义的要素极为突出。鲁迅的关心所在是，在俄国和奥地利的桎梏下，被强制为奴的波兰民族和匈牙利民族要如何摆脱出这一状态。比如波兰在当时的中国就是多被提及的民族，其在唤起人们微妙的优越意识的同时，也被作为亡国悲惨的告诫，在否定的意义上加以引证。鲁迅关注的朝向不是这种东西[1]，这一点值得大书特书；但更值得大书特书的是，他能从那样的被压迫民族诗人的歌声里聆听到非奴隶之声的"人"之声。

在代表波兰浪漫主义的三位诗人当中，鲁迅特选出来的是密茨凯维支和斯洛伐支奇，他在《摩罗诗力说》中对他们可怕的复仇之歌给予高度评价。在那复仇的歌声里，就有在对亡国的波兰民族的暗中契合里幻视出来的祖国。诗人——先导之声化作复兴

---

[1] 鲁迅在《破恶声论》里有如下之言："使其自树既固，有余勇焉，则当如波兰武士贝谟之辅匈加利，英吉利诗人裴伦之助希腊，为自繇张其元气，颠仆压制，去诸两间。"

祖国的纽带，这是鲁迅希望中的诗的作用，正是这样的诗，才是"人"的声音。鲁迅目中所映射的波兰民族对祖国的爱，并没有与对统治者的优越与屈辱相伴的情结。就像沃耶斯基吹响的牛角号，其声音从榆树响彻榆树，从柏树响彻柏树，逐渐变大（密茨凯维支《塔杜施先生》），诗人的复仇之歌，也从民族之心响彻民族之心，其纽带所描绘出来的看不见的祖国——波兰，被着以纯粹民族之爱的色彩。从自己的视野里所捕捉到的这样的波兰民族身上，鲁迅读到了奴隶可成为"人"的契机。虽然汉民族对支配自己的异民族，也同样需要以憎恶和复仇心作为纽带，但鲁迅在读了勃兰兑斯的《波兰》，并在《摩罗诗力说》中塑造复仇之歌的同时发出反问：是否有"人"之歌声来带路？鲁迅比较密茨凯维支和莱蒙托夫，并对普希金加以批判，便反证了这一点。鲁迅引勃兰兑斯批评普希金的话"谓惟武力之侼而狼藉人之自由，虽云爱国，顾为兽爱"之后道，"特此亦不仅普式庚为然，即今之君子，日日言爱国者，于国有诚为人爱而不坠于兽爱者，亦仅见也"（第七章）。匈牙利的裴多菲，是鲁迅在波兰民族身上读到奴隶成为"人"的契机之后所做的进一步展望，鲜明地凝结着一个"人"的形象。他以"誓将不复为奴"的歌声引导人们，并阵亡于抵抗奥地利之民族独立战争的战场上，在对诗人经历的明快介绍中，尽显出鲁迅所寻求的"人"的身姿。[1]

---

〔1〕 关于《摩罗诗力说》里的裴多菲形象，在本书第二章已经叙述过了。其裴多菲形象是据李德尔的《匈牙利文学史》所做，似给鲁迅留下了很深的印象，这篇文章成为向中国介绍裴多菲的第一步。鲁迅后来自己也翻译裴多菲的诗，也对翻译和介绍投入热情，为此对年轻的文学家们不吝帮助。不仅如此，鲁迅在精神上也跟裴多菲有着很深的关联，他在《希望》一文里引裴多菲的句子"绝望之为虚妄，正与希望相同"，从这句对于鲁迅文学意味深长的话里，可知二者关系之深。自鲁迅起，经过很多人的介绍，裴多菲的诗从 1950 年代到 1960 年代，一版再版，多次印刷，以至于成为发行部数将近 10 万部的翻译诗集（孙用译《斐多菲诗选》，作家 [转下页]

《摩罗诗力说》的诗人们，是体现新价值的"人"。他们虽然都是实际存在的人，却是鲁迅按照自己的理念从现实中的负面所构想出来的新的"人"。所谓"人"，就是摆脱奴隶主和奴隶的循环怪圈，走在无限向上延伸之道路上的人之谓。正是这种崭新价值的创造，才是鲁迅放弃医学而在转进到的文学中所要寻求的东西。于是，他便通过《摩罗诗力说》给予了"人"以具体的形象。此后，鲁迅的文学便成了对"人"的存在方式的不断摸索。

　　[接上页] 出版社）。裴多菲的这段接受传播史，令人感慨颇深，在某种意义上，可以看到与鲁迅着其先鞭的中国近代文学之本质相关的一面。关于这些，已经谈到了一些，但在本书的《余滴》里将做更详细的阐述。

第四章 变成了"狂人"的诗人
——《狂人日记》里"我"的形象

　　鲁迅在筹划"文艺运动"十多年之后，中间经历了这场"文艺运动"和辛亥革命的失败，在友人钱玄同的怂恿下动笔创作，做成了小说《狂人日记》。关于《狂人日记》，鲁迅说过"意在暴露家族制度和礼教的弊害"[1]。而对于这篇小说的评价，一向是认为把包括否定礼教内容在内的文学革命理念固定在实际作品当中。也有人认为，在鲁迅的写作动机当中有他隐约假托私生活上的苦闷之处。[2]我在以下所要谈的，并不是要表明对上述这些意见的赞同或反对，而是想要考察一下鲁迅与文艺再次相关时——这其实也是他作为作家迈出第一步时，为什么会创作"我"这样一个主人公？换而言之，在从事"文艺运动"的当初，鲁迅心里

----

〔1〕《〈中国新文学大系小说二集〉序》(1935)。

〔2〕 有学者做过关于《狂人日记》"吃人"的意象论考，有的认为源自与朱安的没有"爱"的性交（新岛淳良『魯迅を読む』，1979），有的认为是因为自己曾反对三弟建人和芳子结婚，所以祈求他们的原谅，而这便是《狂人日记》当中所隐藏的主题（村田俊裕「魯迅『狂人日記』小考—その秘められたモチーフの問題を中心として—」，1982）。

所描绘的人物形象，在历经了十多年的岁月之后，怎么就变成一个"狂人"出现？我想思考一下这其中的意义。

一

在辛亥革命前夜，当鲁迅从医学转向文学时，他相信语言具有改变人心的力量。他把语言叫做"心声"。清末，他在留学之地日本东京所开始的"文艺运动"，其目标所向是唤起处在异民族统治下的汉民族反抗的心声。他写作《摩罗诗力说》，介绍拜伦及其同一谱系的恶魔派诗人们，就是因为这些诗人们以自己的心声（诗）唤醒了人们，并且自己率先挺身而出，投入到反抗压制，争取民族独立的斗争中去。在这些诗人当中，虽然也有像普希金和克拉旬斯奇那样的不得不展开曲折抵抗的诗人，但当时的鲁迅却因诗人们为被压迫民族而抵抗到底的粲然雄姿所目眩甚至几乎被他们所同化，他还没有余裕去理解他们人生当中的阴影。[1]不过，鲁迅的"文艺运动"并没走上正轨，也没有人出来赞同，在没有取得预期成果的情况下半途而废。回国后的鲁迅，对辛亥革命尚寄予期待，但不久就在失败的过程中品味了苦涩的失望，此后他闭口无言了。这个期间，约有十年的岁月流逝，1918年他经不住友人的劝诱，掘心自食般地写出了《狂人日记》。这是一篇已经失去了青年的血性和憧憬，充满纠结和苦涩阴影的小说。

1922年，鲁迅在《〈呐喊〉自序》中回顾了理应成为"文艺运动"的机关刊的《新生》创刊时情形：未见天日，便已溃败，既非赞同，也无反对，如置身毫无边际的荒原，令他感到乏味

───────────

〔1〕 鲁迅在留学时期，对这些可以说是跟体制血缘关系的诗人们的扭曲的反抗并没表现出关注，可认为是表现了当时鲁迅纯净的革命观。

和寂寞。当鲁迅勉勉强强答应朋友的稿约，动笔写《狂人日记》时，他的心里仍盘踞着一向使他烦恼的寂寞。《〈呐喊〉自序》接下来这样写道：

> 这寂寞又一天一天的长大起来，如大毒蛇，缠住了我的灵魂了。
>
> ……后来也亲历或旁观过几样更寂寞更悲哀的事，都为我所不愿追怀，甘心使他们和我的脑一同消灭在泥土里的，但我的麻醉法却也似乎已经奏了功，再没有青年时候的慷慨激昂的意思了。
>
> ……在我自己，本以为现在是已经并非一个切迫而不能已于言的人了，但或者也还未能忘怀于当日自己的寂寞的悲哀罢，所以有时候仍不免呐喊几声，聊以慰藉那在寂寞里奔驰的猛士，使他不惮于前驱。
>
> ……（自己在写小说时往往不恤用了曲笔）至于自己，却也并不愿将自以为苦的寂寞，再来传染给也如我那年青时候似的正做着好梦的青年。

这里多少反映出辛亥革命后鲁迅的心境。他说麻醉自己，并且不恤用曲笔以防传染给青年，也就是说他终于灭绝不掉压在寂寞底下的自己，进而还可以说，寂寞变成了促使他再次动笔的发条。[1] 关于为什么做起了小说，试综合革命后鲁迅自己所

---

[1] "寂寞"一词已见于《摩罗诗力说》（1907），用以表示民族不现新声而只沉醉于过去的荣耀里。其用法表现了对民族灭亡觉醒的预知和反抗的契机。在《〈呐喊〉自序》里所使用的"寂寞"，表达的是通过承认辛亥革命的失败而更加内面化的情形。

关于鲁迅的"寂寞"，木山英雄在他的『『野草』の形成の論理ならびに方法について一魯迅の詩と"哲学"の時代」（1963）有着非常出色的考察。

说，那么便是他一度破灭的梦之余烬，不禁唤起了他对那时正疾驰在无援的寂寞中的"热情者"们的同感。鲁迅说他此时对文学革命并不抱有什么热情。[1]鲁迅苦涩地讲述他对革命的失望，又禁不住让自己对主将们的同感脱口而出，这是寂寞在他身上的表与里。

二

在鲁迅《狂人日记》的开头，有一小段用文言写的前言。——"余"去探望病中旧友，却已愈"赴某地候补"去了，结果只带回旧友的病中日记，从中知道所患的是"迫害狂"之类。"语颇错杂无伦次，又多荒唐之言；亦不著月日，惟墨色字体不一，知非一时所书。间亦有略具联络者，今撮录一篇，以供医家研究。"《狂人日记》的书名，是"本人愈后所题"——前言所述，大体就是这些内容。"余"在此退场，而在以下的《狂人日记》里，"我"则作为主人公登场。那么经"余"的"联络"和"撮录"而成的十三则《狂人日记》有着怎样的内容和结构呢？在《狂人日记》第十一则前后，写日记的"我"在意识上发生了很大的转换。在转换之前的部分里，"我"在吃人社会的位置坐标很清楚，接着是由"我"讲述逃离吃人社会的生活之路。在转换之后的部分，"我"这样一个自己提出根本性的疑问。以下，将以"我"的描写为中心去略微详细地看一下。

日记的开头，写"我"在所到之处，总能遇到似乎怕自己，

---

[1]《〈自选集〉自序》（1932）。鲁迅在该文中说，写小说虽然在客观上将其看作文学革命运动的一个环节，但在主观上却并不抱什么热情，辛亥革命、二次革命、袁世凯推行帝制和张勋复辟都加深了他的失望。

又似乎要害自己的人。开始时觉得奇怪，不久就遇到了一些与自己无关的人，从赵贵翁开始，到站在路旁的大人和孩子，打孩子屁股的女人，狼子村的佃户，而且明白了这些与自己无关的人之间有着共同点，那就是他们的眼色、表情、对话和态度都是吃人者的暗号。而更进一步又从大哥领来的大夫的一句话里，忽然明白了他们商量着要吃的原来是自己。吃人看似唐突的行为，却由于"我"在满本都写着"仁义道德"的史书的字缝里看出"吃人"两个字来而判然可知，"吃人"在历史上是公认的理所当然的行为！于是，便知道了自开天辟地以来的吃人史绵延不断，一直延续到现在"我"的眼前：吃易牙的儿子，吃徐锡林[1]，吃在狼子村被逮住的人，舐在城内被砍头的犯人的血。于是，作为被吃者"我"的位置便鲜明地浮现出来：被关在由吃人的家长掌管的家中一室，吃人的历史的下一幕即将演进到自己身上。

在被吃人者所包围的家里和公开承认勾掉自己的历史中，没有"我"生存的余地。于是，"我"便开始另外摸索生存的可能性。其所记如下。"我"从劝转大哥改变主意入手，开始说明另一种历史的必然。

> ……大哥，大约当初野蛮的人，都吃过一点人。后来因为心思不同，有的不吃人了，一味要好，便变了人，变了真的人。有的却还吃……

自天地开辟以来，吃人史延续至今，我所拿来与之对峙的另

---

〔1〕 把"麟"换成"林"，暗示是以与作者同乡的光复会会员徐锡麟为模型。在吃人的历史中，又加进了被挖出心肝吃掉的革命者。然而，在《狂人日记》仅止于暗示，在《药》（1919年4月）里才首次有被吃的革命者登场来承担这一主题。

一个历史，便是停止这吃，从而成为"真的人"的历史。"我"以"真的人"优于吃人的人，就如同猴子比虫子优越一样的逻辑来劝导大哥。吃人的人与停止吃人的人的差距之大，堪比种属之差。生存之道，在于成为处在优势地位的"真的人"。这是对"我"对人之历史的认识。但是对于和"我"的认识并不相同的大哥，以这一逻辑去劝说无效而空疏。于是又尝试诉诸感性，——吃人的人是何等惭愧！如果停止吃人，也就不必再相互担心被吃，天下不就会变得太平不是？——若不停止吃人，就会被真的人灭掉。但这些劝说却全不被当回事，主人公反倒被赶回屋子。吃人者完全不具备人之生存的支撑逻辑，也不具备接受这种逻辑的感性，即，在"我"和吃人者之间没有任何共感（sympathy）可言，最后只这一点才明白无误。

这种没有同感的关系，由反复出现的一个"怕"字表现得很直接："似乎怕我"，"怕我看见"，"怕我看出"。所谓"怕"，是吃人者担心被人看穿意图的恐惧。对于那些吃人者来说，彼此之间的关系，就是吃与被吃的关系，当被对方发现就会被吃掉。

> 自己想吃人，又怕被别人吃了，都用着疑心极深的眼光，面面相觑。

在吃人者眼中，"我"不过是这样一个人。

然而在"我"，却全无吃掉对方的心思。"我"只处在被吃的立场，不会拿着与对方相同的武器去反击。吃人者是要抹杀对方的个体，而"我"却只会向对方施以诅咒和祈祷。这是一场胜负明白的对比，而即将被吃掉灭掉的"我"，却反过来向眼前的吃人者大喊，吃人者将灭亡于自己的行为！这是很奇妙的，到这一步都不能唤醒"我"的疑念，就是因为"我"之所据历史观近乎信仰的缘故。就这样，因为"我"走在与他们不同的历史上，所以才成为吃人社会的异己分子。

当吃人者要吃人时，总要把他要吃的对象冠以"恶人""狂人"的名称，以从那行列当中排除自己，使自己免罪。"我"被镶嵌在一个被对象者不可能使自己立场逆转的装置里，从而与吃人者成为异种之人。这样，"我"不论在主体上还是在客体上就都作为与那些吃人者不同的人而游离于集团之外。

然而，自己从本来所属的集团游离，若从"我"的立场来看，则因其源于自己的信念，所以能够接受，也能够忍耐。因此，"我"就被赋予了"不怕"这一否定形态。

> 我也不怕；虽然不吃人，胆子却比他们还壮。

我在对吃人者"以牙还牙"，但我却不是以"牙"来对抗，而是以语言来对抗。而且，我有着得以客观看待这一个装置的眼睛。

> 万分沉重，动弹不得；他的意思是要我死。我晓得他的沉重是假的，便挣扎出来，出了一身汗。可是偏要说……
> "你们立刻改了，从真心改起！你们要晓得将来是容不得吃人的人……"

然而，"我"之确乎的位置和信念，到了第十一则日记却突然变成可移动的了。"我"发现，死去的妹子是被大哥吃了，并且认为"哭个不住"的母亲其实也是知道的。他想起来从前听大哥说过父母生病时，做儿子的须割下一片肉来，煮熟了请他们吃。第十二则日记里，"我"终于意识到，自己未必无意之中，不吃了妹子的几片肉。这是一个人因某种信念而从自己的集团当中游离出来，又因此而遭到排斥，面临被杀害的危险，却还要不断地向敌对者阐述自己的信念，以从中寻求生存之路，然而这时他才发现，自己的生存之根其实是牢牢地扎在这个自己要去否定的集团之内。

> 有了四千年吃人履历的我，当初虽然不知道，现在明白，难见真的人！[1]

这是在讲述自己的一个具有冲击性的发现：这个跟自己有着决定性对立的集团里，其实也包括自己。

> 没有吃过人的孩子，或者还有？
> 救救孩子……

小说到这里就结束了。"我"到现在为止所看到的孩子，都是些被大人灌输了吃人道理的孩子。倘若在这样的孩子身上加上"没有吃过人"的限定，那么跟这个存在相连的期待也就不得不成为非常渺茫的东西。"救救孩子……"听上去就是一声悲痛的嘟哝。这时的"我"，那个甚至能从沉重的房梁下挣扎出来，不停诉说自己坚定信念的"我"，已元气消失。这是由于"我"发现了不管自己是否愿意，自己也都是吃人集体的一员。

---

〔1〕 关于"难见真正的人！"这句话的解释，早就有丸尾常喜的论考：「『難見真的人！』考—『狂人日記』第十二節末尾の読解をめぐる覚え書—」（1975）；「『難見真的人！』再考—『狂人日記』第十二節末尾の読解」（『魯迅研究の現在』，汲古書院，1992）。在关西大学增田文库所藏《呐喊》（1930 年 7 月第 14 版）中，这句话旁边标有"面が合せられぬ、面目がない"的字样，此可佐证丸尾常喜的解释。

如果把《狂人日记》这样来解读，那么是否可以这篇小说的转换为界，分为前后两个部分，前半部分反映了作者对中国社会的认识，后半部分反映了处在这个社会当中的作者的自觉。所谓"意在暴露家族制度和礼教的弊害"，是指前半部分说的。当把这篇小说后半部分的自觉表白纳入视野考虑前者，那么可认为启蒙这个要素似乎已变得稀薄。这里所说的自觉，是发现了本应和自己有着决定性对立的他者与自己有着血缘关系，自己既是吃人社会的异己分子，同时又与吃人者同处一列，并因此而发现自己其实是没有资格去做那个自己所指望的"真的人"的。《狂人日记》通过结尾的自觉表白，使在此前那个部分里出现的"我"，那个与吃人社会根本对立的作为异己分子而浮现出来的"我"，失却了对立的明视度。由于"我"与他者的界限不再分明，"我"也就很难获得人格的同一性（identity）。从这样的"我"的形象上，能看到作者当时心境的反映。

三

我认为，这个"我"，是鲁迅在清末作为目标想要通过"文艺运动"去实现的"人"的转变形态。鲁迅当初的"人"之心像，可从发表在《河南》杂志上几篇文章得知。鲁迅所说的"人"，是向着"人所能至之极点"[1]，走在一条纲绳上的人，是凭借意志力不断超越自己，向上攀登的人。这个"人"所发之声（诗）叫做"心声"。《摩罗诗力说》描绘出了这个"人"的具体像。《摩罗诗力说》的结构特征在于，凝视偏重从民族主义侧面来容受蔓延于世界的拜伦主义的、东欧被压迫民族恶魔派诗人们

---

〔1〕 见《摩罗诗力说》第二章。本书第二章已述。

的反抗，尤其是将其捕捉为一种复仇形态。作为恶魔派（摩罗诗派）诗人在此登场的拜伦、雪莱、普希金、莱蒙托夫、密茨凯维支、斯洛伐支奇、克拉旬斯奇、裴多菲，就都是"立意在反抗，指归在动作"，"争天拒俗"，与同时代的敌人进行战斗，与民族的敌人进行战斗的人们。他们以心声所唱出的诗篇，令闻者心弦共鸣，走上"人"的道路。在鲁迅看来，有这样心声的"人"，才处在人的精神进化之前进阶段。而和这样的"人"对极而立的，就是那些在清末现实社会里飞扬跋扈的"兽性"之人以及"奴子性"之人。当时，严复的《天演论》风靡一世，在其思想的影响下，很多人都在"奴子性"之人（弱者）取代"兽性"之人（强者）位置的期待中寻求拯救民族的方法和策略。但鲁迅的拯救亡策却有别一种考虑。他坚信，只要人不一步步走向精神进化的阶段，便会跌落于灭亡之途，因此希冀中国社会有"人"出现，并从中找到了救亡契机。恶魔派诗人是作为行将在中国社会出现的、构成民族复兴之基石的复仇者的模型来描绘的。在《摩罗诗力说》里，这些诗人的诗和他们的人生被描绘得壮怀激烈，力透纸背。

然而，在经历了曾寄予期待的可望获得"人"之实现的辛亥革命约十年后，在他所做的《狂人日记》里，不论在路上，在家里，还是在梦境里，出没的都是同样的"青面獠牙"吃人者。面对这接连涌来的吃人者群，只有"我"这一个人，在以语言同他们切割，要走向成为"真的人"之路。然而语言却抓不住，也动摇不了吃人者之心，耳中听到的回答都是在戏弄。读者此时会对曾居于精神进化落后阶段者仍然健在印象深刻，而由恶魔派诗人所具体体现出来的"人"的形象却在衰退，只能看见他们象征性地停留在"真的人"这个词里。而且，在众多吃人者的包围下，只一个人要去走"人"之路的"我"，也并不是以诗与剑驰骋在战场的勇士，而是个手无寸铁、被监禁在家中深处的"狂人"。

这一形象落差，可认为来自"和我的脑一同消灭在泥土里的"的经历。说白了，鲁迅所不断希冀的通往"人"之路，不仅因辛亥革命而没能实现，甚至可以反过来说，当鲁迅直面革命的实际状态，他已经不能以肯定和积极的形态塑造这个"人"的形象了。在鲁迅刻画的恶魔派诗人当中，他所最为倾倒的拜伦、密茨凯维支和裴多菲，都没能亲眼看到自己为之自愿挺身而战的民族独立的实现便阵亡了。他们将生命燃烧在战斗的熔炉里，并没有此后的生活。然而《狂人日记》的"我"，却是活在辛亥革命以后的人。鲁迅说，当他感到被寂寞所折磨时，便反顾自己，发现自己"决不是一个振臂一呼应者云集的英雄"〔1〕。这也是承认革命失败的说法。到后来，英雄已无用武之地，早已不再是英雄，只是觉醒之心，泯灭乏术，不得不在革命的浪潮退却后苟且偷生。"我"就是这样产生出来的一个形象。

散见于这个时期鲁迅杂文中的觉醒者，也和这个"我"的形象相通，可以预想，他们在遭受排斥中醒来，将要走上一条苦难的道路。不知爱情为何物却过着婚姻生活的诉说苦闷的青年（《随感录四十》，1919）、在铁屋子里醒来，品味临终之苦的不幸的少数者（《〈呐喊〉自序》，1922）、除了一颗觉醒的心什么都不带，只身走出家门的娜拉（《娜拉走后怎样》，1923）等，都是跟"我"相通的形象。鲁迅描写了他们充满痛苦的身影。鲁迅以前并没有这样描写过恶魔派诗人。他们虽然也和恶魔派诗人一样，都是先于众人觉醒的异端分子，但鲁迅却不是像看待恶魔派的诗人那样，去看他们身上的"力战而毙"，"不克厥敌，战则不止"的战斗性，而是分享他们作为"人"因觉醒而蒙受的痛苦。

---

〔1〕 见《〈呐喊〉自序》。

《狂人日记》的末尾所呈现的自觉，是以作为人的觉醒的目光，看透身边的人成为不了人的结果。《狂人日记》里的这个"我"，意识到了自身所属的双重性，同时也意识到了自身场域的丧失。"我"是吃人的人，也是否定吃人的"人"，是个要被世人社会抹杀的人，也是应该被"真的人"灭掉的人。

当"已经并非一个切迫而不能已于言的"鲁迅再次开口时，首先讲出来的是"我"，即一个察觉到自己致命性污辱——罪孽的人物。"我"在嘟哝着"不能想了"（第十二则日记），作者鲁迅却是要看这个"不能想了"的"我"怎样去活。可以认为，鲁迅再一次的文学出发，是以自省为根底，具有重新摸索自我存在之场域的意义。这其中不是就有恢复同一人格的意向吗？

四

以上考察的"我"的形象，是只根据"我"所订缀的十三则日记部分得来的。在《狂人日记》里，正如前面所述，还有一个前言。在前言里登场的不论是现在的"我"还是"余"，都几乎没被赋予形象。因此我认为，前言的存在，是否在要求"我"的形象要有重大的变更。那么，前言赋予了《狂人日记》怎样的意义呢？这个前言会使读者产生各种各样的想象。——比如说，跟自身内在的狂气不断妥协，现在的"我"正过着做官的日子吗？"余"编纂《狂人日记》，是出于对这个"我"的难以抑制的同情吗？不过，这些都不出推测的范围。从前言中可以明白的是，第一，这是个已经发生过的故事；第二，通过给日记自命名为"狂人"的"我"，显示出有一个把故事看作"狂"的视点存在；第三，通过编辑日记的"余"，在这个狂人的故事之外，还有另一个解读其意义的外部视点存在。倘若是这样的话，那么小说《狂人日记》就具有双重视点，一个是把丧失了人格同一性的"我"看作"狂人"的视点，另一个是要把这个"我"的故事写成文章留下来的视点，而且两者所写下的都是属于过去的事情。

前言通过赤裸裸的展现"我"的思维过程（"狂人"的世界）的日记和"我"的病愈做官，暗示着这个"狂人"的世界再次被"常人"社会的屏蔽物隐藏了起来，作者让这个前言和一篇小说并存，把一个"不能想了"的"我"和一个"常人"的"我"的云泥之别，活生生地呈现于读者的面前。小说里现在做官的"我"，与其说意味"我"之人格同一性的回复，倒不如说是为了阻止与自觉到其丧失相伴随的冲击性的增大，而要遮蔽上一层"常人"社会沉静的屏蔽物才创作出来的。这是我的看法。我想，此时的作者鲁迅，需要一种韬晦以平衡冲击。为使"我"承认自己的"狂"，一个不至于引发自爆的装置是必要的。

所谓"狂人"是何种称谓呢？一个是吃人社会所给予"我"的作为社会异己分子的称呼；另一个是作为英雄长存于鲁迅内心深处的诗人之残骸的称呼。这个称呼显示了"迫害狂"者的"我"所处的时间和空间相位。那个让自己本该去死却活了下来，那个让自己在寂寞中觉醒，以至于使自己丧失人格的同一性的东西，或者叫做力量的，不是"狂"又是什么？"狂人"正是为此而走火入魔的人。

在鲁迅的内心深处，正视自己狂气的眼睛和他想要平息狂气的心情是否正在发生冲突？那段看似对"狂人"故事的展开无用的前言，是作者的这种朦胧心境所促成写下的吗？

《狂人日记》的"我"，将走向何方？将会成为谁？这在此后写下的作品里已有只鳞片爪可见，并在不久后作于1924、1925年间的作品里，结晶为一个身姿明显的形象。不过我想另找机会来论述。这里只想指出，在此前几乎与《狂人日记》同一时期

的杂文里，已有非虚构的、作为鲁迅自身思考的表达在暗示着
"我"的去向了。

> ……又不能责备异性，也只好陪着做一世牺牲，完结了
> 四千年的旧账。（《随感录四十》，1919年1月）
> 尼采说："真的，人是一个浊流。应该是海了，能容这
> 浊流使他干净。"（《随感录四十一》，1919年1月）
> 老的让开道，催促着，奖励着，让他们走去。路上有
> 深渊，便用那个死填平了，让他们走去。（《随感录四十九》，
> 1919年2月）
> 中国觉醒的人，为想随顺长者解放幼者，便须一面清结
> 旧账，一面开辟新路。就是开首所说的"自己背着因袭的重
> 担，肩住了黑暗的闸门，放他们到宽阔光明的地方去；此后
> 幸福的度日，合理的做人"。（《我们现在怎样做父亲》，1919
> 年11月）

鲁迅把自己摆在旧时代的最后的位置上，想以毁灭自己来
发挥向新时代过渡的桥梁作用。这一点说得很明白。作为在虚
构当中酝酿成的一种形态，其诞生还得要再等到作者看清自己
的成熟之时。"我"在后来的作品中保持了命脉，逐渐发展为鲜
明体现作者思想特征的形象，那就是把自己视为过渡期的生命，
希望毁灭自己。曾经立志于"文艺运动"的周树人，就这样成
了作家鲁迅。

严复《天演论》

——鲁迅"人"之概念的一个前提

前 言

鲁迅爱读并深受影响的严复的《天演论》，是怎样一本书呢？我想在这个补论当中首先厘清《天演论》的思想内容以及其中所承载的严复的主张，然后再确认鲁迅接纳了哪些东西。

经严复之手的《天演论》，本是译自托马斯·赫胥黎（Thomas Huxley）的《进化与伦理》（*Evolution and Ethics*），却加入了译者对原著者相当恣意的批判和解释。然而，正如严复自己所记"英国赫胥黎造论，侯官严复达恉"，虽说是译，却远离翻译的概念，毋宁说是改编倒更合适。因此，严复自己在《天演论》里所主张的是什么，也只有通过比较和探讨原书与译本方可辨析出来，而这在理解《天演论》是不可欠缺的作业。故本论将以主要篇幅来比较和探讨原书与译本的关系。关于在第三章中概述的鲁迅所受影响，即是笔者通过这种比较和探讨又对照笔者所理解的严复的主张所作出的思考。因比较讨论的分量多，也就不得不颠倒叙述的顺序将其作为"补论"来处理。

严复（1854—1921），生于福建省福州侯官，在福州船政局附设船政学堂毕业后，于 1877 年，作为清政府派赴英国的留学生就读于格林威治海军学院（Greenwich Naval College），在那里接受了数学、物理、化学等基础科学和海军军事技术的教育。在英国留学的两年间，严复尤其对西方、英国之所以富强暗有所思，对致使彼国之富强的西方学术、政治思想和社会制度给予深切的关注。[1] 1895 年甲午战争的失败，如实显示了以中体西用为基轴的洋务运动无法破除中国社会的危机状况。取而代之并且得势的是变法运动，其取范西方试图以确立君主立宪制，实行社会政治制度的变革而自强。严复正是在这一时节竭尽全力把他在英国接触到的西方近代学术、政治思想，亦即所谓的"西学"引进到中国。他那些为数甚繁的翻译为变法运动提供了理论上的支持，发挥了重大作用是不可否认的事实。其主要翻译有斯宾塞的《社会学原理》、托马斯·赫胥黎的《进化与伦理》、亚当·斯密的《国富论》、密尔的《论自由》、甄克思的《社会通诠》、孟德斯鸠的《论法的精神》、耶芳斯的《名学浅说》等。[2] 特别是他把托马斯·赫胥黎的《进化与伦理》译成《天演论》，尤其值得一提，它唤起了对列强瓜分日益严重的国家状态的危机意识并暗示出救亡办法，对清末思想界产生了很大影响。

---

〔1〕 关于严复在英国的留学，参考了手代木有児的「厳復の英国留学——その軌跡と西洋認識」（『中国——社会と文化』第九号，中国社会文化学会，1994），根据清末外交官日记资料和英国外交文件等有新的发现。

〔2〕 以上作者名和书名皆为今译，西文原作者名、原书名和严复译作者名如次：Herbert Spencer. *The Study of Sociology*, 斯宾塞《群学肄言》; Thomas Huxley. *Evolution and Ethics*, 赫胥黎《天演论》; Adam Smith. *An Inquiry into the Nature and Causes of the Wealth of Nations*, 斯密亚丹《原富》; John Stuart Mill. *On Liberty*, 穆勒《群己权界论》; E .Tenks, *A History of Politics*, 甄克思《社会通诠》; C.L.S. Montesquieu, *L´esprit des Lois*, 孟德斯鸠《法意》; W.S.Jevons, *Primer of Logic*, 耶方斯《名学浅说》。——译注

托马斯·赫胥黎（Thomas Henry Huxley 1825—1895），是英国维多利亚时代的生物学者。作为达尔文的朋友，他致力于在教会的攻击下维护并且普及进化论。尤其是终生致力于科学教育和科学知识的普及，从事了各种各样的启蒙活动。在当时伦敦发生的急剧社会变化中，他认为社会稳定才是社会改善的条件。《进化与伦理》是1893年他晚年最后的时间所做的一次讲演，系乔治·罗马奈斯所设"罗马奈斯讲演"在牛津大学的一讲，据说他私下里将这次讲演命题为《现代科学思想与道德及政治之关系》，而在讲演中亦谈到他自己的苦心，说就像在撒满鸡蛋的地上蒙着眼睛跳舞。同年，这次讲演作为一个加注的单行本由麦克米兰书店出版，翌年（1894），在本文《进化与伦理》之前加上序论"prolegomena"，收入了九卷本的《选集》（*Collected Essays*）〔1〕。

严复得到《进化与伦理》后立即着手翻译，1895年《天演论》最早以木版本公诸于世。此后经过种种周折，1898年有了我们现在所能看到的通行本，即有吴汝纶做序和严复《译天演论自叙》并《译例言》的本子。据说《天演论》有三十几种文本，不过鲁迅在南京买到的是"白纸石印的一厚本"〔2〕。从时间上看，当是1898年到1901年间出版的通行本吧。现在我手头有的这一本，是"光绪辛丑仲春 富文书局石印"的《天演论》。

---

〔1〕 本书参照了以下书目：トマス・ハックスリ著、上野景福訳『進化と倫理』「あとがき」（育生社，1947）。ハックスリ著，矢川徳光訳『進化と倫理』「解説」（『科学と教養』創元文庫，創元社，1952）。ジェームズ・パラディス、ジョージ・C・ウィリアムズ著，小林傳司、小川真理子、吉岡英二訳『進化と倫理——トマス・ハクスリーの進化思想』「解説」（産業図書，1995）。

〔2〕 关于《天演论》的文本，後藤延子「蔡元培と宗教（その四）——第三章『群学説』——厳復訳『天演論』との出会い（二）」注（1）中有记非常详细的研究结果，本论兹据。鲁迅在《琐记》（《朝花夕拾》）中记录了他得到《天演论》后阅读所得到的新鲜印象。那是他在南京江南陆师学堂附设矿物铁路学堂时候（1899—1902）的事。

光绪辛丑即 1901 年，是年公开发行的通行本，很有可能是鲁迅看到的版本。

托马斯·赫胥黎的《进化与伦理》，后又由他的孙子、生物学者朱利安·赫胥黎（Julian Sorel Huxley）加上自己的论文编为一册，取书名《进化与伦理》，于 1947 年在伦敦再次出版。其中所收文本，亦分别来自标题为（1）Prolegomena［1894］和（2）Evolution and Ethics［The Romanes Lecture，1893］的序论和本文。

以下，本论将对照赫胥黎的原文和严复译述的《天演论》，探讨其旨趣的异同，由此来考察严复的《天演论》是有着怎样主张的书。文本采用上述 *Evolution and Ethics* 1893—1943 by T. H. Huxley and Julian Huxley（London The Pilot Press Ltd. 1947）中所收 T. H .Huxley *Evolution and Ethics* 以及《天演论》（光绪辛丑仲春富文书局石印）。

又，*Evolution and Ethics* 有数种译本，使我在理解同书内容时获得了很多教示，兹记以达谢忱。[1]

---

〔1〕 *Evolution and Ethics* 的日译本如下：
　　▲トマス・ハックスリ著　上野景福訳『進化と倫理』（育生社，1947）。此为 "Evolution and Ethics" 的翻译，附 "译注" 和 "结束语"，其底本是 1893 年麦克米兰书店发行的单行本《进化与伦理》。不包括 1894 年的序论 "Prolegomena"。
　　▲ハックスリ著，矢川徳光訳「進化と倫理」（『科學と教養』創元文庫，創元社，1952）。此为 "Evolution and Ethics" 的翻译。不包括 "Prolegomena"。附 "解说"。底本为赫胥黎随笔集 *Collected Essays*（全九卷，1893—1895）所收。「進化と倫理」和赫胥黎的其他三篇论文一起被收入『科學と教養』一书。
　　▲ T・H・ハクスリー，小林傳司訳「進化と倫理　プロレゴメナ / ロマネス講演」（ジェームズ・パラディス、ジョージ・C・ウィリアムズ著，小林傳司、小川真理子、吉岡英二訳『進化と倫理——トマス・ハクスリーの進化思想』，産業図書，1995）。系 "Evolution and Ethics" 以及 "Prolegomena" 的翻译。「進化と倫理　プロレゴメナ / ロマネス講演」，是作为原书『進化と倫理——トマス・ハクスリーの進化思想』其中的一章收入该书的。卷末附译者小林传司的 "解说"。（转下页）

一　赫胥黎《进化与伦理》"序论"（"Prolegomena"）

为把译本《天演论》与原著《进化与伦理》进行对照研究，有必要首先理解赫胥黎在严复引以为据的《进化与伦理》中阐释了怎样的主张。以下，我想按照叙述顺序把《进化与伦理》的内容做一概观。

《进化与伦理》的主题

《进化与伦理》是有着怎样内容的书呢？

如上所述，《进化与伦理》由两部分构成，前半部分是《序论》，后半部分是《进化与伦理》。《序论》27 页，有 15 个部分，分别标有 "Ⅰ" 到 "ⅩⅤ" 的数字；本文《进化与伦理》51 页，无标号，以一行空白相隔，分为 7 个部分。

赫胥黎在《序论》中首先对两个基本概念加以说明。对理解《进化与伦理》的内容来说，这是两个必要的概念。第一个是"宇宙过程"（cosmic process）的概念，其在自然状态中展开，人亦无法摆脱其桎梏；第二个是"伦理过程"（ethical process）的概念，其与前者相抗衡，赋予人类社会以伦理。在进入正文之前，赫胥黎概述了后者何以能够与前者相对置。在这个前提下，作者在《进化与伦理》的正文当中，首先对照古代东西方哲学思想，考察了从古至今一直遭受宇宙过程折磨的人类的历史，确认了在

（接上页）底本与矢川德光所据本相同。

▲赫胥黎著《进化论与伦理学》，《进化论与伦理学》翻译组译，科学出版社，1973。系 "Evolution and Ethics" 以及 "Prolegomena" 的翻译。未记译者名。附"译者注释"。未记底本。

此外据说还有菊川忠夫译《进化与伦理》（节译）（「進化と倫理」，菊川忠夫编译『自然の科学』，お茶の水書房，1989），未见。本论参照了前三种日译本。

这一历史当中并没有导出对人加以肯定的思想；其次，又把视点推移到近代，阐述人类社会将通过伦理过程而获得不断改善，未来充满希望。

人以伦理过程来克服宇宙过程，才缓解了"世界的根本之恶"，带给人以生存的希望，而这正是贯穿《进化与伦理》全篇的一大主题。

接下来，我想介绍一下《序论》的概要。

宇宙过程

《序论》首先从自然状态（state of nature）由远古至今非常缓慢地不断变化的观点出发，做如下阐述。

生物界持续存在的不是那些转瞬即逝的这样或那样的生物群丛，而是宇宙所产生的过程。这个宇宙过程的最为显著的特征，就是生存竞争（struggle for existence）以及作为生存竞争结果的淘汰（selection）。进化（evolution），在今天一般作为表示宇宙过程的语词来使用，但进化并不是宇宙过程的说明，而不过是一般化地表述宇宙过程的（展开）方式及其结果的说法。这个宇宙过程，对于人也是其中之一员的生物来说，是不可逃脱的必然。不能适应环境的生物，只能作为不适者遭到淘汰，从而逐步走向灭亡。在自然整体当中，人当然也和其他生物有着同样的命运。

在这个前提下，赫胥黎在摸索如何抵御把这种宇宙过程原封不动地作用于人类社会。

自然状态中的人工状态——园艺过程

于是，赫胥黎把问题设定为在自然状态中制作人工状态（state of art）并予以维持的情况，并思考其中所发生的问题。

他首先以隔离于自然而制作出来的庭园为例进行阐述。

园艺家（gardener）为培育有用的植物而造就的庭园这个空间，因不断排除生存竞争，阻止淘汰而得以维持。这种赫胥黎所称之为"园艺过程"（horticultural process）的营造，经常处在与宇宙过程的敌对关系中。然而，倘若人所能支配的自然范围很窄，或者自然条件发生急剧变化，庭园就都难以维持。而另一方面，倘若这种人工状态能够持续地维持下去，则不是因生存竞争所带来的淘汰，而是由变异和遗传的承接而造就出有用的植物。变异和遗传的承接，也是植物变种和进化的必要条件。

自然状态中的人工状态——殖民地化的过程

其次，他又把目光投向人类社会，以造园类推殖民地化过程（process of colonization），作如下阐述。

殖民者清除土生土长的动植物，代之以由本国（英国）移入的动植物和人。要而言之，就是把新的植物区系、动物区系和新的种类的人供给旧有的自然状态（old state of nature）。然而倘若殖民者在其农场或牧场没有精明的配合，不去竭尽全力地工作，那么当地的野蛮人（native savage）就会毁灭移居过来的文明人（immigrant civilized man），从英国运来的动植物也会断送在当地对手的掌中。

赫胥黎提出的问题是，能否把事情委托给一个具有超人能力的统治者（administrator），以使殖民地免受自然状态的影响？

这样的统治者，应该像一个庭园的园艺家那样，首先根绝与之作对的当地动植物和人，屏蔽因与外部竞争所产生的影响，其次，他会为移居者提供生存手段，严厉抑制殖民地内部的生存竞争。即避暑防寒，抵御灾害，修桥筑路，火车轮船，提供生活的基础配备，预防疾病，同时也通过法律手段来禁止有碍维系和平的私欲（self-assertion）。这样，文明每前进一步，移居者就会从自然状态的支配下摆脱一步，从而使生活被赋予人工状态的条件。移居者自身也会被按照某种基准来筛选，即其能否完全发挥有效的社会机能。这种理想的政治，因创出人工条件而得以实现，于是符合统治者理想的淘汰将取代自由生存竞争所产生的淘汰。然而，当殖民地扩张达到极限时，统治者为防止再次出现生存竞争便不得不排除过剩人口。如果统治者像园艺家那样只从科学的见地考虑，那么老人、病人、残疾人、过剩的婴儿就都将被排除掉，只有那些身强体壮的人，才是符合统治者目的的最合适的人选，他们的子孙将被允许存续下去。

否定超人统治者的统治

赫胥黎否定了这种统治方式，继续阐述道：

最近有把宇宙进化原理套用到社会政治问题的尝试，其所基于的理念多是认为人类社会自身具备能力可提供这样的统治者。于是，不论独裁还是群治，专制政府便被赋予了特殊才智，还被赋予了为实行通过淘汰来改善之原理的特别的残忍以及为获得成功所需要的最大限度的彻底性。然而，不论是谁，如何独具慧眼，可以看穿形质，也很难想象他能在数百个年幼的孩子里分清楚哪些是对国家有用的人才，哪些应该用氯仿扼杀掉。识别市民善恶之"特质"比识别狗仔和牛犊的善恶要难得多。在实际政治世界里，根据严格的科学方法把进化原理适用于人类社会，几乎不可能实现。因为至少不可能指望人类具有足够的智力可以选出最适者来。

此即赫胥黎对"进化论统制这一逻辑理想"的批判。

与生俱来的私欲

赫胥黎宣告，在人类社会里不存在这样的统治者，并在此基础上论述是什么将人类社会带向理想形态。

人类社会虽然也像蜜蜂社会一样是出于有机体的需要，但其成员却并没被先天赋予明确的社会职能。人所具有的与生俱来的资质都各自有着很大差别。但生来想要享受快乐（pleasure）和逃避痛苦（pain）的欲望，则谁都相同。此即丝毫不顾及自己所生斯世之安宁，只图一己之快乐的欲望。这是人在从野兽到半人再到人的漫长旅程中所继承下来的东西。正是这种与生俱来的私欲（self-assertion）之强烈，才是与外部自然状态进行生存竞争并且取得胜利的不可缺少的条件。

伦理过程

但是，如果固执于人类共有的渴望生（avidities video）的私欲，并将其无限制地放置在人类社会内部，就确实会成为破坏社会的主要原因。因此，抑制这个无限制动作的私欲，就成为造就人类社会的必需条件。其条件之一便是人类经过漫长的摇篮期所被强化出来的亲子之爱（affection），而最为重要的则是使自己的行动和感情与他人相仿，或使其产生力图对这种关联予以再现的倾向和同情（sympathy）。这是一种强烈的发达于人的倾向。人在动物界中是最完美的模仿者。发生同情的这种心态，并非由于置身于感到喜悦或悲伤的人之"立场"。其实，人的反社会的倾向的最大抑制者，并不是对法律的畏惧，而是对朋友意见的畏惧。名誉这一默契，束缚着要去破坏法律、道德和宗教规范的人。人能够忍受胜过死亡的肉体痛苦，耻辱却可以逼使最脆弱的人去自杀。我们会以自己是否同情来判断他人的行为，我们自己的行为也由能否得到他人的同情来判断。就这样，行为者不管是自己还是别人，很难想象会有没经过同意或不同意的所谓行为。我们是在用道德这个用语对此予以思考。作为人为之人格的"内面的人"，亚当·斯密之所谓良心（conscience），被形成为以此而生之人格的别种形态，其作为社会的守护者，发挥着抑制人之与生俱来的反社会倾向的作用。

赫胥黎就是这样，把由于同情而在人类社会中被广泛造就的原初关联，其被组织化和人化为良心的过程，其因同情这一感情的进化而使人类社会被逐渐强化的过程，命名为"伦理过程"（ethical process）。在这一过程中，其社会内部的生存竞争得以被抑制，而对宇宙的竞争得以相互合作，步调一致，从而也就提高了促使社会向上发展的可能性。

伦理过程在社会中的作用

赫胥黎由此对伦理过程的作用展开说明。他首先断言，被称为社会进化（evolution of society）的文明渐进变化，与自然状态下的物种进化和人工状态下的物种进化都有着本质的区别。在这个前提下，他根据当时英国的社会状况做了如下阐述。

就当时（从伊丽莎白王朝到维多利亚王朝的三个世纪）实施的刑法和救贫法之对象的罪犯和贫民而言，他们的犯罪或贫困，大多原因不在于先天资质，而在于他们身上所具有的特质，如果环境和条件有所改变，那么甚至可以唤醒他们当中某一部分人的尊敬和赞赏之念。譬如说，勇敢、谨慎、大胆、敏锐等可以导致士兵和大投资家的成功，而在相反的环境下，也可以轻而易举地把他们送上绞首台和监狱船。

由此，讨论回到生存竞争。他接着阐述道：所谓社会生存竞争，并不是为了生存手段（means of existence）的竞争，而是为了享乐手段（means of enjoyment）的战斗。在现实的竞争中占据最高位置的是有钱人和权势家，因竞争失败而被置于底层的是贫民和罪犯。然而，后者在现实当中既不是最弱者，也不是最坏者。如果没有人为操作，让那些愚蠢的人和坏人不是沉没在他们应该待的社会底层而反倒身居上位，那么就当然会保证在为争取享乐手段的战斗中，构成社会的人的集团应该处在不断上下循环的状态。所谓导致这场战斗成功的性质，便是活力、勤劳、智力、对目的的执着追求以及理解自己同伴的那种同情的能力。社会内外的一切利害，也最希望交与能够最大限度地具有这种性质并且有着同情能力的人们之手。这便是走向社会之善（good of society）的过程。

赫胥黎如上说明了人类社会伦理过程的作用，并对此总结道，这一过程，与生物在自然状态中去适应所在环境的过程以及由园艺家所做的人为淘汰过程都不相同。

人类所面临的不断战斗

最后他说，倘若人类全体都进入一个非常巨大的统治组织，在那里由"绝对的政治正义"来统治，即便如此，仍会留下外部自然状态下的生存竞争和内部人口增加所带来的生存竞争的复活倾向。此外，出生的孩子，都有着无限私欲这一本能。孩子必须学会自制（self-restraint）和放弃（renunciation）。虽然实践这件事，并不幸福，却比幸福更加重要。摆在人类面前的是抗拒自然状态，维持和改善统治组织这一人为状态，并为此而进行战斗。人类在统治组织当中，会凭借统治组织而发展有价值的文明。

二 赫胥黎《进化与伦理》的"进化与伦理"

野兽的性质——恶

接下来，在正文之"进化与伦理"中，赫胥黎把视点转向与在文明化了的人类社会里变形出现的宇宙过程的纠葛。

赫胥黎在开头做了如下阐述。

对于在生存竞争中胜出并稳坐生物界之首席的人类来说，在摆脱野蛮状态的过程中曾经是作为有用武器的野兽般的那种性质，即赫胥黎之所谓的"与猴子和老虎共有的性质"，随着文明的进步，反过来成为与社会生活的健全伦理原则截然对立的有害之物，而被认为是恶。文明化了的人，把"猴子和老虎的冲动"表现命名为罪，将这种行为作为犯罪来加以处罚。人们在几千年前就已经面对这种叫做恶（evil）的可怕问题。他们知道宇宙过程是进化，既充满惊异和美，同时也充满痛苦，并且力图找出这个巨大的事实具有着怎样的伦理意义，在宇宙的步伐里是否承认可以有道德支持。对古代的哲学家们来说，苦恼即生命的标志，是宇宙过程本质的构成要素。这也是明白无误的事实。

正义——善

人类因文明而扩展了知识，增强了智力。在沐浴丰厚快乐的同时，感觉苦恼的力量也在增加。一旦有了考虑的时间，怀疑便开始萌生，即使是对业已由祖先的睿智所裁决并被传统化了的神圣习俗也开始抱以疑问，根据自己的基准去判断，而只把那些自己承认的东西组合到各个伦理体系当中。在这个体系里，最古老而且也是重要的要素之一，便是正义这个概念。遵守社会成员商定的规则叫做正义，相反就是非正义。随着文明的发达，其赏罚也由针对行为的结果演变为针对动机，出于正确动机的行为，不仅是正义的同义词，而且还会成为无罪的积极构成要素，成为善之真髓。

赫胥黎还进一步指出，古代印度和希腊的哲学家们获得了这样的善的概念，他们也跟现在的我们同样知道，当去直面世界，尤其是直面人生时，甚至很难将进化过程调和为正义与善这种伦理理想的基本的必要条件。善与恶、作为被宇宙所包摄之存在的人、摆脱苦恼等问题是如何让古代先哲们去思索的？——他就这些问题开始了考察。

婆罗门教与佛教——来自轮回的解脱

事实上，"进化与伦理"占了该部分的大半篇幅。其内容大致如下。

古代东方的印度婆罗门教和佛教，把轮回说作为手段用以辩护之于人的宇宙之道（the ways of the cosmos）。世间充满痛苦和烦恼，不幸和灾祸之所以会不分好人坏人而像倾盆大雨般地倾泻下来，是因为过去、现在、未来处在难解难分的因果关系链中。所以，现世在善与恶的分配上，就是该受赏罚之行为的正与负的代数总和。他们把从生命转移向生命，打造轮回链命名为"羯磨"（Karman），即"业"。婆罗门教徒致力于自我修行，把断绝"羯磨"作为解脱轮回之无限锁链的途径。实行禁欲苦行，扼杀私欲，把不过是虚幻的阿特曼（个人实体）融合到婆罗门（宇宙实体）当中，而修行能否实现，只取决于修行者的意志。但此后佛教的创始者释迦牟尼从轮回说中排除了实体，认为宇宙不过是单纯的流动的东西，并不附着于感觉、感情、意志、思想之上。在整个宇宙当中没有什么不变的东西，无论是精神还是物质，都不存在永恒的实体。人格是形而上的幻想。在变化永无止境的宇宙诸多世界里，万物和人以及梦幻皆出于同样的材料。羯磨原样保留，但它会从恰如磁气一般、以某种感应而联合为一的现象群中转移为另外的东西。就这样，来自轮回的解脱，视一切为空，因给梦境带来终结而得以完成。人生之梦的结束，便是涅槃（Nirvana）。那是消灭苦恼的理想境地。

按照赫胥黎的理解，佛教的这种解脱的思想核心，就在于绝对放弃作为宇宙过程之本质的私欲（self-assertion）。

斯多葛学派——达到"阿帕提亚"（内心平静）

在西方，古希腊斯多葛学派，继承了赫拉克利特的遗产，在其哲学概念里加进了超越性的有神论。火之能量，被改变为物质世界的精神，并被赋予作为理想之神的所有属性，无限的力量，超越的智慧，乃至绝对的善。然而，如果说宇宙是由内在的、全能的、无限而深广的慈悲所导致的结果，那么显而易见，在宇宙当中便不会允许有现实之恶的存在。他们以神义论（theodicy）来阐明这种矛盾，试图以此来证明首先恶不存在，然后证明倘若有恶存在，那么一定跟善有关，进而证明恶是人之过失的结果或因人的利益而附加上的一种东西。但这种想法却无助于理解，既然是全能者，那么为什么不在可以自由选择的无限可能性中择取没有罪孽的幸福的生活，而是选择了充满罪孽与不幸的现实？斯多葛学派在恶是宇宙过程的必然附属物的实际存在面前闭上了眼睛，他们的尝试与不承认善之存在的印度哲学家们的尝试相比，很难说是成功的。

"顺从自然去活"，这句话是斯多葛学派对关于人的所有本分的归纳，但却并不意味着以宇宙过程来做人类行为的楷模。在斯多葛学派的用语当中，自然有宇宙的自然和人的自然等多种含义。其中，构成人本质自然的唯一至高的支配能力，便与后来的纯理性相同。提出至高之善这一理想并且命令意志去绝对服从的，便是这里所说的自然（纯理性）。斯多葛学派将其命名为"政治的"自然。通过遵从这个自然的命令来推进文明社会和文明国家的完成。斯多葛学派的乐天性格，妨碍了他们理解宇宙自然不是道德学校，而是与伦理自然相敌对的大本营。然而他们沿着事实逻辑又不得不承认，宇宙通过人的低级自然而反动于正义。就这样，他们承认他们所理想的"智者"生活与事物之自然格格不入，其理想只有通过丢掉现世，实行扼杀肉体和感情的禁欲才获得实现。其完成状态便是不为情欲所乱心的"阿帕提亚"（apatheia）。在这种状态下，欲望不再具有动摇意志的力量，而成为执行纯理性命令的唯一功能。

印度和希腊思想之共性

赫胥黎通过上述考察得出结论，涅槃和阿帕提亚并无大的不同，印度和希腊思想来自相通的出发点，经由不同路径又终于汇合到同一地点，不论在东方还是西方，对伦理的人来说，因宇宙的过于强大，就使他们期待以禁欲的苦行来切断与宇宙的所有纽带，在绝对放弃中寻求拯救。

近代思想中的善恶问题——"进化的伦理"批判

赫胥黎在此基础上，最后将目光转向近代思想中的善恶问题，做了如下阐述。

近代大多数人认为，即使哲学上和宗教上的见解不同，善与恶在人生当中所占比例会在很大程度上受到人的行为的影响，并且相信行为有可能带来善恶的增减。那么，关于自然的知识，特别是进化论中的近代进步的总体成果，会有何种程度的作用呢？

主张所谓"进化的伦理"的人，往往立足于道德感情产生于进化过程这一见解。然而不道德的感情也产生于进化。强盗和杀人犯的确与博爱家都遵从着相同的自然。宇宙进化本身，并没有能力来说明善为何比恶要好。"进化的伦理"之提倡者还进而提出这样一种认识，即认为动植物因生存竞争及其结果之"适者生存"而促进了有机体组织的完成，所以"进化的伦理"也应以社会当中作为伦理性存在的人通过同样的过程来予以完成。

但赫胥黎指出，这是不对的。在这种认识当中，有着最适者即最佳者的含义，而最佳则更带有道德的气味儿。然而，在宇宙自然当中，最适的意思是根据所与的自然条件而改变。能最好地顺应自然条件变化的生物，作为彼时的适者而能生存下来。毫无疑问，因为社会中的人也从属于宇宙过程的支配之下，所以在这当中所展开的生存竞争，便是最强者、最有私欲的人在倾轧更弱者。

赫胥黎对"进化的伦理"加以如此批判，并对人应该如何面对宇宙过程表明了自己的见解。

社会的形成依靠伦理过程

他首先阐述了应如何以伦理过程来形成人类社会。

所谓社会的进步，就是在所有阶段都抑制宇宙过程，而代之以伦理过程。伦理过程的目标，不在于让全部所与条件的最适者活下来，而在于让伦理性方面的最佳者生存下来。伦理的最佳者，或称做善，或称做德，其实践当中就包括着在所有点上展开与那些在宇宙的生存竞争当中获得成功者的对立行动。冷酷无情的私欲被自我抑制的命令所取代，对所有竞争者的倾轧和践踏，将被个人不仅应对朋友表示敬意而更应相互帮助的要求所取代。这一作用的影响，与其说是使最适者生存，倒不如说是让尽可能多的人成为生存的适者。这是对生存斗争理论的拒绝。在一个统治组织当中，每个享受利益的个人，都被要求刻骨铭心地感恩于那些不辞辛劳建构起组织的人们，都被要求须注意不去采取那些可能会使自己被容许生活其中的组织发生弱化的行动。法律和道德规范，其目的就在于唤起人们的注意：抑制宇宙过程并提醒个人对于公共社会的义务。

伦理的进步在于同宇宙过程的不断战斗

接下来，赫胥黎就如何可能实现这样的社会阐述了自己的看法。

社会伦理的进步，不在于模仿宇宙过程，而在于与之展开战斗。小宇宙（人）与大宇宙战斗，在更高的目的当中让自然屈服——这是个狂妄的提案。但就我们在这个计划中获得的希望具有之物而言，其在古代和现代之间有着巨大的知识差异。文明的历史，详细讲述着在这个宇宙里构筑人为世界的成功。不论在哪个家庭和哪个统治组织里，人的内在宇宙过程，都会因法律和习惯而受到抑制并发生改变。今天的科学和技术已被组织化并获得了高度的发展，给予人以支配自然流向的力量。进化论并没带来千年至福的希望。而与我们共生并且在我们生存中不可或缺的宇宙自然，也正是数百万年严厉的考验的成果。因此，在几个世纪里要想令其原封不动地去服从伦理的自然是不可能的。对于伦理的自然来说，应时刻不要忘记，只要这个世界持续存在下去，便会有这么个执拗而强有力的敌人。

逃离恶并非人生的本来目的

但是，如果说人的智慧和意志，是在相应的研究原则的引导下，集体共同努力的结果，那么就可以花费比被历史所覆盖的期间更加长的时间去无限地改变生存条件。为了改变人自身的自然还将要去做很多事。人的智慧能把狼的兄弟驯化成守护家畜群的忠实的牧羊犬，亦可为抑制文明化了的人之内在的野蛮本能去做重要的工作。两千多年以前的人们就已经开始直面如何减少世界的本质性恶的问题，和他们所能做到的相比，我们或许拥有更大的希望。要实现这一希望，我们就得丢掉一种观念，即认为人生本来的目的就是要从苦恼和悲伤中逃离。这是必需的条件。逃离恶的尝试，不论在印度还是在希腊，皆终止于从战场上的逃避。然而，我们却可以在一个信念下朝着一个希望去奋战。

"进化与伦理"提出了一个人为的指标，人的解放之希望，不是靠逃避恶来实现，而是靠持续进行扑灭恶的战斗来保障。

《进化与伦理》的逻辑要点就在于把伦理过程假定为宇宙过程的对立项，而通过伦理过程来控制宇宙过程，就是使人从世界本质性恶当中解放出来，获得自由。赫胥黎娓娓道来的古代印度和希腊哲人们的思想运作和实践行为，带给人强烈印象，即在宇宙自然的压倒性力量面前，救赎人类并不是件容易做到的事。在这个前提下，他仍对贯穿着伦理过程的人类社会之实现寄予希望，正说明希望在他那里几乎已经被提升到了信念的高度。号召与人的内在宇宙自然展开未有穷期的战斗，这正可谓赫胥黎向未来发出的召唤。

三　严复《天演论》"上卷　导言十八篇"
——对"序论"（prolegomena）的译述

译本《天演论》

严复的《天演论》是对这本《进化与伦理》的翻译。但《天演论》在整体上并没忠实地传递出原著的内容。上述赫胥黎的主张，经严复之手在《天演论》里发生了怎样的改变？两者之间有着怎样的异同呢？

《天演论》基于《进化与伦理》，也同样由两部分构成，分"上卷　导言十八篇"和"下卷　论十七篇"，各篇之前又都分别加上了原著没有的篇名。"导言"十八篇，是由于把"序论"Ⅰ分为三篇，把Ⅹ分为二篇的缘故。"论"十七篇也没遵从本论"进化与伦理"的七个部分而是任意划分。翻译的形态也很难说是直译，文意的省略和扩大、解说和解释的附加、论证的顺序的替换、概念和语境的变更等随处可见。还有，大部分篇末都附有按语，又大多都包含着对原著《进化与伦理》展开批判的内容。

上、下各篇的篇名如下。

"上卷 导言"：察变第一、广义第二、趋异第三、人为第四、互争第五、人择第六、善败第七、乌托邦第八、汰蕃第九、择难第十、蜂群第十一、人群第十二、制私第十三、恕败第十四、最旨第十五、进微第十六、善群第十七、新反第十八。

"下卷 论"：能力第一、忧患第二、教原第三、严意第四、天刑第五、佛释第六、种业第七、冥往第八、真幻第九、佛法第十、学派第十一、天难第十二、论性第十三、矫性第十四、演恶第十五、群治第十六、进化第十七。

在《天演论》里，以表示该书核心理念的"天演"[1]为首，大量使用带有"天"字的词语，构成由"天"字统合为一的关键词群。但赫胥黎在《进化与伦理》当中并没使用与"天"本身相对应的 heaven 或 God 等词语。严复为什么把赫胥黎的《进化与伦理》译成《天演论》？《天演论》里所谓"天"的概念是什么？这个"天"的概念又和《进化与伦理》有什么关联？在思考这些问题时，就需要去注意在他的逻辑当中的与"天"相对的"人"。

"天演"

首先还是从"天演论 上卷 导言"来讨论。译题《天演论》

---

〔1〕 以下，在本论中严复用语皆以""来表示。

中也包含的"天演"之词，在"导言"开头，"察变第一"中首次出现："虽然天运变矣，而有不变者行乎其中。不变惟何？是名天演。以天演为体，而其用有二，曰物竞，曰天择。"原著里与这段译文相对应之处为，在生物界持续存在的东西是作为宇宙成果的过程，即宇宙过程，生存竞争和作为其结果的淘汰，是宇宙过程最为显著的特征。"天演"对 cosmic process，"物竞"对 struggle for existence，"天择"对 selection，译词各有所对。但在《天演论》全篇，"天演"也作为进化（evolution）的译词而被共同使用。虽然找不到相当于"天运"的原词，不过从前后文来推断，可认为是指持续缓慢地变化至今而又转变不定的自然状态（state of nature）。仅仅在这个短句中，带"天"字的词就出现了三个："天运""天演""天择"。

关于"天演"，严复加上了原著没有的解释。关于宇宙过程和进化，赫胥黎是在自然界现象范畴里加以解说，但严复的解释却超越了这个范畴：是什么不仅左右自然界还左右人类社会的制度、现象乃至人的精神运作？一言以蔽之，就是"天演"。太阳、星辰、天地、动植物以及政治、风俗、文学、思想、知识等等都作为"天演"之力的作用对象而摆在同一个行列中。进而，严复还借助斯宾塞学说来强化说明这一"天演"之力量的作用（广义第二）。

"天行"与"人治"

言及天与人的关系之处，始见于关于造园和殖民地化的人工状态之所述（互争第五、人择第六）。严复解释道，人力一旦造就"园林"，则"天行"便常对"人治"发生作用，破坏园林直至其复归旧态，天与人势不两立，小到"园艺畜牧"，大到"修齐治平"[1]，天人相争，无所不在，"天行"以促进生存竞争（物竞）为目的，而"人治"则以阻止生存竞争为目的。若以原文相对照，则是以"天行"对译 cosmic process，以"人治"对译 horticultural process。在这里，出现了多个对译宇宙过程之译词（天演、天行）。可认为是相当于园艺过程之对译词的"人治"，概念也被扩大了。另外，还把宇宙过程的作用范围演绎到"修齐治平"，这就使翻译带有了超出原著文意的成分。

此后天与人作为相互对立的概念仍经常在文中被使用。"人择"系造词，用以表现园艺家在人工状态下培养出有用的植物，显而易见是"天择"的反义词。还把庭园没有自然条件下的激变而得以很好地维持说明为"人胜天"（此人胜天之说），把因自然条件发生激变而人力所不及的庭园毁灭说明为"天胜人"（此天胜人之说）。文意虽基于赫胥黎，但"人胜天之说"和"天胜人之说"的表达方式，却是把园艺过程的进行与逆行置换为天人关系，系严复独自衍生出来的。

理想的政治来自于"民"的培养

严复接着又把人的概念从园艺家扩展到殖民地的超人统治者，同时还论及"民"的资质以作为造就出人的前提条件。赫胥黎所提出的问题是，如果把殖民地委托给具有超人能力的统治者，那么能否像园艺家那样从自然影响下守护殖民地？但严复却在这里插入了原著中没有的问题，即是否有"民"可造就理想的统治者（善败第七、乌托邦第八）。

---

[1] 修齐治平乃"修身，齐家，治国，平天下"之意。朱熹概括《大学》的"三纲八条目"将其列入"八条目"之中："格物、致知、诚意、正心、修身、齐家、治国、平天下"，是儒学修己治人的基本理念。

严复首先在"善败第七"按语中强调，殖民地化（垦荒）成功与否取决于种族文明的高低，他列举荷兰、葡萄牙、西班牙、丹麦、英国等西方文明国家在殖民上成功的例子，用以说明其成功不仅仅缘自出色的航海技术和商法，也不只靠智慧和坚忍精神，更重要的是因为那些国家的人民具有自治能力并且懂得如何去形成一个社会（合群之道）。他还进一步将此纳入中国的现状，悲哀地慨叹道，英国人在中国有二十几个租界，多则千人，少则不满百人，却制度整然，内部稳定得简直就像一个国家，而漂渡到南洋和非洲的我闽粤之民，虽数以亿计，却只是作为奴婢供人使役。

其次，赫胥黎说在由理想的统治者所造就的殖民地社会里，只有那些符合为政者理想的人才会被筛选出来，严复在这一语境内嵌入了自己的治世观，做了如下阐述（乌托邦第八）。"凶狡之民，不得廉公之吏，偷懦之众不兴神武之君"，若期盼有出色的治世出现，就必须得从民智、民德、民力[1]三者当中寻其根本。为此就要兴办学校，如果能培养出具有智、仁、勇品性的民，便可群策群力，使国家走向富强，而不会再有贫弱之虞。治国就应必须做到这一步。严复的这一见解，缘自他对理想政治的构想，在他看来，能否使其实现取决于超人统治者（圣人）治下之民（民）能力的有无。赫胥黎自己在假定由超人统治者来统治之后，否定了这一统治方式，他并没有像严复那样把被统治者的能力视为能否实现理想政治的主要因素。但从严复的文章里却可令人感受到有那么种近似于渴望的想法，即期待能有这样的被统治者出

---

[1] 严复在《原强》(1895)中主张，要想在灭亡的危机中救亡图强，最重要的工作就是鼓民力，开民智，新民德，方法是禁止鸦片和缠足（鼓民力），废除八股文，提倡西学（开民智），成立议院，实行君主立宪制（新民德）。

现，以促成理想政治。

遭受天诛的私欲，升华为"仁"的"爱"

赫胥黎确认不可能有超人统治者存在，并在此基础上思考人类社会形成的主要原因是什么，认为只有通过伦理过程的建构，才会有理想社会的实现。如上所述，他是把伦理过程作为与宇宙过程相对立的概念提出来的。严复对此是怎样理解的呢？

关于人类社会形成的主要原因，严复的译述大抵遵循了赫胥黎的论旨，即抑制与生俱来的私欲（自营之私）对于社会的形成之不可缺少，而为此提供保证的是对孩子的爱（爱子之情）和自他互通的共感（感通），还有在内心深处掌管这种共感的良心（天良）。这是对原著里的关键词 self-assertion（私欲）和 affection（爱情）等所做的解说，但却是原著里没有的内容。

在严复的解释当中，当初因所具私欲得以战胜万物，故人择于天，但人在此后因私欲而相互杀戮，故被天诛，这是因为若私欲横行，社会就会崩坏，人就要毁灭的缘故（人群第十二）。在这个说明当中，天是淘汰的始动者，人常受天的作用而处在天的支配之下。在此可认为天的意思与前面出现的"天演"和"天行"大体相同。

关于对孩子的爱情，严复做了如下解释。生物为保种而爱子是自然之理，因此人会对孩子倾注持久而深厚的爱情，再由此而逐渐扩大到其他，故怜爱幼者为"仁"之根本。如果说怜爱幼者是出于私欲，那么便是由"私"而生"慈"，由"慈"而生"仁"，再以"仁"来胜"私"。这是爱之所以不可测的缘由所在（制私第十三）。阶段性地把爱从"慈"升华为"仁"，并将其作用循环性地抑制在发自于"私"，结束于"私"的状态，这种想法在原文里是没有的。赫胥黎本来并没说过爱情发自私欲。可以指出的是，严复除了用"爱"这个字以外，还用"仁"来译述赫胥黎所说的 affection，从而在原义当中混入了中国自古以来的思想概念。

另外，赫胥黎把良心解释为"内在的人"，作为在与生俱来的性质之外所形成的人为的人格来看待，严复却将此译做"天良"（制私第十三）。原意当中并无容纳"天"的余地，这也可以说是严复的解释吧。

对社会的形成与同情关系的异议

严复进而在接续这一译述的按语（制私第十三）中，就赫胥黎所说的同情（sympathy）提出异议，说赫胥黎认为社会以同情为核心得以成立的想法是本末倒置。曰，人创造社会使安全和利益得以受到保护，是由于不能形成社会（群）的人因进化（天演）灭亡，而能形成社会（群）的人得以生存的结果。能够形成社会（群）的人，都是具有同情心的人。因此，不具同情心的人经过激烈的生存竞争（物竞）当然就会灭掉，所谓相互同情是淘汰（天择）之后的事情。并且还指出，就社会原理（群理）而论，赫胥黎之所言不及斯宾塞思考来得缜密。

同情一词，构成赫胥黎社会形成逻辑的核心，是其把所谓良心趋向和人性化社会导出为伦理化过程的关键词。伦理过程和宇宙过程构成对立关系，是赫胥黎原著中所具有的基本逻辑框架。严复反其道而行之，把意味着宇宙过程的进化逻辑带入社会的形成，把同情解释为淘汰的结果和社会形成后的残留物。在严复的翻译当中，原著里所具有的这一基本框架被废掉了。而且严复还进一步对赫胥黎展开批判，注释道，把同情作为人道之本的见解，为亚当·斯密斯所创见，并非赫胥黎独家新学说。而这在原著中为赫胥黎自己所表述，即"亚当·斯密斯之所谓良心（as

Adam Smith calls conscience)"，故严复之所注，实乃无谓之批评。

"治化"者，"天演"也

对译伦理过程之语是"治化"。严复把由同情而产生的良心逐渐扩大的情形，译成伦理过程（治化），他在此之后说明道，所谓"治化"就是"天演"。这里所说的"天演"，可认为意味着进化。"治化"或指良心的进化。但说明还在继续，"治化"的作用在于丰富人类的生活，强化生存竞争的能力，以图在残酷激烈的"天行"当中自我保全，所以，"治化"虽出自"天"，却正与"天行"相反（恕败第十四）。这个"天行"与上述的情况相同，指的是宇宙过程。

正如目前为止所看到的那样，作为严复译词的"天演"和"天行"，都作为包含天的意思的同义词而被经常使用，这两个词与原文的 evolution 和 cosmic process 并没有严密的对应。文中把伦理过程和宇宙过程分别对译为"治化"和"天行"，也译出了二者的对立关系。但从所谓"治化"即"天演"，或"治化"出于"天"的表达来看，严复并没领会原著当中伦理过程和宇宙过程的并列对立关系，反倒把"天演""天行""天"所表现的东西理解为处在上位、统治着"治化"的由上至下的关系。可以指出，这与前述的人经常受制于天，处在天的支配之下的天、人关系相同。

严复对社会进化的思考

赫胥黎在阐述人类社会当中伦理过程的作用时，作为其前段，有几行简单的说明：文明的发展变化被认为是"社会的进化"，其在自然状态的情况和在人工状态的情况并不相同。但严复却在此处加上了原著并不存在的关于社会进化（人治天演）的解说。可归纳如下。

首先，自然界的生存竞争（天行之物竞）虽因伦理过程（治化）而消失，但人类社会的生存竞争（人治之物竞）却依然残存，即追求荣华富贵的竞争。如果竞争持续，那么当政者（主治者）便会以权力砥砺天下。不论体制如何，权力同样，行使权力则伴随利害。要而言之，社会的治乱强弱与其民的品位高低成比例，当政者则处在其次。当政者一旦制定标准，授予那些达标者以高官厚禄和极大的权力、利益，那么人们绞尽心智才能，去争求合格将会成为一种必然趋势。就这样，其竞争便会逐渐成为习惯。

进化（天演）发生在细微末端，所以当初并不为人所介意。其结果是到了化为一国习俗，深浸国人性情，才会有人注意到其弊害，反过来要去遏止弊害的蔓延。这就是亡国与乱世接连不断的原因。进化的影响不是一朝一夕所能呈现。所以，社会的进化（人治天演）与动植物的进化不同。现象的变移来得容易，而要改变民的性情气质却很难（进微第十六）。

严复对"伦理过程"的解释

在严复对社会进化所做的如此解释与赫胥黎所呈示的伦理过程的概念之间，存在着明显不同。这种明显不同，在赫胥黎为"序论"做结时就伦理过程在人类社会的作用所做论述之处，即相当于导言最后两章之处，再次呈现出来。

正如以上所述，在赫胥黎看来，在社会的（为获得享乐手段的）生存竞争中，有钱有势者在现实中居上，穷人和罪犯居下并被视为最弱者和最坏者，是由于存在着一种人为的社会机制，这种机制让本该沉没于社会底层的蠢人和坏蛋占据了社会上层。赫胥黎就此阐述道，如果能去掉这样的社会机制，从而使为获得享乐手段的竞争，能够以对活力、勤勉、知性能力和目的的执着，以对能够理解自己友人的同情能力来进行，那么构成社会的人的集团将会不断上下循环，他们虽然不是最适者，却多数是适者，是构成国家中坚的人。而他所期待的，就是要把社会内外之利害，委托给最具上述这种性质，具有丰富同情能力和人性的人们之手，说这就是社会走向善（good of society）的过程。

人类所肩负的职责，就是展开对抗自然状态的战斗，以维持和改善组织化了的人工状态。而赫胥黎对实现这一伦理过程的期待，正是人类在这场战斗中发展起有价值的文明。

与之相反，严复就赫胥黎之所谓人为机制加进了自己的解释，说治世最大的不幸，不在于贤者居下而不能上，而在于找不到让不贤者居上而不能下的方法；门第、血缘、财物、因习以及当政者的昏庸和利己，皆成为阻碍下降之力，一旦消除这种阻力，那么不贤者便会马上沉降到他们本来应在的地方。他还认为，多数适者们的上下循环，是生存竞争和淘汰作用的结果（物竞天择之用），其对一国大众的作用，恰如烧开水时环流上下反复，直至全体同温。因此，只要任出进化（任天演之自然），消除阻力，大众就会战中获胜，打破社会停滞。严复还进一步指出，由于这样的多数战胜少数是"天之道"，所以也就不必介意一小撮坏人的存在，这是改善社会、发展种族的最好方法（善群第十七）。严复还把赫胥黎对伦理过程的期待翻译为自古以来人类所成就的事业便是"补天辅民"，只要不损害其成功，去做不懈的精进努力，人治则会日新月异（新反第十八）。

天演论：宇宙过程和伦理过程对立性差异的消失

赫胥黎论旨的重点所在，是恢复那些因环境而被视为最弱者和最坏者的权利，主张可以通过智力、感性能力的发挥来保障，这一点构成其伦理过程概念的核心。但严复却把赫胥黎以社会全体成员为对象来考虑的新型社会伦理的创出，拉到以贤与不贤、德性之有无来区分的人的位置颠倒的问题上来理解，并且强调进化对于这种位置矫正的有效性。在严复这里所说的进化（天演）概念里，构成赫胥黎所论核心要素的宇宙过程和伦理过程之对立性差异变得稀薄，对立性差异被处在超越位置的天所吸收，社会的改善和发展都拱手让这个天来管辖。

由以上可以看到，严复在《天演论》"上卷 导言"中，不仅没有把"伦理过程"的概念正确翻译出来，而且还不恤破坏了赫胥黎立论的基本构造。

四　严复《天演论》"下卷 论第一至论第十四"
——对印度、希腊思想的译述

"进化与伦理"之本论，首先追寻印度和希腊哲学的思索轨迹，提示出自古以来在文明化了的人类社会里，与嵌入其中的宇宙过程有着怎样的纠葛，然后再以此为前提，力陈构建近代社会伦理过程的必要性。《天演论》"下卷 论"与这一本论相对应。在正文当中，讨论印度、希腊思想的部分与讨论近代思想的部分，分别以"四""五"来划分。

显现于文明社会的宇宙过程及其意义

赫胥黎在叙述这个前提部分之前，首先大略谈到了宇宙过程在文明社会的显现及其意义。

随着社会的形成，基于兽性（猴子老虎般的冲动）的行为，作为损害社会的犯罪开始受到处罚。即使在文明社会，宇宙过程也经常显现并给人带来痛苦和烦恼。自古以来，人们就试图探讨在这个宇宙过程中是否有支撑伦理的东西存在。这样，为社会稳定而去遵守共同的约定便被称为正义，其赏罚当初与行为的结果相应，之后依照动机而定。如此这般，动机正确的行为成为正义，成为无罪的积极的构成要素，成为善的真髓。

"忧患"之由来

严复对这个部分所做的译述，首先是关于痛苦与烦恼，然后是兽性与社会形成之关联。其译语以"忧患"表示痛苦和烦恼，以"自营""不仁""凶德"表示与野兽共有之性质（猴子老虎般的冲动），以包括社会稳定统治的意思在内的"治化"表示社会形成。"治化"在上卷导言中也作为伦理过程的对译词语使用，在这里，由"治化"所承担的伦理过程之概念有了更为宽泛的含义。其概况如下。

所谓"忧患"是指既逃离不了现世，也摆脱不了"天演"的东西，所以，"忧患"便在"天行"的作用中加入了有情，并和知识与思考共同显现出来。作为万物灵长的人，其所能做的事就是组织社会。而社会一旦形成，"忧患"便会产生，所以"忧患"的深浅与社会形成能力的消长成正比例。随着社会统治的进步，无仁无德者（不仁者）对自身社会的危害逐渐变得严重，日积月累，成为积习，即便社会趋于稳定（治化），其萌芽亦有残存。故世间不善者多而善者少。这种私欲（自营之德），在社会还没形成的状态（散）下是合适的，但对社会（群）的形成来说却是不合适的，对乱世（乱）来说是合适的，但对治世（治）来说却是不合适的。于是，不能完全灭绝的恶行（凶德），就作为过、恶、罪、孽而受到严厉惩罚。这里，严复把"忧患"之由来归结为与人事密切相关，并且发问道，那么随着社会统治的进步，这种"忧患"会消失吗？"人之所为"和"天之所演"相互统一的时刻会到来吗？他的结论是天和人彼此各异，二者所为不可能协调一致（忧患第二）。

正义与赏罚

其次，关于正义和基于正义的赏罚，严复以"公道"对译正义，以"刑罚"对译赏罚，做了如下译述。赏罚是天下的秤杆（天下之平），治世的重要工具（治之大器）。公平地进行赏罚就是以天道实行政治（神道设教[1]）。若社会形成，则必有共同遵守之物（群约）。此即叫做正义。正义守护得牢固，那么社会也就牢固，背叛正义的人多，社会就会变得散漫。社会的勤勉与懒惰、强与弱的程度都与此相关。因为必须遵守社会规则符合公共利益（公利），所以，社会整体才会处罚违反者而奖励给社会带来利益的人。在社会形成的当初，并没有诸侯仰仗权势、高位强行制定法令并让大家去执行，其赏罚都由民自己设定并遵守，是自己承诺并且负责，所以规则是属于公的东西。

严复的见解

严复在此加上了赫胥黎没说的话。按照严复的说法，自赏罚权限被身居高位者一人掌握以来，私欲便开始大行其道。这不是平等的规则，而是自上而下的命令。由于社会稳定（治化）和社会分工，出现成果交换，分化为治人者和治于人者。治人者称作士，称作君子，社会统治就托管于他们。但到了有霸者出现，篡

---

[1] "神道设教"，语出《易观》："观天之神道而四时不忒。圣人以神道设教，而天下服矣。"本田济的解释为："仰观天的神秘之道，四季循环丝毫没有紊乱。于是圣人依照天的神秘法则，设立政教。由于圣人的政教并无强人所难之处，所以在不知不觉中赢得天下的佩服。"（『易繫辞上』中国古典选 1，朝日新闻社，1978）

夺权力，就不再是个人为社会服务，而让一国为一己服务。近数百年欧洲的君民之争，概由此而发生。

严复就赏罚，尤其是就出于动机的盖然性加以说明。据他说，刑罚是为社会统治不得已而实行的，在于预先明确赏罚而防止犯罪于未然。对那些想要犯罪的人，应该深究其动机。慈母若因责备而杀死儿子等，不算犯罪。杀人本是死罪，但如果不是故意杀人就应酌情处理，而不能跟故意杀人者一样去处罚（严意第四）。

与赫胥黎的对立点

首先应该指出的是，严复的如此译述，几乎没有反映出赫胥黎对宇宙过程和对正义所发出的疑问和异议。赫胥黎其实是认为宇宙过程并无伦理支撑，他对正义可由动机来保证、可成为无罪的积极构成要素、成为善持有异议。赫胥黎对伦理过程概念的构筑，正是由这种疑问和异议出发并以此为立脚点的。与此相反，在严复译述的根柢当中多能看到的却是把天作为宇宙绝对支配者的观念，是对把动机正确的行为看作正义的绝对肯定。

其次，还可以指出的是，对于严复来说，他所关心的是如何实现"治化"，即形成一个稳定的社会。"忧患"也好，正义也好，在严复那里都被理解为衡量社会形成能力的重要要素。而且他还认为，私欲横行才导致霸者的权力争夺。而赫胥黎之所谓的显现于人的宇宙过程之烦恼和私欲以及妨碍实现伦理过程的正义的概念，在《天演论》里都依据严复的社会形成理念而变更为与原文不同的东西。

宇宙之运作，与"天地不仁"相同

严复的译述，接下来就遵从原文的叙述转移到印度和希腊的哲学的思索部分。

　　赫胥黎论述的要旨是，没有人可以对背离伦理理想的宇宙运作宣布有罪，以此为前提，他认为古代哲学家们经过苦恼与纠葛获得了对世界的认识，其结果是去尝试与宇宙过程的融合。

　　严复首先把背离伦理理想的宇宙运作说明为与《易传》里所说的乾坤之道"鼓万物而不与圣人同忧"以及《老子》中所说的"天地不仁"[1]意思相同，将其所论转移到中国自古以来认为天是无情之物的思想框架内，再重之以天下人事之有限的论述。曰，天道难知，自古以来，"天行"所现必与"人事"互为表里，但产生牵强附会的弊端。在西方有人提倡天道不可知论以戒世人笃信古。佛陀便是就此所提倡的轮回因果之说。所谓轮回因果之说，是用可以表现出来的道理来引导出不可知之事，从而解天道之难知（佛释第六）。

轮回、羯磨、修行

　　此后便是关于轮回、羯磨、修行的译述。译述大体上沿袭原文的要旨，但可以指出一点，即援引佛语和经典语句不见于原文者，在译述的内容里所占的比例也不少。其所谓"羯磨"，即所谓"业种自然，如恶叉聚"（"羯磨"之本性犹如坏树权上结出的果实，聚集在一起之意。《楞严经》一），佛教的教诲是通过修行而获得顿悟（薰修证果），只有通过进入涅槃才能逃出轮回（种

---

[1]　"鼓万物而不与圣人同忧"一句，语出《易·系辞上传》"显诸仁，藏诸用，鼓万物而不与圣人同忧，盛德大业至矣哉"。本田济的解释为："天之道外化为慈爱之德，恩泽于天下，却又将这不可思议的效用隐藏起来，不让人知道。天给万物吹入生命，令其脉动，却并没自觉到自己的造化之功，全然无心。圣人虽说也参与天地造化，但毕竟还是人，是有心，不能不有忧虑。天无心，故无忧。天之盛德，其本领之大，无出于上者。"（『易繫辞上』中国古典選1，朝日新聞社，1978）

业第七）。所谓修行是为了使阿特曼融合为婆罗门，是绝圣弃智，是惩忿窒欲[1]。严复对此所做的说明是，要想超过生死和走出轮回，除此之外别无道路可走。

他还把通过修行断绝"羯磨"的状态解释为不游于"天演"，无关烦琐之"物竞"，从被深重的我执和生死所囿的大惑中逃脱，并将其表现为超然摆脱充满生存竞争的宇宙过程的境地。他还进一步解释道，要到达到这种境地，人才是其中的主体，天于此并不相干，这是修行者自己之所为，天不承担其功罪之责，是自性自得。

赫胥黎强调的是断绝"羯磨"只在于修行者的意志，因此，将其译述成自性自得并无不妥。

但严复却在此解释说，做得到禁欲修行的人，超越一切，远离世间，成为天的与徒（冥往第八）。说成为天的与徒，是严复的解释。可以认为，在严复的所谓天里，似乎有着超越者的要素，可拥抱那些完成修行的人。根据这一解释，赫胥黎原意的中心点，即禁欲修行只是一己个人向宇宙过程的挑战的意思被冲淡了，妨碍了人们对赫胥黎的理解。

"真""幻""涅槃"

其次，赫胥黎论述道，与伴随禁欲修行的婆罗门教相反，乔

---

[1] "绝圣弃智"，语出《老子》上篇第十九章的开头："绝圣弃智，民利百倍。"福永光司的解释是，如果当政者将圣智之自以为是当作无用之物丢掉，人民将会获得百倍的福利（《老子上》）。在严复的用法当中，虽有主体上的当政者和修行者之别，还是指丢掉自作聪明的智慧之意。

"惩忿窒欲"可认为出自《易·损》："象曰：山下有泽损。君子以惩窒欲。""君子以惩窒欲"，意谓君子取此卦为法，损自身当中当损之物，惩自忿而自戒不使其再起，亦在欲心增长之前予以阻塞（本田济『易繋辞下』中国古典选1，朝日新闻社，1978）。严复是在抑制愤怒和欲望的意义上使用的这一说法。

达摩佛教拒绝永恒实体的存在，将万物视为梦境，以进入灭却境地的涅槃为理想。严复关于这个部分的译述由两部分构成，一是就不可能看准的实体与现象的关系集中加以解释（真幻第九）；二是对佛教用语涅槃加以解释（佛法第十）。首先是关于实体与现象的关系，严复用"真"与"幻"这两个词语来表述，他援引各种比喻来讲述"真"中没有不是"幻"的东西，而"幻"中还有真的东西，冗长铺排，占了很大篇幅，而且又都是原文没有的内容。在经过这一大段阐释之后他说，释迦把世间一切视为幻，而能讲出这番道理的人实乃空前绝后。接下来对涅槃的译述，大体依照原文进行。但原文中的表述只是：人生之梦的灭却乃是涅槃，根据这一表述，其逻辑归结点也很明确，而在译述中，给人感觉这个部分多是用佛语来解释佛陀顿悟的境地。说佛家的重要任务就是超越生死，开辟一个一切皆空的大彻大悟的境地，而这就是"涅槃"，还说"涅槃"之意不可思议，此为不二法门[1]，是无欲，无为，无识，无相，湛然寂静的境地，是佛家的归结点。在该篇当中，严复还就不可思议写了一大段按语（佛法第十）。

赫胥黎以简洁的表述指出，到达涅槃的方法就是完全丢掉体现宇宙过程本质的私欲，他把与宇宙过程发生纠葛的佛教哲学当中的意义，收束到"进化与伦理"这一核心主题当中。严复却将这一点表述为制止生存竞争（物竞）的流动，断绝只限自己之私欲（自营），从而达到物我一体。在这个部分的译述当中，除了"物竞"之外，找不到和宇宙过程相关的词语。严复的以上译述，总体来说给人留下一个很强烈的印象，那就是倾注关于佛法的既有知识来进行解说。这使原文当中所指出的与上述宇宙过程发生

---

〔1〕 "不二法门"，据中村元《佛教语大辞典》解释，系表示不二之理的法门，是超越相对差别的绝对平等的境地，是呈现脱离对立的出色道理的教诲。

纠葛的意味变得暧昧模糊。因此不能不说是严复的译述将原有之意付之等闲。

框架变更，重要概念消失

接下来，从"学派第十一"到"矫性第十四"是关于古希腊斯多葛学派的译述。

赫胥黎在相当于这个部分的开头表述了如下意思：在古希腊，首先在赫拉克利特那里就可以看到进化的观念，但知性活动中心迁移到雅典之后，哲学家们开始关注伦理问题，转向小宇宙的研究，赫拉克利特的思想的被继承，则要等到此后出现的斯多葛学派，而那时进化的观念被附加了超越的有神论，以至于作为万物根源力的火之能被赋予了绝对的善（absolute goodness）这一属性。

严复在此首先用"天演之说"和"天演学宗"来表述赫拉克利特的进化观念。其次，把从赫拉克利特到雅典哲学家们的变化译述为赫拉克利特之学，并没讨论人民的日常生活和修身教化（民生日用之间，修己治人之事），只是到了雅典哲学家那里，人们才将思考集中到治人之道（人道治理）上来，进而以"造物真宰之说"对译超越的有神论。但对承接上下文之概念的"绝对善"，却没有相应的对译词，只解释说"真宰"具有无穷的德力、大慈大悲和智慧，作为普遍的绝对的存在处在万物之上（学派第十一）。

在此可以指出的是，严复首先把作为人的问题的小宇宙研究纳入中国的思想框架中，以"修己治人"等带有儒教色彩的语词将其表现出来；其次，他还以几乎与天同义的"造物真宰之说"来对译超越的有神论，没有传达出概念的原意；再次，"绝对善"这个词被埋没在暧昧的阐释里，以至于看不到超越的有神论所赋予的存在之属性。

善恶不在的神义论

赫胥黎谈到了斯多葛学派，说他们以神义论来辩解在由作为绝对善的理想之神所造就的宇宙当中何以会存在现实中的恶这一矛盾。关于该学派辩解的内容前面已经叙述过了，但为了与严复的译述相比较，则有必要在此重做一次复述。即他们试图通过神义论来证明：第一，不存在恶这种东西；第二，如果有恶存在则必与善相关；第三，恶或者是人的过失所导致的结果，或者是因为人的利益而被附加。

严复对此做了如下译述。

斯多葛为天争论是非曲直，有三说，一、"天行"无过；二、祸福相缠[1]，艰难磨炼人；三、不论有多么大的愤怒，总能归结到利于人生之德[2]（天难第十二）。原文中所讨论的二项对立，即善（good）与恶（evil）这两个词在译述中完全不见踪影。在第一条不存在恶之处，译述为"天行"无过。"天行"是作为表现宇宙过程意思的言辞而被使用的，但在这里会被理解为天之所为。第二条里所讲的善恶关系，被置换到祸福这根拧在一块儿的绳子里，在其用词当中可见圣人无为政治的折射。第三条的意思被置换为以圣人的"好生之德"来进行考验。原文中神所占据之处，被天或圣人取代了。

---

〔1〕 原文"祸福倚伏"，语出《老子》下篇第五十八章："祸兮福所倚，福兮祸所伏，孰知其极？"据福永光司解释，"祸来自福，福里藏着祸，谁也弄不清到底是怎么回事。"（『老子 下』中国古典選 11，朝日新聞社，1978）

〔2〕 原文"归于好生"，语出《尚书·大禹谟》："好生之德，洽于民心。"据赤塚忠译文，"（舜帝）尊重人命之德，广泛传播于人民之心。"（赤塚忠訳『書経』中国古典文学大系 1，平凡社，1971）

代之以"天"

这样的调换，还见于对接下来的这层意思的译述，赫胥黎认为，斯多葛学派无视与宇宙过程必然相伴的恶的存在，他们的尝试并不比不承认善的存在的印度哲学家们的尝试更加成功。

严复译述道，乔达摩悲天悯人，不见世间之真美；而斯多葛乐天任运[1]，不睹人世之足悲。善与恶被改变为"真美"和"足悲"，进而又将视点转移到天与人的关系上来，根据《易》之所言和用语暗示天处在人之上（论性第十三）。

就这样，"绝对善"这个词语消失了，善恶的意思被溶解，被调换为其他概念。反过来，作为宇宙支配者的天，呈现在人们面前。原文的论点和行文就是这样被消解在中国自古以来的思想框架里，当它们通过以天的绝对性为中心的译文出现在读者面前时，已经改变了形态。

"群性"

赫胥黎在此之后，做了如下阐述。

斯多葛学派的哲学被归纳为"顺从自然去活"，这句话当中的自然有着多种含义，与此后人们所说的"纯理性"意思相同。在他们看来，这个自然以至高无上的善为理想，命令意志绝对服从，政体成员对其服从与否，是衡量文明社会迈向完成步伐的标志。这个自然也被命名为"政治的"自然。

严复对此的译述怎样呢？首先，他把"顺从自然去活"这

---

[1] "乐天任运"，可认为语据《易·系辞上传》："乐天知命，故不忧。"据本田济的解释，这句话的意思是"天的法则也适用于人，左右人的命运，因此乐天与知命并非两码事。知道自己的命运，不论遇到什么事都欣然接受，这同时也就是在以天为乐。所以，易教人无忧"（『易繋辞下』中国古典选1，朝日新闻社，1978）。

一句译成"率性以为生"。他的解释说，性的意思并非只有一个，概括起来，就是大抵把自然称作性。赫胥黎所说的自然（nature），就是中国自古以来思想当中的自然，就是所谓的"性"。他在举例说明有多种多样的性之后，将人之性中最宝贵、最精华之物的集合译成"清净之理"。"清净之理"可认为是纯理性（pure reason）的译词。

关于纯粹理性的作用，严复做了如下说明。人只有获得这种"性"（清净之理），才会超越万物而实行治功教化。有道德的人（有道之士），才有可能以"志"统"气"[1]，以"理"定"志"，而一切行动，都要听命于这个"性"，这就是斯多葛所率之为生的所谓"性"。社会（群）依靠这种"性"聚合到一起，其教化风俗的程度，取决于其民是否努力遵从这种"性"。严复的表述是，"故斯多葛又名此性曰群性"。"群性"一词是被"政治的"自然所赋予的译词。

与宋儒同列的斯多葛学派

在严复的这一译述里，斯多葛学派的所谓"顺从自然去活"的概念，以至高无上的善这一理想去命令绝对服从意志的"自然"的概念，都没能正确地表达出来。而在这里必须要指出的是，译述中不存在至高无上的善这一概念。另外，对纯粹理性的说明，也把斯多葛的理想调换为儒教思想。要而言之，原文所述斯多葛理想这一概念并未照原意被翻译出来。

严复在该篇（论性第十三）按语中说，此篇（赫胥黎）之

---

[1] 原文"以志帅气"，语出《孟子·公孙丑上》："夫志气之帅也，气体之充也。夫志至焉，气次焉。"小林胜人的解释，这句话的意思是"志是心灵之所动，左右气力，气力支配人的肉体，所以，志向若能首先坚实地确立起来，则气力将追随志向"（小林胜人『孟子　上』，岩波文库，1991）。

说，与宋儒所说的"性"相同。宋儒把"天"分为"理"和"气"两种东西来考虑。赫胥黎把"理"归属于"人治"，把"气"归属于"天行"，是就其作用所显示的特点而言。若自本体而言，是不能把"天"排除在外而谈论"理"的。严复在这里虽然说赫胥黎如何如何认为，但赫胥黎所谈的是关于斯多葛学派的哲学，而并非是关于自己的哲学。这一点姑且不论，严复其实是以"人治"和"天行"来把握斯多葛学派的两个对立的思想要素，即伦理的自然和宇宙的自然，将其翻译成中国思想，以"理"配于"人治"，以"气"配于"天行"，再由"天"来统合"理""气"。这种言说显示着在《天演论》中存在着儒教和宋学的思想框架。

严复在该章的最后说，在社会当中，人们为了社会利益而牺牲自己，这才是最重要的"性"。只有这样，社会才能合而不散，变得日益强大（论性第十三）。赫胥黎不得不意识到，他所说的斯多葛学派的理想政体，其实是连斯多葛学派自己也实现不了的政体，然而在严复看来，却是一面变革现实的镜子。

赫胥黎的认识

赫胥黎继续道，斯多葛学派没有看透一点，即他们把宇宙视为道德教师，宇宙的自然并非道德学校，而是伦理的自然之敌方大本营。但是他们基于事实逻辑又不得不承认这是通过人的低级自然而对正义发出的反动。他们甚至认为理想只有通过丢掉现世、扼杀肉体和情感的禁欲才能实现，其理想状态就是心境无欲的"阿帕提亚"。在这种状态下，即便有欲望，也会化作执行纯粹理性命令的唯一功能，已无动摇意志之力。赫胥黎认为，在"阿帕提亚"和"涅槃"之间并没有大的差异，希腊和印度的思想最终在归结点上相同。赫胥黎所得出的结论是，都因在伦理的人身上宇宙过于强大而使他们只能通过禁欲的苦行割断与宇宙的一切纽带，从绝对放弃中寻求拯救。赫胥黎在这里引用丁尼生《尤利西斯》中的一段[1]阐述道，在希腊和印度哲学家之前的早先，人们总是"嬉笑着迎接雷鸣和阳光"，身上有着不惜与众神一战的气概，随着接受文明的影响，经过数世纪后，当所战之敌成为自我，以前的英雄变作了修行僧。

在赫胥黎的原文里，到这里为止是接下来提出问题的前提——作为近代思想的问题，他认为有必要建构伦理过程。在他看来，古代东西哲学家都在绝对放弃与宇宙的战斗中寻求救济，他是在这种认识前提下去进一步思考建构新的伦理过程的。

译述当中所没能表达出来的赫胥黎的认识

严复这样译述了表述赫胥黎认识的部分。

首先，斯多葛之徒认为天是人道的标准，没有顿悟到"天行"与"人治"动作相反，然而，"天行"与"人治"趋向不同

---

[1] 在赫胥黎的原文里，前置有《吠陀》和《荷马史诗》对欢天喜地的战士们的讴歌，然后才是对丁尼生《尤利西斯》四十八、四十七这两行的引用。

丁尼生（Alfred Tennyson，1809—1892）的《尤利西斯》（*Ulysses*，1833—1834）讲述了在特洛伊战争中建功立业、克服困难返回故乡伊萨卡岛的老将尤利西斯的故事，他把王权和岛屿都交给儿子，在死神到来之前重新扬帆出海，去完成那"与伴同上帝之奋斗者相符"的"高贵的工作"，讴歌了其不断寻求上征的热情和果断精神。这部分被称作"戏剧独白"（dramatic monologue），为70行无韵诗。

赫胥黎所引诗句，为尤利西斯决心再次出海，召唤与自己同甘共苦的水手们的最后的二行："That ever... / ...the sunshine"部分。"My mariners,/ Souls that have toiled, and wrought, and thought / with me / That ever with a frolic welcome took / The thunder and the sunshine."引自《尤利西斯》的内容，与原文中所说的《吠陀》和《荷马史诗》没有直接关系。

赫胥黎在最后部里再一次引用丁尼生的《尤利西斯》，不过其引用之处，还是尤利西斯表达决心的那些诗句的结束部分。关于《尤利西斯》，本文参照了西前美巳编『対訳　テニスン詩集』（岩波文庫，2003）、西前美巳著『テニスン研究——その初期詩集の世界』（中教出版，1979）。

则"触目皆然"。"天行"常通过"粗且贱之人心"发挥作用，不会把人带向"精且贵之明德"。他们就这样，遁入贤人之门，绝情塞私，直至形若槁木，心若死灰。这时，情虽然还在，却动摇不了性，他们的行动必然遵从于理。斯多葛与婆罗门教相近，此二教都达到了相同的境地（矫性第十四）。

严复在此是以"天行"和"人治"对译宇宙的自然和伦理的自然，以"情"对译欲望（desire），以"性"对译意志（will），以"理"对译纯粹理性。在严复的译述里找不到相当于"阿帕提亚"的词语，对原文所说的"阿帕提亚"状态，则以表述中国传统思想概念的词语来做解释。而且在严复的译述里也找不到表述"阿帕提亚"与"涅槃"几乎相同这层意思之处。还可以指出的是，严译当中没有对译"正义"的词语，而将其表述为"未尝诱衷于精且贵之明德"。严复没有译出对于表达原文论点不可缺少的词语，这种翻译不会把赫胥黎从古代东西方哲学思想中所获得的认识传递给读者，而读者也就当然不会知道原文的意思是强调在此认识的基础上，作为近代思想问题有必要建构伦理过程。

严复所考虑的问题

关于他们在绝对放弃中寻求拯救，赫胥黎拿《吠陀》和《荷马史诗》里所描绘的古人生机勃勃的生活来做比喻，说他们充满了不惜与众神一战的意气，只是后来受到文明的影响，战斗的对象变成了自己，从而成为寂静主义之徒，成为被动地接受神圣理智的工具。这其中，包含着赫胥黎的批判意图。他在寂静主义之徒身上并没看到开辟理想未来的可能性。

对此，严复在译述中做了最后的归纳。他们都"晓然于天行之太劲，非脱屣世务，抖擞精修，将历劫沉沦，莫知所届也。悲夫！"严复的如此表述，给人感觉有从原文读取不到的某种沉思包含其中。

这种沉思还可从接下来的按语中获知。按语是这样说的：本篇所论之理，"与国种盛衰强弱之所以然，相为表里"。"洎治教粗开，则武健侠烈、敢斗轻死之风竞。如是而至变质尚文，化深俗易，则良懦俭啬、计深虑远之民多。然而前之民也，内虽不足于治，而种常以强；其后之民，则卷娄濡需，黠诈惰窳，易于驯伏矣。然而无耻尚利，贪生守雌，不幸而遇外衅，驱而縻之，犹羊豕耳。"严复在此以《诗经》"国风"表示风气的作品为例，说"周秦以降，与戎狄角者，西汉为最，唐之盛时次之，南宋最下"。最后，在"至于今日，若仅以教化而论，则欧洲中国，优劣尚未易言"的前提下道："然彼其民，设然诺，贵信果，重少轻老，喜壮健无所屈服之风；即东海之倭，亦轻生尚勇，死党好名，与震旦之民大有异。呜呼！隐忧之大，可胜言哉！"（矫性第十四　按语）

严复被赫胥黎的文章所触发之处，可认为是《吠陀》和《荷马史诗》所描绘的不惜与众神战斗的生机勃勃的古代人的生活。严复在此找到了他想出示给读者的"民"之范本。这里还想再次提请注意，在原文当中，这只是就在绝对放弃里寻求拯救，即赫胥黎就自己的主要的论点所做的仅有几行的说明。我认为，是对中国之民所处现状的深切忧虑，才促使严复来写这段按语，为此他无视赫胥黎上下文的关联，宁可歪曲原意做出为我所用的解释。文末所抒发的"呜呼！隐忧之大，可胜言哉！"的悲壮情怀，充分说明了这一点。

五　严复《天演论》"下卷　论第十五—论第十七"
——近代思想的译述

如上所述，赫胥黎提示了古代印度和希腊的思想所走向的共同点，并由此把视点从古代移向同时代，进入近代思想当中的善恶问题。这是赫胥黎对"进化与伦理"这一本来主题进行思考、展开陈述的重要结论部分。《天演论》以"演恶第十五""群治第十六""进化第十七"三个部分对此加以译述。在"五"当中，我想通过比较探讨严复的译述方式来考察严复怎样译述了赫胥黎的思想内核。

赫胥黎对"进化的伦理"之批判

赫胥黎首先指出，近代思想也是从与古代印度、希腊思想相同的基点重新出发的，但是，我们的大多数都认为世界既不那么好，也不那么坏。大多数人还认为，人生中的善恶比率可由人的行为来改变，人只要有使事物变得更好的能力（power of bettering things），就应该去使用这种能力，还要再拿出全部的智力和活力（intellect and energy），献身于为人类的至高无上的服务，而这是我们的重要义务。

赫胥黎在这段叙述中提出了一个"紧要的问题"，即对于相互协助这一大事业来说，人们从近代进化论（doctrine of evolution）的进步所得到的成果，究竟会在怎样的程度上有助于我们？

赫胥黎在此展开了对"进化的伦理"（ethics of evolution）倡导者们的批判。后者把道德感情（moral sentiments）的起源视同于其他自然现象，并从进化过程加以引证，赫胥黎对此反驳道，不道德感情（immoral sentiments）也和道德感情一样，是进化的物产、盗贼、杀人者和博爱家都同样地遵守自然。他还进一步强调说，宇宙的进化虽然可以教示给我们善（good）和恶（evil）的倾向是如何产生的，但仅仅是这些，还并不能提供给我们超过既有解释的东西，以说明我们称之为善的东西为什么要比我们称之为恶的东西更值得选择。我们能够理解审美能力（aesthetic faculty）之进化的那一天终将到来，然而无论怎么理解，这是美（beautiful）那是丑（ugly）的直观力却不会增加或减少。

看不见的近代，"天"成为主动者

严复以"演恶第十五"译述了以上部分。那么，其内容怎样呢？

首先应该指出的是，对赫胥黎以"近代思想是……"（modern thought is…）开头的这段文章的译述，没有出现表示近代思想的词语。随着阅读的进展，虽然能体察到是在说现在的事，但赫胥黎由此要将论点转向近代思想问题的意思却变得暧昧模糊起来。另外，译述的基调，整体上来说，呈现着靠近"天"这个概念的理解。

首先，关于古代印度和希腊思想，严复的译述将两者归纳为都是想明确天和人的关系（天人之际），前者为"闵世之教"，后者为"乐天之教"。原文所要表达的两者都体现为人和宇宙过程的战斗及其失败的结果这一宗旨并没被表述出来。

赫胥黎关于人为增加善所应尽义务的阐释，成为如下译述："天分虽诚有所限，而人事亦足以有功；善者固可以日增也，而恶者亦可以日减。夫天既畀人人以自辅之权能，然则练身缮性，培补薰修，不独将以自致于最适，且右掔左提，嘉与宇内共登美善之途，使天行之威日杀，而人人有以乐业安生者，固生人最急之事也。"

这个译述没有正确地传达出原文的宗旨。首先，所谓"世界既不那么好，也不那么坏"，"人生中的善恶比率可由人的行为来改变"，是赫胥黎在此所提示出的不同于古代的现代人，即"我们的大多数"（the majority of us）的想法，但在严复的译述中，"想法"的主体是谁却不清楚，没有把赫胥黎作为社会的意见一致加以提示的意图传达给读者。其次，"使事物变得更好的能力"，变成了天所赋予的东西，人的行为成为由主动者天来支配的被动行为。这个部分是赫胥黎此后为构建伦理过程人应该发挥什么作用所做阐述的一根引线。然而，这里出现天的干预，则会使论点与原文的方向相反。而且，把"智力和活力"译成"心"和"性"，也使概念改变。此外，所谓"不独将以自致于最适……而人人有以乐业安生者"，在原文里也没有相应的部分。

谁在倡导"进化的伦理"？

接下来是赫胥黎对近代的进化论所发出的疑问，他就宇宙进化与和善恶之关联向"进化的伦理"的鼓吹者们所提出的异议，大体是被如下译述出来的。

"近世治群学者，知造化之功，出于一本"，"本之降衷固有之良，演之致治雍和之极"。然而，"民有秉彝矣，而亦天生有欲。以天演言之，则善固演也，恶亦未尝非演。若本天而言，则尧、桀、夷、跖，虽义利悬殊，固同为率性而行，人天而动也，亦其所以致此者异耳。用天演之说，明殃庆之各有由，使制治者知操何道焉，而民日趋善；动何机焉，而民日竞恶，则有之矣。必谓随其自至，则民群之内，恶必自然而消，善必自然而长，吾窃未之敢信也。且苟自心学之公例言之，则人心之分别见，用于好丑者为先，而用于善恶者为后。好丑者，其善恶之萌乎！善恶者，其好丑之演乎！是故好善、好恶，容有未时，而好好色、恶恶臭之意，则未尝不诚也。学者先明吾心忻好、厌丑之所以然，而后言任自然之道，而民群善恶之机，孰消孰长可耳"。

严复首先在这里把"进化的伦理"的倡导者翻译为"近世治群学者"。其实赫胥黎的批判对象是具有社会进化思想的斯宾塞，这从赫胥黎的经历中可知，而严复对斯宾塞的社会进化思想的倾倒，也可从此后的按语中明确。不过，由于严复的翻译把"进化的伦理"的倡导者，扩散为一般意义的社会学（群学）者，就使得面对何者提出的异议之核心问题不再清晰。赫胥黎认为，道德感情和不道德感情都一同进化，他也正是基于这一与被批判者不同的认识而主张有建构伦理过程的必要，所以严复的译述将这一核心部分抽掉，是不可原谅的。

被片面化了的赫胥黎的阐述

接下来必须指出的是，第一，赫胥黎的批评是针对把道德感情的进化与自然现象并置的观点展开的，但在严复的译述中却成为与当政者的社会（民群）统治相关的问题，而赫胥黎的原文里并不存在这样的语境。第二，道德感情与不道德感情、善与恶的译词，都被善与恶所统一。第三，赫胥黎除了说直观力可使人识别美丑之外并没再说别的，但在严复的译述里却延展为从识别美丑和善恶的先后关系，到对治群学者展开批判。在这个部分里，赫胥黎想要说的，总体而言，就是道德感情和不道德感情作为进化的产物都是相同的，人把它们称为善，或称为恶，而对善恶的感知取舍则取决于直观的审美能力。正像在赫胥黎的阐述中所看到的那样，它由三层意思构成：一是人所具有的道德感情和不道德感情；二是作为其称呼的善与恶；三是把善与恶作为美丑来识别的直观审美能力。在严复的译述当中，上述三层意思被片面地归结为善恶问题。经过严复的如此译述，背负着进化之产物的人，其作为生物的力矩被稀释了，代之以把人看成构成统治体系的力矩。

严复的反驳

在"演恶第十五"中，严复加了按语，说"通观前后论十七篇，此为最下"。其旨趣概略如下。

首先严复说赫胥黎想要战胜斯宾塞，却并没深入地思考过斯宾塞之所据。他断言道："斯宾塞所谓民群任天演之自然，则必日进入善，不日趋恶，而郅治必有时而臻者，其竖立意之坚，殆难破也。"[1]

接着，严复阐述了如下理由。

"群者，生之聚也。今者合地体、植物、动物三学观之，天演之事，皆使生品日进。动物自孑孓蠛蠓，至成人身，皆有绳迹可以追溯。""达尔文论出，众虽訾然，攻击者亦至众也"。而经过反复争论，"其说弥固，其理弥明"，"至今外天演而言前三学说，殆无人也"。"夫群者，生之聚也"，"斯宾塞氏得之，故用生学之理以谈群学，造端此事"。"彼以为生既以天演而进，则群亦当以天演而进无疑"。

严复在此指出，除了生存竞争（物竞）和淘汰（天择）之外，对于进化（天演）来说最重要的是适应（体合）。他解释道，"体合者，物自致于宜也"，是所谓适者生存之理，主张"所谓物

---

[1] 詹姆斯·帕拉迪斯（James Paradis）关于赫胥黎和斯宾塞以下的见解，有助于解读严复的反驳。

"在赫胥黎和斯宾塞之间，有一个明确的对比呈现在两者关于未来的考虑中。赫胥黎把现在的社会作为伦理的共性虽不完备却是有效的工具去想象，斯宾塞则期待每个个人的自我都融入到整体利益当中去的未来社会的实现。对于斯宾塞来说，人类承担着从土著居民的野生生活特有的性质，向安定的文明生活里特有的性质所发生的质变（Spencer 1897, 1:24）。对于赫胥黎来说，如果假定进化上的变化是缓慢的，那么人的性质不论从哪一点来看，都是固定于生物学的。因此有意义的改善，就应该在通过人的介入而使之向人工状态发生变化的环境一侧来寻求。正因为如此，在赫胥黎那里，自由放任政策才是生存竞争的本质，而在斯宾塞那里，自由放任政策则是为完成人的实现而促成各种条件的东西。斯宾塞所求之纲，在于人之本性的变化；赫胥黎所求之纲，则在于围绕人的状况的变化。"（ジェームズ・パラディス，小川真理子訳「ヴィクトリア時代における『進化と倫理』」48—49頁。收入前引『進化と倫理——トマス・ハクスリーの進化思想』）

竞、天择、体合三者，其在群亦与在生无以异，故曰任天演自然，则郅治自至也"。

而关于"任天演自然"，还做了以下规定，即并不意味着什么都不做。

为"无扰而持公道"，就有必要划定"公之界"，即"各得自由，而以他人之自由为域"。而为"保种"，需要确立三大规则，即"一、民未成丁，功食为反比例率；二、民已成丁，功食为正比例率；三、群己并重，则舍己为群"。遵守这三项规则，则社会繁荣（群昌），反之则社会覆灭（群灭）。"然民既成群之后，苟能无扰而公，行其三例，则恶将无从而演；恶无从演，善自日臻。"

反驳之意味

我认为，在这段按语中，严复是将批判的矛头指向了严厉拒绝把社会的进化比作生物界进化的赫胥黎思想。严复把善恶的增减作为衡量社会进化的指标，而善则由适应以三大规则所构成的社会之民来承担。适应社会的应作为善加以促进，不适应社会的恶要加以排除，这便是他所考虑的社会拯救之策。严复自己在此表明，他的思想根据是斯宾塞的社会进化思想。

前面已经指出，严复把赫胥黎阐述中具有三重性意味之处，只片面化地处理为善恶问题。赫胥黎的道德（或非道德）的"情感"之论，是在作为生物的人的感性的进化的基础上开展的，而这层意思在译述中被舍弃了。将这样的译述出示给读者并在此基础上附加自己的批判，便是这段按语的内容。赫胥黎原文相当于"演恶第十五"的译述部分，是为讨论近代哲学思想而导入的提出问题的部分，具体讨论在此之后展开。严复在译述这个部分时做了把善恶归结为统治问题的处理，说得比原文更加详细。应该说，这些都是赫胥黎所预想不到的。因此，从严格的意义上讲，这一段是不成其为批判的批判。

不过，如果仔细考虑赫胥黎原文与严复译述的不同以及严复所加的批判，便会逐渐看到严复的"做"《天演论》的意图，那就是即使曲解赫胥黎的上下文关联，也要把讨论的中心放在把人作为构成统治体系的力矩上面。

何谓社会进步？——赫胥黎的主张

赫胥黎对"进化的伦理"提倡者的批判，继前述之后，还指向由"进化的伦理"所见的另一种错误。即认为自然界的生物，经过生存竞争而作为适者生存了下来，同样，在社会中作为伦理存在的人，也必须经历这一过程而走向完成——赫胥黎也对这一认识展开批判。

赫胥黎的主张如下。

适者有最佳（best）的含义，最佳则带有道德气味儿。然而，所谓适者，只是在自然界里适应彼时条件者。社会中的人也当然处在宇宙过程的支配之下。在以繁殖和生存为目的的生存竞争中，不具备环境适应力者将会被最强者排除。但是，宇宙过程给社会进化带来的影响，文明越是不发达才越大。

所谓社会进步，就在于在所有阶段都抑制宇宙过程，并代之以堪称为伦理过程的东西。其结果，不是所与条件的最适者获得生存，而是伦理的最佳者获得生存。作为伦理的最佳者（ethically best），在所谓善良或美德（goodness or virtue）的实践中，包含着在所有点上与生存竞争之成功发生对立的行动，其要求以自我抑制（self-restraint）取代私欲（self-assertion），以对对方的敬意和互助取代对竞争者的排斥和践踏。这种努力的方向，就是尽可能使大多数人成为适合生存的人。这是对生存竞争主张的拒绝。在一个统治组织内分享利益的每一个个人，都被要求不能忘却对建构这一组织者的感恩，也被要求注意自己的行为不去削弱组织。法律和道德规范，就是为了唤起人们的注意，以抑制宇宙过程并使个人奉献对公共社会的义务。

相当于这个部分的译述，是"群治第十六"。

核心部分消失了的译述

首先，在译述里找不到"适者有最佳（best）的含义，最佳则带有道德气味儿"这句话。因为严复以"善"对译最佳，所以原文中所说 best 和 goodness 也就没有了区别。因此，"适"没了基准，事物的"强弱善恶"之"适"也就取决于其境遇，现在的最适（最宜），也就当然被译述为现在的最佳（最善），这就让人读不出赫胥黎要在"适"当中排除最佳的含义以及道德气味的意图。

其次，"宇宙过程给社会进化带来的影响，文明越是不发达才越大"，以及"所谓社会进步，就在于在所有阶段都抑制宇宙过程，并代之以堪称为伦理过程的东西"这些包含原著当中主要论点的部分也都没有翻译出来，特别是后者，是赫胥黎明确阐述伦理过程与宇宙过程对立的《进化与伦理》的核心部分，其中凝聚着《进化与伦理》的主要观点。在译述当中找不到它们，其结果就是赫胥黎的核心主张并没明确地传递给读者。

译述的核心：适者与道德

相反，严复是把译述的重点摆在了与"以繁殖和生存为目的的生存竞争"相关的部分以及与赫胥黎所说的伦理最佳（善良或美德）实践相关的部分。这两部分，如前所述，因中间隔着《进化与伦理》的核心部分而一分为二，但严复的译述在使前后衔接时模糊了核心部分。

167

若发生生存竞争，受宇宙过程（天行）支配的以人而为的统治（人治）就会衰弱，能继续存在下来的是作为最适者的强者。弱者因成为不了适者而日益被宇宙过程毁灭。故经常能维持社会（保群）者有利于继续存在下去，不能维持者则濒临灭亡。

到这里为止，是与生存竞争相关的前半部分，在译述里，后半部分如下。

"治化愈浅，则天行之威愈烈；惟治化进，而后天行之威损。""当此之时，其宜而存者，不在宜于天行之强大与众也。德贤仁义，其生最优"。这样，"黎民于变而时雍"[1]，"黜私存爱"，"排斥蹂躏之风，化而为立达保持之隐。斯时之存，不仅最宜者已也。凡人力之所能保而存者，将皆为致所宜，而使之各存焉。故天行任物之竞，以致其所为择；治道则以争为逆节，而以平争济众为极功劳"。

"前圣人既竭耳目之力，胼手胝足，合群制治，使之相养相生，而不被天行之虐矣。则凡游其宇而蒙被庥嘉，当思屈己为人，以为酬恩报德之具。凡所云为动作，其有隳交际，干名义，而可以乱群害治者，皆以为不义而禁之。设刑宪，广教条，大抵皆沮任性之行，而劝以人职之所当守。盖以谓群治既兴，人人享乐业安生之。夫既有所取之以为利，斯必有所与之以为偿。不得仍初民旧贯，使群道坠地，而溃然复返于狉獉也。"

关于建构伦理过程的译述问题

从上述译述当中可指出以下问题。

---

〔1〕 黎民于变而时雍，语出《尚书·尧典》。据赤塚忠的日译本解释，意谓百姓在此被感化并融合其中（赤塚忠訳『書経』，中国古典文学大系 1，平凡社 1971）。系赞美尧帝居功至伟之语。

首先，仔细看没被翻译过来的包含原著主要论点的两个部分之文意，则可认为是分别体现在"故善保群者，常利于存；不善保群者，常邻于灭"和"治化愈浅，则天行之威愈烈；惟治化进，而后天行之威损"这两句的译述当中。但原文所主张问题的重要性还是并未由此而传递出来，特别是在"治化愈浅……"这样的表达方式中，与宇宙过程对置的伦理过程的意义，并没按赫胥黎的阐述表现出来。同样，赫胥黎在谈到以人的怎样的行为作为伦理过程时断言，"这是对生存竞争主张的拒绝"，这层意思在严复的译述里也只能看到"以争为逆节"这么一句。这或许是因为严复不承认这一论点的重要性，或更进一步说是因为不能同意这一论点，而将其等闲视之。总之，"进化与伦理"重要之处的被无视，是必须预先指出的一点。

其次，赫胥黎关于一个统治组织（polity）或公共社会（community）中的伦理过程的构筑问题，是作为近代思想问题来阐述的，而严复讲述的则是以古代圣人治世为模型的伦理过程的实现。赫胥黎在《进化与伦理》当中并没描绘从前伦理过程的模型，他讲述的是尚未实现的从现在到未来的理想。严复的译述，在这一点上不仅改变了原意，还把同样要求于社会成员的伦理行为，改变为黎民的道德实践和对圣人治世的报恩。赫胥黎否定有超人当政者存在，而严复却有超人当政者存在的念头，即圣人的心像。严复按照中国理想神话世界的尺度解释了赫胥黎所描画的近代社会的图景。

不过，最后一句"不得仍初民旧贯，使群道坠地，而溃然复返于狂獠也"，倒可以看做是严复当时恐惧心情的表达。

赫胥黎的主张被读解为天人思想

在该篇（群治第十六）按语中，严复把赫胥黎的主张比作唐宋的天人思想来加以阐述。

"以尚力为天行，尚德为人治。争且乱则天胜，安且治则人胜。此其说与唐刘、柳诸家天论之言合，而与宋以来儒者，以理属天，以欲属人者，致相反矣。大抵中外古今，言理者不出二家，一出于教，一出于学。教则以公理属天，私欲属人；学则以尚力为天行，尚德为人治。"

到目前为止，严复在解释作为外国文明成果的赫胥黎思想时，总是采取将其置换为本国文明语境的方法。其中有一点值得注意，那就是在这段按语里，把构成"进化与伦理"核心的赫胥黎的关于构筑伦理过程以抗衡宇宙过程的思想，置于构成本国文明脊梁的儒教思想，尤其是置于对天谴事应说具有批判性的刘禹锡和柳宗元的合理的天人思想[1]当中加以解释。

赫胥黎对实现伦理过程所寄予的希望

赫胥黎在此之后希望社会以伦理过程统治之日的到来，并以此结束了他的《进化与伦理》。

赫胥黎的论点，概略如下。

不能把宇宙自然的类推适用于社会，宇宙过程与道德目的完全无关，人去模仿宇宙过程与伦理学的第一原则不相符。社会

---

[1] 所谓柳宗元和刘禹锡的天论，指的是柳宗元的《天说》《天对》，加上刘禹锡的《天论》上、中、下三篇。据蜂屋邦夫解释，柳宗元的"反对韩愈天人感应论的《天说》和答屈原《天问》的《天对》，是总结了他以前唯物主义世界观的重要著作"，刘禹锡的《天论》"继承了荀子以来的唯物主义世界观的传统，弥补了柳宗元《天说》的不完备缺点而使之有了更进一步的发展"。（户川芳郎、蜂屋邦夫、沟口雄三著『儒教史』，山川出版社，1987，205、207页）而关于刘禹锡的《天论 上》，其解释是"天之道在生殖万物，人之道在法制是非，并以此来区别天与人，法制能很好地实行，则人胜天，法制若松弛，则人无力而天胜，故有'天命'论发生"（207页）。这种阐释，对思考《天演论》最后一篇所主张的"胜天为治"富有启发。

的伦理的进步，不是模仿宇宙过程，然后从宇宙过程中逃避，而是同宇宙过程展开搏斗。由于古代和近代之间存在着巨大的智力差异，我们也就有希望在某种程度上取得这场战斗的成功。文明史正详细讲述着在这个宇宙自然里构筑人为世界的成功足迹。还有，不论在任何家庭，在任何迄今为止所确立的统治组织里，人的内在宇宙过程都被抑制于法律和习惯，并被前者所改变。今天高度发达的科学和技术，赋予人支配自然潮流的力量。在不远的将来，生理学、心理学、伦理学和政治学都将在实践领域带来重大革命。要想在几个世纪里驯服经历数百万年严峻考验的宇宙的自然，使其服从伦理的自然是不可能的。应该做好精神准备，对于伦理的自然来说，只要这个世界存在，就会有一个执拗而强有力的敌人站在面前。

然而，人的智慧和意志，会花费比迄今为止的历史更加长的时间去无限地改变生存条件。而为改变人自身的自然将有很多事要做。毫无疑问，那种把狼的兄弟改变成家畜牧群忠实守护者的才智，也一定会为抑制文明化了的人之内在野蛮本能去做某种工作。

如果希望我们比两千多年以前就已经直面如何减少世界本质性恶的问题的人们更能克服世界本质性恶，那么其必要条件，就是要丢掉从苦恼和悲哀（pain and sorrow）乃至恶中逃避才是人生真正目的这样一种观念。因为力图逃避恶的尝试，不论是在印度还是在希腊，都早已在逃避战场中结束了。

最后，赫胥黎引丁尼生的《尤利西斯》的诗句[1]结束全书：

---

〔1〕　赫胥黎在全文最后部分所引丁尼生《尤利西斯》诗句依次为：〔1〕69—70 行；
　　〔2〕62—63 行；〔3〕51—52 行。原文如下：
　　　〔1〕（One equal temper of heroic hearts,/ Made weak by time and fate, but）strong in will / To strive, to seek, to find, and not to yield.（英雄之心所共有的气质，会因岁月和命运而衰弱）但其意志力会更强，要奋斗，要探索，要有所发现，而不会屈服。（转下页）

培育人类行路上的善良，坚定减少恶德的决心，我们应该都在一个信念下向着同一个希望奋斗努力。

这个部分的译述便是《天演论》最后的"进化第十七"。

被两极化了的概念："天行"与"人治"

首先，严复在译述了原文说的把宇宙自然的类推适用于社会之谬误后，对赫胥黎对此的见解，即相当于上述从"宇宙过程与道德目的完全无关"到"而是同宇宙过程搏斗"的部分里赫胥黎的主张——说白了就是宇宙过程与道德目的完全无关，社会伦理的进步依靠与宇宙过程的战斗来保证——是这样译述的。"以天演言治者"，"不知人治、天行二者之绝非同物"。"今者欲治道之有功，非与天争胜焉，固不可也。法天行者非也，而避天行者亦非。"

严复把宇宙过程与道德目的完全无关译述为"人治""天行"二者不同，还把社会伦理进步表述为"人治"与"治道"。"道德目的"与"社会伦理进步"，其各有不同的意思，严复用相同的译词把它们捆绑到一起，掩盖了它们彼此之间的差异，打造出与"天行"对立的概念。赫胥黎对构筑与宇宙过程相对的伦理过程的道路该分为几个阶段有着合理的说明，但这个部分被省略了，而只处理为作为既定之物的"天行"和"人治"

（接上页）〔2〕It may be that the gulfs will wash us down: / It may be we shall touch the Happy Isles.（或许大海会张开大口将我们吞没，/ 或许我们会漂抵"幸运之岛"。）〔3〕（Death closes all:）but something ere the end, / Some work of noble note, may yet be done.（死亡会结束一切：）但在有生之年，/ 总会有些高尚的工作可做。上述译文都出自前述之岩波文库。

包括〔1〕和〔2〕在内的末了一节，脍炙人口，据说"在十九世纪英国文学中是人们最喜欢吟诵的诗行爱唱诗（Robson）"（西前美巳前出书）。我想，去听赫胥黎讲演的人们，恐怕会因这首诗的感染而接受赫胥黎想要说的那些话吧。

的两极概念。原文当中通往赫胥黎立论的合理过程，从严复的译述里消失了。

走向富强之路："胜天为治"

那么，接下来还要再看一下严复对赫胥黎所谈的几层意思是怎样译述的。它们是：古代和近代之间存在着巨大的智力差异；文明史揭示在宇宙自然里构筑人为世界的足迹；不论在家庭，还是在社会、国家等统治组织里，存在于人的内部的宇宙过程都受制于法律和习惯，并被后者所改变；今天高度发达的科学技术，赋予人支配自然潮流的力量；在不远的将来，生理学、心理学、伦理学和政治学都将具有实践效用，其中包含着实现与古代不同的伦理过程的可能性。

首先，在译述中找不到相当于"智力差异"（intellectual difference）和"文明史"（history of civilization）的词语。

译述如下："溯自邃古以迄于今，举凡人治之进程，世世时时要皆以所胜于天者之多寡为殿最。百年来之欧洲，其所以称强盛富有者，其故无他。""据已事以验将来，则吾胜天为治之说，不可诬也。""凡一部落、一国邑之为聚也，将必皆有法制礼俗以纽夫其中，以约勒其任性而行之暴慢。""凡所牢笼弹压，驯伏驱除，若执古人而讯之，彼将谓是非鬼神固莫能办也"。然而，"此无他，则亦格致思索之功胜耳"。"身心、性命、道德、治平之业，尚不过略窥大意，而未足以拨云雾而睹青天也"。"迨此数学者明，则人事庶有大中至正之准则矣。"

赫胥黎所一贯论述的是区别于古代的处在近代思想范畴内的伦理过程问题。前面已经指出过，在译述的开头没有表示近代思想的词语，而在这里没有关于"近代"或"近代思想的问题"的明确阐述。将生理学、心理学、伦理学、政治学分别对应以"身心""性命""道德""治平"等词，是因为当时没有表示这些学问的词汇，这一点姑且不论，单说在译述中不使用"智力差别"和"文明史"这两个文章中的关键词，也足以把原文的意思变得暧昧模糊。另外，赫胥黎之主张的中心在于与宇宙过程展开持续战斗，并未以"胜"来表述这场战斗，但严复却频繁地表现为"胜天"。在这里也可以同样指出，赫胥黎指向战斗历程的视点消失了，而"胜天"这一结果却作为一个概念固定在了《天演论》的语境里。当然，赫胥黎不可能有把"胜天"之政治联系到增加富强的想法。此处可解读为表明了严复的想法，他是想在欧洲严谨周密的统治中来寻求本国政治的模型。

赫胥黎：与宇宙过程展开无限的战斗；严复："民"之善导教化

赫胥黎在此之后阐述道，然而，正是由于不可能在几个世纪里驯服经历数百万年历史的宇宙的自然，这场与强敌的战斗几乎会进行到永远。他还借把狼变成忠实的牧羊犬的比喻，寄希望于人的智慧和意志，以期能发挥抑制迄今为止人的内在野蛮本能的作用。他在最后阐述道，逃避苦恼和悲哀乃至罪恶并非人生的真正目的，人的解放的希望，在于为消灭前者而进行不断的战斗，并引用丁尼生《尤利西斯》的诗句，把人类历史比喻为人生的从幼年到成年，以此表达到达了成年人之"我们"的决心并结束全篇。如上所述，赫胥黎所发出的召唤，号召人们同人类内面的宇宙自然（宇宙过程）展开未有穷期的战斗，正是他寄希望于伦理过程的实现，向着未来所发出的消息。

首先必须指出的是，在译述中没有关于同宇宙过程的战斗未有穷期的明确记述。

译述中说，人世是经过数百万年的生存竞争才形成的，仅

174

仅靠数百年的人的统治（人治）很难将其改变，然而人道也不会因此而被毁掉，然后紧接着就是狼变成狗的比喻。在原文中，这个比喻不过是用来显示人的智慧的力量，严复却把狼解释为最佳的"义兽"（义兽之尤）。此后的译述如下："民之从教而善变也，易于狗。诚使继今以往，用其智慧，奋其志愿，由于真实之途（？），行以和同之力，不数千年，虽臻于郅治之域可也。""居今之日，借真学之日优，而思有以施于济世之业者，亦唯去畏难苟且之心，而勿以宴乐偷生为的者，而后能得耳。"

这段译述里所说的"民之从教而善变"，在赫胥黎的原文里是找不到的。原文讲的是人的才智将有助于抑制文明化了的人之内在野蛮的本能，即改变人本身的自然。严复所述，可认为应该有立于民之上者，运用智慧而对人民开展道德教化。另外，赫胥黎所说的逃避恶不是人生的真正目的之处，是与《进化与伦理》的主要主题——人生是同宇宙过程展开未有穷期的战斗——相关联的重要表现，是不可以轻易放过的，但严复却将其译述为"居今之日，借真学之日优，而思有以施于济世之业者，亦唯去畏难苟且之心，而勿以宴乐偷生为的者，而后能得耳"，就使得这一最重要的主题表达变得莫名其妙。

承载着严复之希望的《尤利西斯》

接着是丁尼生《尤利西斯》诗句的译述。这些诗句，是赫胥黎用来替自己代言，把人的解放的希望寄托于扑灭恶的持续不断的战斗中。赫胥黎在最后引用了它们并加进了自己的解释。

严复在翻译诗句之前，铺衍了赫胥黎的解释，这样译述道："欧洲世变，可分三际以为言：其始如侠少年，跳荡粗豪，于人生苦乐安危之殊，不甚了了。继则欲制天行之虐而不能，侘傺灰心。转而求出世之法，此无异阗然鼓之之后，弃甲曳兵者也。吾辈生今之日，固不当如鄂谟所称侠少之轻剽[1]，亦不当如瞿昙黄面，哀生悼世，脱屣人寰"，"固将沈毅用壮，见大丈夫之锋颖，强立不反，可争可取而不可降。所遇善，固将宝而维之；即不善，亦无憝焉。早夜孜孜，合同志之力，以转祸为福，因害为利而已矣"。所谓"转祸为福，因害为利"一句，非原文所有，而是严复所加的注释。

此后这样译述了赫胥黎所引丁尼生诗句："挂帆沧海，风波茫茫。或沦无底，或达仙乡。二者孰择，将然未然。时乎时乎，吾奋吾力。不竦不戁，丈夫之必。"并最后以"吾愿与普天下有心人，共矢斯志也"结束《天演论》全书。这最后一句在原文中也是看不到的。在对赫胥黎的解释重新加以演绎而译述出来的《尤利西斯》里，寄托着严复对于中国出路的希望和决心。就在丁尼生的这些诗句在人们中间喜闻乐诵之时，严复正在英国留学，那韵律或许也会传到他的耳朵里。这可以引发起人们想象的最后一句，传递着严复的痛切之思。

结束语

赫胥黎和严复的逻辑，均由二项对立的基本要素构成。赫胥黎的对立项是"宇宙过程"（cosmic process）和"伦理过程"（ethical process），严复的对立项是"天行"和"人治"。两者在由二项对立的要素构成这一点上相同。然而，"宇宙过程"与"天行"，"伦理过程"与"人治"并非互相重合、对应的概念。严复的"天行"和"人治"，未必就是赫胥黎"宇宙过程"和"伦理过程"概念的移译。

---

〔1〕　正如第 170 页注〔1〕所记，赫胥黎这里引用的是丁尼生的《尤利西斯》，但严复所涉及的却是赫胥黎与之前的引用一同表述的内容。参照第 155 页注〔1〕。

对译 cosmic process 的有两个词，"天演"和"天行"。但"天演"同时也在进化的意义上被使用。"宇宙过程"是基于包括宇宙中的人在内的生物进化而产生的科学构想，而"天行"或"天演"，由于冠以"天"，就具有了人事处在天意支配下的含义，其中浓重地反映出作为中国传统思想的天人相关思想。

ethical process 被对应以"治化"这个译词。但通过文中的用法来考察，其作为"伦理过程"本来具有的用以表示过程的意思淡薄了，变为可使人想起稳定的社会形成这种实现形态的意思。而严复用以和"天行"对置的却又并不是"治化"，实际上是"人治"，具有应该通过"人"来实现理想统治之意。进而，这个"人"又常与"天"构成一对，被规定为统治的相关者。

可以认为，表达基本概念的译词在意义上与原文的差别，关系到构成《进化与伦理》的庞大逻辑框架在《天演论》中没被翻译过来。

贯穿于《进化与伦理》全篇的基本主张是，古代哲学家与"宇宙过程"的纠葛，并非要把人从恶当中解救出来，在此前提下，近代社会也并非把逃避恶作为人生的本来目的，而是要在所有阶段都抑制"宇宙过程"，并代之以"伦理过程"，只有这样，才会开辟人类社会的未来，也就是说，社会伦理的进步就在于同"宇宙过程"的不停的战斗。

但在《天演论》中，以"伦理过程"和"宇宙过程"相对的赫胥黎这一立论的基本框架以及"伦理过程"这个概念本身都没被明确地翻译出来，《进化与伦理》的主要逻辑褪了色。另一方面，《天演论》讨论的中心是如何在"天行"的支配下实现"人治"的问题。严复的所谓"天行"，与其说是自然科学意义上的宇宙作用，倒莫如说是意味着统辖万物的"天"的作用，"人治"可以解释为意味着在"天"之伞下实行统治。

严复没能在赫胥黎所说的"伦理过程"的建构中找到实现人类社会变革的可能性，把"伦理过程"对"宇宙过程"的问题，读解调换为"人"对"天"的问题，他在摸索一条改革现状的途径。

赫胥黎的《进化与伦理》，是面对产业革命后社会的不安，穷人和弱者遭受淘汰的危机摆在眼前的状况所做的讴歌希望之书，主张任何人都可发挥自己的能力去平等地生活。赫胥黎所关心的问题在于如何去恢复每个社会构成成员的人性。而另一方面，严复所面对的则是清末的政治状况，其已丧失了抵抗列强侵略的能力。如何恢复国力，救国于危亡是他的最大课题。当时的英国和中国虽都是君主制国家，但在两者社会改革的方式上，则反映出君主立宪制之治世与绝对君主制末期之乱世的不同。而还有一点不同是，在赫胥黎眼里，人是生物的一员，背负着进化的遗物，相反，在严复眼里，人则应该是统治体系中的一员，应该接受教化。

那么，应该怎样去认识严复译述赫胥黎《进化与伦理》所具有的意义呢？

《天演论》的构图是，"人"被置于"天"之下，"民"被置于"人"之下。

如上所述，从人世间诸多现象再到"人"的行为，"天"在《天演论》中总是作为一个主动的掌管者出现。这便是"人"所不可逆的"天"。"演恶第十五"按语里所表示的对斯宾塞社会进化思想的赞赏就与此相当。但严复在《天演论》最后一篇"进化第十七"里所做的结论，却提出了"人"的行动指针，即"胜天为治"。这"天"便是作为"人"应该去战胜之对象的"天"。在《天演论》里存在着两个"天"，而且两者之间，互相矛盾。

但随着对《天演论》阅读的深入，就会发现前者"天"附加有限定条件，其概念是不确定的。在"演恶第十五"的按语里也可见其端绪。严复在讲完若把社会交给进化的自然也会有盛世到来之时后，主张不应仅仅是交给自然，而应明确划分公私之界限，按照保种的三大规则来实行社会统治。这可以解释为以人事来影响"天"。此后《天演论》所展开的论述，一直拓展到希望能造就出"人"来，以挑战"天行"的恣意。很显然，《天演论》将其论述的重心逐渐从前者的"天"迁移到了后者的"天"。

我认为，在《天演论》里所看到的这种关于"天"之概念的矛盾，产生于"天"之概念一方面具有中国传统的天人相关思想的框架；另一方面又试图突破这个框架的悖论之中。突破框架，意味着希望实现"胜天为治"。"胜天为治"的主体是"人"。这里明确地表现出以"人"作为主动者来对抗"天"的想法。正是由于从《天演论》里可以看到这种突破框架的意图，它才具有近代中国之"天论"的意义。

频繁出现在《天演论》里的冠以"天"的语群及其用法以及它们在整体论述中所占的比例，都暗示着严复不得不肯定现实中"天"之于"人"的压倒性的力量强度。这也是他对现状的认识。以"天演论"命名该书，也直白地表达了这种认识。因此，提倡"胜天为治"，与其说提出了具有实现可能的行动指针，倒不如说几乎近似一种悲愿。

赫胥黎在《进化与伦理》里提倡的"伦理过程"的建构，也是指与在人类发生以前就已经君临这个世界的强有力的"宇宙过程"进行不断的战斗而非其他。而且也只能相信其有实现的可能性。《进化与伦理》覆盖着一种悲观的气氛也暗示着这一点。尽管如此，他仍然认为除了把希望嫁接到这里之外，没有其他途径可以展望未来。

严复想要突破的上述框架，是否就是赫胥黎的这种以痛切希望所进行的鼓吹？——这是我的看法。严复的确没理解"伦理过程"对人类社会的作用。然而，严复却不得不承认清末亡国的惨状也是"天行"之所为，他对赫胥黎把未来的希望寄托在同"宇宙过程"战斗的那种心情中，还是能够推测和理解的吧。我想，严复是否就是通过《进化与伦理》，才逐渐培育了自己希冀"胜天为治"之心的。譬如，他在译述赫胥黎为强化自己的论点而引用的数行丁尼生诗时所吐露的深广思绪，便会让人感受到这一点。

可以认为，是天人相关思想和斯宾塞的社会进化思想支撑了严复对现状的认识。不过，我还是能从他在《天演论》的最后所提出的"胜天为治"的指向中，感受到他的内心与赫胥黎充填在《进化与伦理》中的希望所生发的共鸣。

如此看来，也就可以知道，严复心中的那个"人"，就并非既往的天子和体现"天"意的高官之类，而是指其统治可以战胜"天行"的人。但《天演论》所说的"人"，并不完全意味着赫胥黎所说的通过"伦理过程"来争取恢复能力的社会成员。严复所说的"人"，是能够教化的"民"，是使社会和民族走向富强的能动的行动者。

严复的所谓"民"，通过教化可以成为构成国家的基本要素。在他看来，维持和发展社会、民族（保种，保群）之成功的钥匙，在于对"民"实施教化，这一点也可由《天演论》的很多言说获悉，它们都在讲国家和民族的盛衰强弱与否，和教化的效果成正比。这呈现在严复的培养"民智、民德、民力"的主张上。这一主张的思想基础，是认为培养国民关系到国家的救亡图存，他将此作为急迫的课题向世间发出呼吁。他认为，正是"民"之教化，才是"人"所被赋予的任务。

因此，《天演论》是把足以担负起教化"民"之重任的"人"想象为读者而写作的。严复做《天演论》，就是期待读者能够坚定改革社会和拯救国家的意志，从而成为作为能动的行动者的

"人"。严复肯定是在期待"胜天为治"的指针能够鼓励《天演论》的读者，让他们去开始作为"人"的行动。因此，《天演论》才会有文体和修辞上的洗练，经得起读者知性鉴赏的眼光，这是《天演论》传播的必要条件。《天演论》将存在于人类社会的冷酷的"天行"作用如实地呈现出来，主张只有依靠人的统治（人治）才有战胜前者的希望，是一本阐明救亡指针之书。它既不是单纯的科学意义上的介绍进化的书，也不是宣传社会进化思想的书。[1]

---

[1] 在严复及其所接受的赫胥黎、斯宾塞思想中，可以看到进化思想的反映，不过我认为用"进化论"这个用语来表现并不正确。这是笔者对比阅读《进化与伦理》和《天演论》之后的见解。以前把《天演论》解释为中国对进化论的接受，还有值得重新考虑的余地。更何况正像人们通常所说的那样，《天演论》并不是"进化论"体系的介绍，这一点也通过本论的探讨得到了明确。

关于《天演论》中两个"天"的概念，或关于"胜天"说，有手代木有児的论文「厳復『天演論』におけるスペンサーとハックスリーの受容」（『集刊　東洋學58』東北大学　中国文史哲研究会，1987）谈到。虽然在各个的概念上与笔者的理解不尽相同，但在指出《天演论》的重要问题所在之点上，我在此想表明自己的赞同之意。

史华兹论论说，"总之，《进化与伦理》给予严复一个契机，使他对斯宾塞的进化论哲学提出自己的解释。赫胥黎可以说是做了严复的老师斯宾塞的陪衬"（Ｂ・Ｉ・シュウォルツ著　平野健一郎訳『中国の近代と知識人　厳復と西洋』東京大学出版会，1978）。根据以上所述之个人见解，我对此碍难表示赞同。而对采取同样解释的论考（高柳信夫「『天演論』再考」　東京大学中国哲学研究会『中国哲学研究』第3号，1991，等）亦难以赞同。

沟口雄三认为，"作为以《天演论》为首的西方社会科学书籍的介绍者而闻名"的严复对中体西用论所做的批判，一般被看做是对洋务派的批判，而其实是针对想以汉学来教西学的人展开的，他阐述道："具体而言，不是把西学拉进古典中来加以解释，并以汉语表达的中国式想法去理解，而是应该忠实于原书，正确地翻译和解读原文或原书的概念，特别是科学才是'西方技术和西方政治'之'本'，质言之，西方的政治制度和工业技术（体和用）都是以科学作为根底的，在这一点上，是与中国的体、用异质的。"（前出，『儒教史』，397页）

这一见解是根据什么推导出来的呢？据本论所做考察，至少有一点可以明确，那就是《天演论》绝对谈不上"不是把西学拉进古典中来加以解释，并以汉语表达的中国式想法去理解，而是应该忠实于原书，正确地翻译和解读原文或原书的概念"的书。

不难想象，他的希冀诉诸众多读者之心，使读者理解到国家存亡，在于"民"之教化，而"民"之教化，则始于造"人"。也正因为如此，《天演论》才会风靡一世，成为世间的警钟。鲁迅也是热心的读者之一。通过检证《天演论》的思想内容可以知道，严复将"人"把握为恣意"天行"的挑战者，进而再把"人"定位在"民"的教化之下的救亡思想构架中，这在《摩罗诗力说》宗旨的主要部分里都有反映。其一，关于前者，在这篇诗论对论点所做的肯定性叙述中有着充分的表现，那就是把争天抗俗，向压迫者和民族之敌果敢地发起挑战的恶魔派的诗人命名为"人"，通过表彰他们的诗和人生，寄希望于这样的诗人即先导者的出现，以把汉民族从灭亡的渊薮当中拯救出来。其二，关于后者，可以在这篇诗论对论点所做的否定性叙述中读到，那就是没有战斗热情之民，会比有战斗热情之民更多地遭遇战争，如果没人在众人面前流血，是社会的不幸，而即使有这样的人，众人若对其无视乃至扼杀，则社会之不幸也将无可救药，并就此警告说，一个没有如此诗人即先导者的社会，行将走向灭亡。在《摩罗诗力说》里，"民"往往作为未经教化的蒙昧无知的俗众登场。

严复在《天演论》中的主张，给予鲁迅以"天"之挑战者正是"人"这样一种认识，以至成为鲁迅"人"之概念的一个前提。

鲁迅与裴多菲——《希望》材源考

一

　　鲁迅记录到《希望》（收在散文诗集《野草》）一文里的"绝望之为虚妄，正与希望相同"一句，是解读鲁迅文学关键的一句。竹内好在他的《鲁迅》（日本评论社，1944）一书中阐述道："'绝望之为虚妄，正与希望相同。'这是言语。然而，就说明了鲁迅文学这一点而言，它却具有着言语以上的内涵。作为言语，是象征性的言语，可以称作态度或行为。我所思考的鲁迅的回心，如果表述为言语的话，似乎也只能是这种东西。"〔1〕这恐怕是对该句的最早提及。这句话本是对匈牙利浪漫诗人裴多菲·山陀尔（1823—1349）语句的引用，只要读过《希望》，便谁都可以明白无误，然而却向来不将其作为裴多菲的话加以吟味，而只把它当作鲁迅的话来加以注释。这是由于我们从鲁迅的文章所获

---

〔1〕　该书中译本请参阅李冬木译《鲁迅》，收《近代的超克》，北京：生活·读书·新知三联书店，2005 年 3 月。引文见中译本第 79 页。——译注

得的知识，与我们关于裴多菲的知识并不匹配的缘故。就连竹内好也说，他当初把鲁迅记录在《希望》里的 Petőfi Sándor 这个诗人的名字读作"裴特菲·桑德鲁"，战后经过了十一年，才通过松枝茂夫写的《鲁迅全集》（岩波书店）解说知道了诗人名字的正确读法是"裴多菲"。这一点也佐证了上面所说的这种情况。明治以来，日本人向西欧一边倒，东欧是日本人眼中的死角，而这也正是其结果。然而，鲁迅却有着不同的价值观，从他留学日本的青年时代起，就非常关注东欧被压迫民族。不可否认的是，鲁迅的文学精神也有几分是这位诗人培养起来的。[1]所以，确定这句话的来源，比较和探讨这句话在裴多菲语境和在鲁迅语境中的意义，就成了一个不能不去展开的课题。

前不久，匈牙利中国现代文学研究者高恩德先生查清了这句话的出处[2]，并把关于这一问题的报告送抵德永康元先生。后者是日本为数不多的匈牙利文学研究者、语言学者，不少人都曾向他打听这句话的出处。因此德永康元先生向我建议能否把这句话的出典公开，以让更多的想了解这方面情况的人知道。

在本文中，我想在澄清出处的同时，也对这句话在鲁迅和裴多菲那里有着怎样不同的意思谈一些个人的看法。不过，关于匈牙利的文学和历史，我的知识非常贫乏有限，若有因无知而产生

---

[1] 如前所述，鲁迅在仙台医学专门学校辍学后，就在他为开展自己的"文艺运动"所写的《摩罗诗力说》（1907）里将裴多菲首次介绍到中国，而直到晚年，他都一直致力于裴多菲在中国的翻译和介绍。

[2] Dr. GALLA, Endre. 艾德毕休·罗兰德大学（布达佩斯）中国·东亚系教授（现已退休）。中国现代文学专业。主要论著有《白莽与裴多菲》（1962）、《裴多菲在中国》（1967）、《关于所谓"被压迫民族的文学"在现代中国文学当中的接受》（1972）、《巡回于世界的匈牙利文学——匈牙利文学在中国》（1968）等。1950年代以汉名"高恩德"和孙用等人一起在《译文》《人民文学》等杂志上大量译介包括裴多菲在内的匈牙利文学。关于高恩德博士，本书第二章和《缘于鲁迅的相遇》里有所记述。

的误认和误解，皆因为我的才疏学浅使然。

二

出典在裴多菲 1847 年 5 月至 11 月之间，在主要是匈牙利北部和东部地区旅行时写给友人的共计十八封信（书信有一至二十的编号排列，但缺十五、十六，这两封信至今没发现）当中的第十四封里。

现在我手头有凯佩茨·贝拉编的裴多菲诗文集《是反叛者，还是革命者？——裴多菲·山陀尔》[1]，编者是匈牙利科学院秘书长。这是个英译本，1974 年为纪念裴多菲诞辰 150 周年，由匈牙利联合国教科文组织委员会出版。该书把裴多菲生平分为几个时期加以概述，分别收录了代表各个时期的诗歌、日记、宣言、手迹等等，虽然类似于摘要，却是一本相当有分量的书。

关于裴多菲作品的魅力，该书不再像过去那样仅仅将裴多菲作为抒情诗人，而始终把他作为一个苦恼的革命家来评价。由于这十八封信都已经被翻译和发表出来，所以以下的论述将根据这些信的内容展开。

作为出典的这第十四封信，1847 年 7 月 11 日寄自匈牙利东部城市萨特马尔（今罗马尼亚的萨图马雷）。

我最后来到了事先说好的地方萨特马尔。今天是第五天。本月 13 日我被一匹在这次旅行中遇到的最糟糕的马拉

---

〔1〕 Béla KÖPECZI, *Rebel or Revolutionary ? SÁNDOR PETŐFI.* tr. by Edwin MORGAN, G. F. CUSING, Thelma DUFTON, László ANDRÁS, Gyula KODOLANYI and Mária KÖRÖSY, Budapest 1974.

着出了贝莱亘察。当我看到这匹骨瘦如柴的马时，吓得我头发倒立，但却别无选择。因为有重要的工作要做，而且在这座小镇里也再找不到另外一匹马了。当我坐上马车时，真是步入绝望之境。尽管我到九月以前并没有结婚的计划，但我想这么一具活着的骸骨绝不会在那以前把我带到那里。不过，我的伙计，<u>绝望就和希望一样会蒙人</u>，这些可怜的马驹们，就像这一个冬季里干草和燕麦喂肥了的骏马一样，只花了一天就把我送到萨特马尔来了。我要告诉你的是，马不可貌相，你要是只凭眼睛去判断，可就大错特错了。（下划线是笔者所加）

带下划线的部分在匈牙利文本中[1]为"…a kétségbeesés csakugy csal, mint a remény"，在英译本为"…despair is as deceptive as hope"。"a kétségbeesés"是"绝望"之意，"a remény"是"希望"之意，"csal"是动词，在意思上与"deceptive"（"挂羊头卖狗肉"之意）相对应，其在匈英文字典中相当于"cheat, deceive, swindle, humbug"（即"欺骗，欺骗，诈骗，骗人的"），都有"欺，骗，欺瞒，诓骗"的意思。在匈牙利语和英语当中都作为动词使用，但鲁迅将其译为"绝望之为虚妄，正与希望相同"。"虚妄"对应于"csal""deceptive"，是名词。

弄清楚了这句话的出典，便会对裴多菲语境与鲁迅语境之间的巨大差异感到吃惊。鲁迅切断了行文前后的关联，译成一个独立的语句："绝望之为虚妄，正与希望相同"。由于仅凭这一句，便能表达出完整的意思，所以过去一直被推测为是一个诗句，真

---

〔1〕 *PETŐFI SÁNDOR Összes Prózai Művei és Levelezése*（《裴多菲·山陀尔散文、书信全集》）Budapest 1974.

是把人骗得好漂亮。

但这里仍然留下两个问题。一个是在裴多菲的诗文中是否还有这样的句子？关于这一点我只能相信高兰（高恩德）所做的工作。我很遗憾自己语学能力不够，不能通过原文确认裴多菲的全部作品，不过细想一下，能够在仅仅凭借鲁迅的语境所推导不出来的令人意想不到的文章中找到原话的出典，这本身就可以说是在讲述着高兰探索的足迹。另一个问题是鲁迅通过什么文本读到的这句话。在旧版"瑞克阑姆文库"里有《裴多菲文集》[1]一卷，这封信也收录其中，但是没有排列序号，只是作为旅行记的一篇而任意节译进来。"瑞克阑姆"版《裴多菲诗集》和《绞吏之绳》都是鲁迅爱读的作品，推测或许从中读到也未可知，但找来翻看，令人遗憾的是有这句话的地方被省略掉了，没翻译出来。从鲁迅第一次知道裴多菲的 1906 年或 1907 年，到他写作《希望》的 1925 年初，在这个期间他也许会通过某种文本来阅读，但究竟是哪种文本尚无法确定。如果假定不是匈牙利语原文，那么又是以何种语言翻译的译文呢？由此或许可以得到可认为是语境之间的落差所带来的新的线索，但现在也只能将其作为今后的研究课题。

三

在鲁迅的《希望》一文里，在该句之前，还引了裴多菲的另外一首诗，题为《希望》。鲁迅该篇散文诗的标题也正出自这里。这首诗作于 1845 年，比上面这句话早两年，收在"瑞克阑姆"

---

〔1〕 *Prosaische Schriften von Alexander Petöfi.* aus dem Magyarischen von Dr. Adolph Rohut, Leipzig（出版年不详）Vorwort 1894。

版《裴多菲诗集》[1]里。后者是鲁迅在东京留学时特意委托丸善书店订购的，此后直到上海时代还一直带在身边。这本诗集，收录 1848 年到 1849 年匈牙利对奥地利革命战争时期的诗不多，多收录早期（其中最早的是 1842 年的诗）尤其是 1845 年到 1847年的诗歌作品。《希望》的德语翻译在语言排列、行数和偶数行的押韵方面基本上忠实再现了匈牙利语原诗。[2]鲁迅的翻译也基本上忠实于该德译文本。后来又有了孙用的汉译。[3]日语版似有战前生活在横滨的匈牙利人费狄南德·密茨格尔的翻译，但现在的日本人，很多人就是通过译自鲁迅的汉译，也就是重译而熟悉这首诗的。

　　兹将"瑞克阑姆"版德译、鲁迅和孙用的汉译对照原诗，试译如下：

　　希望
　　希望是什么？……是个讨厌的娼妇
　　谁都可以随便去抱
　　你就是块无比美丽的瑰宝
　　一旦耗尽青春，就会遭到抛弃！

　　《希望》在《鲁迅全集》（人民文学出版社）中只有短短的两页，在其后一页却分别引用了裴多菲《希望》里的诗句和"绝

---

〔1〕　*Gedichte von Alexander Petöfi. aus dem Ungarischen von Dr. J. Goldschmidt, Leipzig*（出版年不详）Vorwort 1883。

〔2〕　以下所据原诗文本均出自 *PETŐFI SÁNDOR Összes Költeményei*（《裴多菲·山陀尔诗歌全集》）Budapest 1972。原题 "Remény"（"希望"）。

〔3〕　孙用译《裴多菲诗选》（作家出版社，北京，1954）。另外，同一首《希望》的翻译也收于孙用译《匈牙利抒情诗选》（万里书店，香港，1959）。

望……"一句，就全文平衡而言，不能不说裴多菲的诗句和语句在《希望》里所占的比重是很大的。此外，从鲁迅行文的布局来看，给人的感觉这两个句子在裴多菲那里是相互衔接的。裴多菲《希望》的诗句和"绝望……"一句之间，是以下面这段文字衔接的：

> 这伟大的抒情诗人，匈牙利的爱国者，为了祖国而死在哥萨克兵的矛尖上，已经七十五年了。悲哉死也，然而更可悲的是他的诗至今没有死。
> 但是，可惨的人生！桀骜英勇如 Petőfi，也终于对了暗夜止步，回顾着茫茫的东方了。他说：
> 绝望之为虚妄，正与希望相同。

前一半晓畅易懂，后一半则非常含蓄。如前所述，其出典已经判明，"绝望之为虚妄，正与希望相同"一句，并不是裴多菲"对了暗夜止步，回顾茫茫的东方"而发，因此这句便应该是鲁迅的解释和感怀。

那么在鲁迅的《希望》当中所见其引用的诗句与语句之间的衔接，在裴多菲的文学生涯中又是怎样的呢？

四

裴多菲被匈牙利浪漫派巨匠弗勒斯马尔蒂·米哈利认可，出版诗集，作为诗人扬名立万，是 1844 年。裴多菲出生于一个屠户之家，十几岁的时候梦想成为一名演员，在几个剧团度过了漂泊不定的生活。他在此期间所掌握的英、德、法、意等外语，对他接受外国文学和文化发挥了很大的作用。贫困和病苦总是伴随着他。他后来回忆说，从十六岁开始的几年间，他度过的是名副其实的悲惨的青春。

就在裴多菲走上诗坛时，已经被奥斯曼土耳其和奥地利统治了五百多年的匈牙利，民族自觉意识也正在高涨。由于奥地利为强化统治而在政治、经济、军事、宗教、文化等所有方面推行德国化政策，匈牙利民族文化处在停滞状态，甚至将来是否还会有母语也令人担忧。法国大革命，对于像匈牙利这样的国家来说，不啻是自由的象征。民族主义的抬头，在文化方面就表现为国语改革运动和民间文艺（民间传说和民歌）的收集等方面，文学家成为中心，爱国主义在历史剧和史诗当中受到鼓舞。弗勒斯马尔蒂是其中的核心人物之一。他的话语唤起了青年诗人们的激情，要为解放阿尔巴德（匈牙利建国之王）之地——即祖国匈牙利——而拔剑。裴多菲就是在这样一股潮流中成为一个诗人的。裴多菲在佩斯（今称布达佩斯，"佩斯"是匈牙利的读法）出版诗集后，得到了一份《佩斯时装报》助理编辑的工作，作为诗人也有了名声，生活逐渐有了着落，但好景不长，一年以后就丢掉了工作，在文化生活中心佩斯的生活难以为继，只好重返父母身边。凯佩茨·贝拉在前面提到的那本书中说，1845年到1846年这个时期，在裴多菲的生涯中是一个"危机之时"，从中可以看到裴多菲文学思想上的转机。裴多菲写作《希望》一诗，刚好在这一时期，在他离开佩斯一两个月之前的1845年10月至11月之间。

那么，裴多菲此时遭遇到的"危机"是什么呢？到目前为止不大有人谈到这场"危机"。除了前面提到的凯佩茨·贝拉的著作外，在伊柳辛·鸠拉所作的《裴多菲》传记[1]里也有关

---

〔1〕 Gyula ILLYÉS, *Petőfi*. tr. by G. F. Cusing, Budapest 1963.

于这一时期的记载[1]。这里参照这些传记著作，将其概略做一归纳。

围绕着裴多菲"危机"的状况，可称为一个他处在中心的多重同心圆。凯佩茨·贝拉指出，1844 年由贵族们推进的"自由主义改革"在国会遭到失败，令裴多菲备感"孤独"，认为"祖国的状况不再有希望"。所谓失败，指的是议会激进派科苏特[2]等人的保护关税法案在匈牙利议会通过后被奥地利皇帝（兼匈牙利国王）否决的事件。这对以农业和畜牧业为主要产业的匈牙利来说，不啻是让想把匈牙利划分为一个单独的关税区，以期促进工业发展，振兴民族产业，实现民族独立的强烈愿望遭遇到了一堵不可逾越的墙。

---

[1] 兴万生有如下记述："1945 年匈牙利全国解放前，匈牙利沙文主义者、伪善的资产阶级学者、反动的作家们，千方百计污蔑歪曲裴多菲。他们或者否定裴多菲，或者想方设法贬低裴多菲在文学史上的地位。或者用初期的爱情诗来掩盖革命时期更为成熟的政治诗，要不然就从文集中删除他的富于战斗性的散文、政论、日记，说时代已经过去了，这些文章已经失去了意义。在霍尔蒂反动政府统治时期，反动分子改写了他严厉的政治诗，甚至把一些诗从诗集中删去。"（兴万生《裴多菲的诗歌创作》，《文学评论》1962 年 2 期）

另据高恩德介绍，不仅在匈牙利本国存在这种情形，即使在西欧也偏向于把裴多菲评价为"匈牙利平原诗人""受排挤者的罗曼蒂克生命之歌手"（E.GALLA "Petőfi in China"——Annales Universitatis Scientiarum Budapestinensis de Roland Eötvösnominatae Sectio Philologica Tomus VII 1967）。可以说凯佩茨·贝拉和伊柳辛等人根据对公正资料的仔细解读所缜密从事的对裴多菲的评价工作，揭开了今天裴多菲研究的新局面。

[2] 科苏特·拉约什（KOSSUTH, Lajos, 1802—1894），早年做过法律家、记者和报纸编辑。激进派领袖。1848 年独立匈牙利内阁时期入阁做过财政大臣，后为"国防委员会"委员长。1849 年 4 月匈牙利宣布独立时为元首。据说革命失败后，亡命土耳其，游说于英美各国，作为被压迫民族解放的斗士在各地受到欢迎。后来在奥匈双重帝国成立时拒绝大赦，不断攻击匈牙利政府的亲奥地利政策，终生没有回国。在日本，该人物曾在东海散士的《佳人之奇遇》里登场，而该小说又由清末亡命日本的梁启超译载于立宪派机关刊物《清议报》（横滨发行）上。

这种民主整体遭受强权扼杀的大状况，同时也正是裴多菲置身其中的闭塞的小状况。裴多菲在老家的父母，因欠债太多，无法偿还而被赶出家门，经济状况极为窘迫。裴多菲带着自己写的诗，前往佩斯寻找出版商。但那里却充满了对他的攻击，只有《佩斯时装报》给了他一点酬金，除此之外没人肯要他的诗。他每次去佩斯，总是"带着新伤而归"（伊柳辛）。那么所谓攻击，指的又是什么呢？伊柳辛的记述就此做了如下说明。

> 对于这位年轻的大众诗人的最为强烈的愤怒，并非出于艺术嗜好，仅仅是出于某一特定社会阶层的明显的利害关系。这个阶层有着感性的敏锐，他们远远比民众自身能够更早地意识到大众主义真正的内容是怎样的东西。
>
> 他所处的状况完全是绝望的。这一点同想靠一支笔去生活却又不想出卖自己的所有匈牙利作家的状况相同。

此外，围绕着裴多菲在这一时期写作的小说《绞吏之绳》和剧本《老虎与鬣狗》还有一段插曲，也多少可以具体说明当时的状况。尽管状况窘迫，但是裴多菲仍有很高的人气，就在有人愿意出版他的小说时，检察官却以"艺术的理由"加以刁难，想以此打消他出版的念头，但当得知裴多菲急等钱用时，竟要跟他借用相当于稿费的 150 福林，附带利息，分 10 年还清，想以此为条件使他放弃出版。但裴多菲拒绝了这一条件，出版了自己的小说，并把稿费原封不动地交给了父母。《老虎与鬣狗》原计划在佩斯市中心人员聚集最密集时在国立剧场上演，但由于当时正上演另一位受欢迎的剧作家的本子，就把裴多菲的剧排到人众不旺的日子。裴多菲由此感受到某种恶意，取消了自己剧本的上演。当他听到有风言风语说他是因为害怕失败才终止上演的，便发表声明说："如果上演的话，我的本子也许会失败。但不幸的是我的经济状况逼迫我哪怕是为了 200 福林也要甘冒失败的风险。然而别说为 200 福林，就是谁出 2000 福林，我也不会接受谁对我的不公正的待遇。"

如果说"悲惨的青春"走到的下一步是这样一种状况，那么他所遭遇的精神危机也就并非不可理解了。

这种精神状况也浓郁地体现在作品当中。凯佩茨·贝拉指出，"这场危机体现在处理人生本质性问题的系列诗《云》、诗歌《狂人》和剧本《老虎与鬣狗》以及小说《绞吏之绳》当中，表现了极度的失望和要去展开的无政府主义式的反抗以及索性放弃的情绪"。在这些作品当中，我读到的是《狂人》和《绞吏之绳》。在《狂人》（1846 年 1 月）里，裴多菲咏叹道：

> ……你们为什么过来碍事？
> 滚开！
> 我有我要做的事，赶着着急
> 那是太阳的光线编织的鞭子，火焰之鞭
> 我要用它来抽打这个世界
> 我嗤笑悲泣
> 就像那帮家伙嗤笑我的悲泣一样
> 哈，哈，哈！
>
> （略）
>
> 那帮家伙把我埋在哪儿？
> 是非洲，他们会这么干
> 鬣狗把我扯出了墓穴

能救我出来的也只有这家伙了
但我却背叛了它
当这家伙撕咬我的大腿时
我却把自己的心脏给了他
痛烈之下，那家伙死掉了
哈，哈，哈！

（略）

但为什么要笑？我莫非也是傻瓜不成？
是不是该掉过来去哭？
是不是该为这个世界的罪恶去哭？
就像上帝自己也总是在哭
透过云的眼睛，他甚至为创造了我等而悲戚
然而，天堂的眼泪会变成什么？
泪水落向大地，落向这可憎的大地
在那儿，人们会把它践踏
那么，还剩下什么？
来自天堂的眼泪啊，不就只是泥浆吗？
哈，哈，哈！

（略）

当果实成熟，就会从树上落下
大地啊，你正是那落下来的成熟的果实
我会等到明天
如果明天不是最后的审判时刻

我就会在大地正中挖一个洞

填满火药

炸成碎片……

哈，哈，哈！〔1〕

　　的确，在狂气的外表之下，裹藏的是可怖的清醒，因此由此
生发出的破坏性能量，也就不得不去寻找一个落脚的场所。《绞
吏之绳》(1846 年 1 至 2 月)〔2〕便是这样一个故事。主人公被朋友
夺了恋人，复仇而令情敌穷困潦倒，不名分文，但对方又反过来
报复，致使其溺爱的儿子中计而被绞死。从此主人公远离尘世，
守在儿子的墓旁，一心想着复仇。在一个雷雨交加之日，一个前
来避雨的乞丐出现在他面前，而这正是他的仇人。他扑上去剜掉
了仇人的一只眼睛，却又转念放了对方一条生路，让其活受罪。
此后又过了许多年，主人公找到情敌的孙子——一个老实巴交的
手艺人，用一笔大钱诱骗其赌博，致其倾家荡产不得不前来求
助，而主人公则进而诱骗，致其死命。受骗上当的青年还以为地
下埋着钱，挖出来却是一条绳子，而这正是从前绞死主人公儿子
的绳子。青年绝望之余用这根绳子自缢而死。主人公摘下绳子，
将其挂在了情敌的墓前，说"你就是身在黄泉，也用这根绳子吊
死吧！"这是小说的结尾。主人公完成他的复仇已经七十岁了，
距他的儿子被杀已经过去二十六个年头。这是个全篇都充满强烈

---

〔1〕　译诗除了前出凯佩茨·贝拉书中所收英译和孙用的汉译之外，还参照了日译（今冈
　　　十一郎訳著『ハンガリー詩文学全集』，新紀元社，1956；今冈十一郎、德永康元
　　　訳編『ペテーフィ詩集』，恒文社，1973）。原题 "Az Őrült"。
〔2〕　"A hóhér kötele" 梗概，根据旧版"瑞克阑姆"文库 *Der Strick des Henkers von*
　　　Alxander Petöfi. aus dem Ungarischen von Johann Kömödy，出版年不详，Leipzig 整理。
　　　在解读上借助了河村博先生所提供的帮助。

复仇意念的故事。[1]

通观裴多菲的一生便可以知道，就民族所处的状况而言，再没有比 1848 年至 1849 年革命战争时期更令人绝望的时期，而就裴多菲的个人状况而言，也再没有比这一时期更加充满令人绝望的色彩。后来，他倒是走上受难的旅途，因为他对本民族充满希望。《希望》这首诗便是裴多菲如此精神状况的反映。

五

"危机之时也是发酵之时"，凯佩茨·贝拉如是说。在《希望》这首诗里有思想冲击，知道梦是靠不住的。就在同一时期所作的其他短诗当中也可以读到。这些诗从整体上看，都如警句般激响，可以说是思想被迫发生转变的一种征兆。

1846 年 3 月，裴多菲组织了匈牙利作家第一次也是最后一次的罢工，同时又创建了一个由青年作家组成的政治俱乐部"十人会"，埋头研究法国大革命思想。[2] 在他的身边也发生了变化。1846 年 9 月，裴多菲和后来成为他妻子的森德莱·尤丽

---

〔1〕 这也和同一个时期所写的剧本《老虎与鬣狗》同样，作为小说并没获得怎样高的评价。伊柳辛指出，这两篇作品的中心在于复仇，反映出裴多菲当时的内心世界。

  据周作人回忆，鲁迅在旧书店得到了裴多菲的小说，很是珍惜（周遐寿《鲁迅的故家 三一 江南堂》，上海出版公司，1953 年 5 月第 2 版）。本书第二章已经谈到，值得注意的是，鲁迅在《摩罗诗力说》第九章特意介绍了这篇作品的梗概，强调了其复仇。

  另外，与鲁迅在《为了忘却的纪念》（1933）里还谈到了自己珍藏的《裴多菲诗集》和这篇小说的不幸遭遇。

〔2〕 裴多菲"研究了空想社会主义的各种潮流，后者取范于法国革命，想要去解决打破封建制度所没能解决的各种社会问题"（凯佩茨·贝拉）。据伊柳辛介绍，像年轻人所聚集的毕尔瓦兹咖啡馆，其气氛也跟德尼·狄德罗、古斯塔夫·马勒、贝朗瑞、勃朗，L. 等人聚集的巴黎皇家一样，毕尔瓦兹小组处在时代主流当中。

娅相遇。对尤丽娅的感情，让他的内心感到充实，甚至能让他怀念那些"悲惨"的记忆。诗集出版于 1847 年。与此相伴随，其"破坏性的能量"也逐渐有了落脚之地，使他得以摆脱危机状况。

裴多菲在经历危机时体认了一种理念，那就是诗人应该是一个先导者，应该把受苦的民众带到被解放的土地上。这在《十九世纪的诗人们》（1847 年 1 月）当中有着很好的体现。这首诗开篇写道，如果是咏叹自己的悲伤与欢乐，那么便可以不要诗人，我发不出喉咙里假唱的声音。接着又这样写道：

（略）

我们彷徨在沙漠上
跟随着上帝所赐予的火柱
那耀眼的光芒
就像摩西带领着以色列人
现在上帝又派遣诗人
去作为那耀眼的光柱
带领那些迷途的民众
走向应许之地迦南

前进吧！诗人在引导着
所有民众，穿过火焰与洪水
那些把人们的旗帜扯下踩在泥里的人
应该诅咒！
那些犹豫在懒惰和胆怯里的人
应该诅咒！

当人们流汗、努力却得不到报酬时

还在那树阴下休息[1]

（略）

裴多菲被自己的终生朋友、叙事声乐曲和叙事诗的名匠阿兰尼·雅诺什所作《多尔第》所感动，在写给后者的诗歌和书信里也可看到与上相同的意思。裴多菲在诗中称赞阿兰尼是位真正的诗人，其歌声缓解了"被暗云遮蔽了视线"的呻吟着的民众的痛苦；而在信里则说，民间的诗歌是真正的诗歌，如果得力于此，则民众也会在政治上得力，而这正是本世纪的课题。最后道："做到这一步，正是那些看腻了为了数千人百无聊赖的快乐而致使无数人受苦的志存高远的勇者的目的。让民众上天堂！让贵族下地狱！"[2]（1847年2月4日）

裴多菲到匈牙利北部和东部旅行，是1847年春天到秋天的事。这一地区现在是捷克斯洛伐克、苏联、罗马尼亚的领土，在当时分别被叫做上层匈牙利和特兰西瓦尼亚[3]。旅行的目的之一，似乎是去找尤丽娅并向她求婚。当尤丽娅不顾父母的反对，答应与裴多菲结婚后，他为了去看自己向往的大海，去看"莎士比亚、雪莱和拜伦故乡英国"（第六封信），去看"光明的法国——贝朗杰的故国"，曾一度回到佩斯，但对尤丽娅的思念之情难断，

---

〔1〕 原题"A XIX. század költői"，关于译诗参照与第195页注释〔1〕同。

〔2〕 译文据前出凯佩茨·贝拉书中所收英译。

〔3〕 特兰西瓦尼亚历史上作为民族独立运动的据点具有重要意义。但匈牙利在第一次世界大战中战败，丢掉了旧有领土的三分之二和超过半数的人口，很多匈牙利人都作为少数民族被留在了相邻各国。

再次奔向萨特马尔[1]，9月结婚并带着妻子回到佩斯。他把在这期间里的所见所闻所感，以旅行札记的写作风格写信发给朋友。这些原本就是为公开发表而写作的书信，从是年8月到11月，分十九回连载于《哈赞客》。他的朋友是克莱尼·弗利杰休。这个名字还有一点说道。《十九世纪的诗人们》所表达的理念，并非裴多菲所独有，也是当时的爱国诗人们所共同拥有的理念。据伊列修说，青年们被"重振祖先的光荣的思想"所唤醒，用匈牙利语热情吟诵，这也感染了周围的民族，以至于一些不懂匈牙利语的人，也为"学习这种陌生的亚洲式的语言"而直到深夜。出身于上层匈牙利的斯洛伐克切普斯地区的年轻诗人克里斯特曼，放弃用自己的母语德语写作，而用从书本上学来的语言——匈牙利语开始写诗，并改名为"克莱尼"。他也是"十人会"的成员之一。

在这封信里，沿途远眺到的风景随处可见。晴朗的天空下一望无际的匈牙利平原的壮丽风光、雨天又一变而为令人束手无策的泥泞道路的情形、醒察河犹如奔马一样的泛滥、特兰西瓦尼亚山区的树海、牧草地里的小小湖泊所泛起的白色涟漪等等，匈牙利富于变化的大自然被描写得栩栩如生，淋漓尽致。途中他还凭吊了珍藏于大自然里的遗迹，痛惜至今仍处在枷锁下的祖国。当他走访反哈布斯堡王朝的独立运动领袖拉科齐·费伦茨二世被囚禁的国家监狱时，看到了铺满丘陵斜坡上的广袤的葡萄

---

[1] 这座城市占据着裴多菲的心灵空间（尤丽娅距此有一个小时的路程）。我们应该还记得裴多菲在萨特马尔写下了"绝望之为虚妄，正与希望相同"的句子。该城现处罗马尼亚境内靠近匈牙利国境的平原地带，相当于特兰西瓦尼亚的西北部地区。裴多菲在信中这样写道："萨特马尔是察摩丝河堤上的一座美丽的城市。这里有大集市广场和带双塔的大圣堂，还有巨大的旅馆和音乐舞场。剧场尚在建设当中，有两个点心铺和两个诗人。"（第十四封信）

园，写道："我觉得是在喝着囚人的泪水，我没心思喝这里的葡萄酒。"（第十三封信）而当他看到挂在牢房墙壁上的肖像时，觉得那狭窄的牢房让他胸闷得透不过气来，完全没了仰望肖像的那份从容。另外，从裴多菲一有机会就对国内外文人所做的短评当中，也可窥见他的文学观。例如，他贬歌德，说歌德是伟大的，但不过是伟大的铜像，其心脏是黏土做的，而同时又对大仲马大加赞赏，说当他在强烈憎恶人世时，大仲马曾抚慰了他的心："哦，大仲马用那绚丽的色彩描了人生，就连悲伤也写得甜美，为能体验到那甜美的悲伤，我甚至想要遭遇不幸。他若描写贫困，我会把我的衣服口袋翻个底朝上，哪怕是最后一枚铜板也要拿出来。他若描写绞刑台，那么我会有想要在那绞刑台上去死的心情。"（第十八封信）值得注意的是他伫立在充满着"悲惨的青春"时代流浪记忆的大地面前所做的回顾。其中讲述了裴多菲摆脱"危机"之后的心境。这也说明了这封信在裴多菲的文学经历中所处的位置。

　　哦，我的人生充满了无法计量的悲惨。所以，即使现在我很幸福，我也当之无愧。六年间，我是个神、人共弃的流浪汉。六年间，我拖着两个黑影——贫困和精神痛苦。……然而，有过这样一种悲惨是很好的。因为不曾遭遇不幸的人，不会懂得幸福的价值。人要通过一生才会一点一滴体验到的苦，到了我这儿只是一时之苦，这一点也很不错。春天里若岚风来得猛烈，就冲这一点便指望能有越发灿烂的夏天和秋天的到来。（第十一封信）

　　这封信就这样写着各种各样的事，全篇充满对祖国无限热爱的色彩，既是一首诗，也是一种批评。这也是为什么有人评价说裴多菲"在匈牙利文学中创造了独特的散文风格"（兴万生）的缘由所在。

第十四封信里的问题点，不过如字面所示，说的是不要被绝望所欺骗。他在第五封信里写陷入了"绝望的境地"，因为遭到父母反对，尤丽娅迟迟不给他回信。"如果这是最后一封信的话，那么希望你把它公开，以告诉公众是绝望和爱的疯狂杀掉了我。"而第六封信又急转直下，写的是由于尤丽娅选择了自己而兴奋到极点的心情。只要对照第五封和第六封信，就会感受到在第十四封里写的那个小小的旅途插曲当中所荡漾的喜悦气氛：雨过天晴，得了婚约的自己正赶往萨特马尔，要去见两个月后就要做自己新娘的尤丽娅。假如把这一句读作诗人苦涩心境的吐露，那么也只能说是在"绝望"的譬喻中带出"希望"的意思来。不过，在这句机智的调侃里仍有裴多菲半生辛酸经历所留下的声音。

在《希望》一诗和"绝望……"一句之间所横亘的两年，对于裴多菲的人生来说，是一段无法忽视的岁月，它孕育了在诗人的一生当中具有重要意义的转机——这是个使他能在绝望的深渊里发现诗人的使命和人生快乐的转换点。鲁迅所引用的这一诗一信恰好奇迹般地分别显现着诗人的两个时期。

六

那么在引用了这一诗一信的鲁迅的《希望》里，这两年之隔又是如何反映出来的呢？鲁迅是怎样填补这两个引用之间的空缺的呢？

"我的心分外地寂寞"，《希望》开篇写道。自己曾用"希望"之盾来"抗拒那空虚中的暗夜的袭来"，但在盾的后面也依然是"空虚中的暗夜"。就这样自己耗尽了青春。"然而现在何以如此寂寞？"难道连"身外的青春"——"世上的青年也多衰老了么？"于是便放下"希望"之盾，侧耳倾听裴多菲的《希望》之歌了。鲁迅援引裴多菲《希望》诗句，揭露"希望"的欺瞒，并暗示其消失。而隔着前面提到过的数行之后，又突然谈起了"绝望"。正在说着"希望"时又唐突地出现"绝望"，这在"绝望"是表示"希望"相反概念的意义上并非不可思议，但在出现的同时，又断定它是"虚妄"，便不大好懂。这个谜就在引文之间那些话语的含蓄里。"但是，可惨的人生！"这句慨叹既用以表达裴多菲的心境，同时也是鲁迅自省既往之言。因为由这句所导出的下文，即"桀骜英勇如 Petőfi，也终于对了暗夜止步，回顾着茫茫的东方了。他说：绝望之为虚妄，正与希望相同"——这后一句的引用是与当时说这话的裴多菲之心境完全无关的另一种心境的表白。"回顾着茫茫的东方"的裴多菲，是鲁迅心中的裴多菲，是鲁迅在写作《希望》一文时移入自己内心深处而诞生的裴多菲。因此这句应该读作是他自己的表白。

所谓"茫茫的东方"指的是什么呢？在《野草》当中，例如就像从"光明"与"黑暗"(《影的告别》)的这种搭配所看到的那样，是对峙以相反的两项。不过，随着《野草》阅读的跟进，就会发现鲁迅在这两极的磁场里有着微妙的摇摆，而不久便走出磁场之外。在《影的告别》里，"影"向深夜的"我"来告别，"影"与其在白昼里消失，倒更希望沉默于"黑暗"。"影"虽然是"我"自身的本身的剥离，却向"我"来告别，在这一设定中有着鲁迅被"黑暗"的一极所不断牵引却又进行抵抗的复杂的心理投影。

在《影的告别》之后又过了三个多月写下的《希望》里，两个极与鲁迅的关系旨趣迥异。正如前者是"光明"与"黑暗"，后者为"希望"与"绝望"两个对立项。假如"影"一直晃动到《希望》，那么既然被"希望"所背叛，"绝望"的消失也就正求之不得。然而他却在此停下脚步，"回顾茫茫的东方了"。"茫茫的东方"——它正在暗夜与薄明之间。能够看到的既不是"希望"，也不是"绝望"。置眼于此而发出的"绝望"之语，并非单纯地作为"希望"之替身而孵化出来的。这个词是与"希望"相反的假定，不过它得经历一个在生就的同时就被否定的过程之后才会与"希望"处在同一层面。"绝望"当初便以负的姿态诞生。倘若"绝望"不承担负的要素，那么便不会有接下来的鲁迅对于现状的认识，即"不明不暗的虚妄"。

在《希望》一文里，"绝望"所具有的意义之大小，取决于其作为一块踏脚石究竟能在多大程度上使鲁迅发现"虚妄"。因此放下了"希望"的盾，却又不能委身于"绝望"的"我"，便只能直面漆黑的暗夜。在此，向往"黑暗"的"影"已不再纠缠"我"。想来，叫做"影"的总要沉默，是消失者之谓。——于是便产生了这么一种姿态："我只得由我来肉搏这空虚的暗夜了"。进而当鲁迅认识到甚至这个要去肉搏的"暗夜"也都不存在时，生之艰难也就浮现出来了。因为他知道自己的手里不仅没有战斗的武器，连对手是谁也都朦胧不得见。所谓"虚妄"作为对这样一种状况的概括而被鲁迅所意识到。他在文章的最后再度引用"绝望……"这句，其缘由就在于此。

首先，"希望"和"绝望"都是"虚妄"。这是这一边的问题，即作为盾，作为对敌武器的问题便是如此。其次，作为搏斗对手的"暗夜"所在不明，有的只是"虚妄"。也就是说，那边有的也是"虚妄"。不用说这正是鲁迅对于现状的认识。比如说，对于自认为手持有效武器的人们来说，或许总能鲜明地看到敌对者的样子。倘若如此，那么这边的"虚妄"与那边的"虚妄"相互映射，便都是"虚妄"了。如果这样仔细琢磨，那么便可以知道"绝望之为虚妄，正与希望相同"这句话的两次引用所包含的意味也就略有不同。第一次引用是就这一边"虚妄"的确认，文章最后的引用，是对已与那一边相互映照过而此时留在掌中的"虚妄"深切的实际感受。

不过应该如何看待在"绝望"中见到了"虚妄"这件事呢？若像一般所言，断言"绝望即虚妄"，那么能说出这话的也便是一个强劲的精神所有者。但鲁迅在此把自己看作这样的人是否还为时尚早？我以为在《希望》的这句话里，似乎纠缠着一种困惑和悲哀的情绪，鲁迅还未完全从愕然的思绪中醒来，所以鲁迅在这之后才继续追问生与死的意义并为此而苦闷。他走出了这种纠结的境界之后（以《墓碣文》为代表），才逐渐意识到敌人是杀不尽的，不论怎么杀，换个招牌过来，还是个不死之身，以至于在他那里终于凝聚为一个向着这"无物之阵"，不再畏惧胜负结果，只是执着地不断投出投枪的"这样的战士"的形象。这是一个思想形成的过程。我认为《希望》便是处在这一过程入口处的作品。前面谈过的"虚妄"这一总括性概念，便成为思想形成之核。[1]

《野草》整体上是鲁迅自己摸索生存意义时内心纠结的证明，奏响这《野草》主题曲的便是这意味深长的一句——"绝望之为虚妄，正与希望相同"。这句话在《希望》里已经离开了裴多菲

──────────

[1] 当考虑《野草》当中这样的思想形成过程时，应把两方面的问题摆在视野之内，一方面是始于《摩罗诗力说》的"人"的形象以辛亥革命的失败为媒介，经过主要以否定形象为主的《呐喊》世界，在鲁迅自身当中有了怎样的发酵？另一方面是，和《野草》的写作几乎在同一时期发生的女师大事件与作品有着怎样的关系？就此，在木山英雄「『野草』の形成の論理ならびに方法について」（『東洋文化研究所紀要』，第三十册，1963）、丸山昇『魯迅』（平凡社『東洋文庫』，1965）等著作当中都有出色的论考。

而成为鲁迅自己的话语。在这里，对于裴多菲来说那两年间的意义，诗句和语句所分别具有的文学语境的意义也都被舍弃了。只因为鲁迅不了解那些事情吗？我想即便是知道，结果也会是一样的，因为这显示了鲁迅对于生的摸索。他把《野草》当中《希望》之诗句和"绝望"之语句之间所表露出来的"绝望"编织为"里"，又把"虚妄"编织为"表"，这种思想运作，恰恰和伴随革命而死的裴多菲形成了鲜明的对照，鲁迅在革命失败后不得不苟活，他需要摸索自己的活法。

七

那么裴多菲在自己的生涯当中，是否也遭遇过像鲁迅那样的不得不徒手面对"虚妄"的场面，即鲁迅语境下的"绝望之为虚妄，正与希望相同"所象征的那种场面呢？

回答是否定的。

1848 年 3 月 15 日，受意大利一月革命和巴黎二月革命的影响，呼应 3 月 13 日维也纳武装暴动之捷报传来，佩斯发生了革命。裴多菲等激进派聚集到毕尔瓦兹咖啡馆，起草了十二条政治改革纲领。人们走向街头，以裴多菲的《国民之歌》[1] 为进行曲。

---

〔1〕 所谓十二条政治改革纲领，包含着确立匈牙利议会和责任内阁、言论出版信仰自由、法律面前人人平等、废除劳役和排除贵族特权、成立自卫军以争取民族独立、撤走外国军队、释放政治犯等内容，后来被称作"三月法"。《国民之歌》被称为匈牙利的《马赛曲》，开头写道："起来，匈牙利人 / 祖国在召唤你！ / 而今不断，更待何时！去当奴隶还是获得自由？ / 此时正是决断之秋！ / 面对匈牙利人的上帝 / 我们发誓 / 我们发誓，从此 / 绝不再做奴隶！"而每节当中都有"面对匈牙利人的上帝"一句。据说，当裴多菲面向广场上的群众朗诵《国民之歌》时，每到这一句众人都高声齐诵。十二条纲领和《国民之歌》在这一天首次不经审查而由革命派印刷并分发给等在印刷厂之外的人们。

将近中午时分，革命势力控制了首都。裴多菲赞美这一天"尚未被血染"（1848年3月15日日记）的匈牙利的自由，说比任何国家的自由都更美丽，对革命寄予极大的期待。但匈牙利革命的前途却非常险恶，从一开始就孕育着冲突和反目，左右两派争执不休，右派企图与奥地利妥协，左派则要实现彻底的民族独立；多数民族（马扎尔人）与少数民族也发生对立。没过多久，新内阁就对少数民族和农民起义加以镇压，首都佩斯的工人游行队伍也浴血于炮火，而新体制也在按照新选举法所实施的六月选举中暴露出本来面目。在对左派所实施的惨烈的中伤、诽谤和对选民的彻底威胁和收买当中，裴多菲和他的左派展开苦战并惨遭失败。裴多菲认为自由的拥护者已不复存在，他对内阁、对议会、对选民深感失望。他注意到了潜伏于革命内部的敌人，看到了革命前途暗云密布。"裴多菲马上意识到，在激进派的人们当中缺少为某种决定性的政治转换而进行战斗的坚强，他的结论是丢掉幻想为实现革命的目标进行战斗。"（凯佩茨·贝拉）于是他再次有了转机，他再次蜕化出来，而具有了应该"丢掉幻想为实现革命的目标进行战斗"的思想。

选举之后，在裴多菲的诗文里频繁出现的语句是"光荣的死"和"希望"。

所以，倘若我们要去战斗，就并不是为让匈牙利再度昂起头颅，而是为了我们能继续光荣地活下去，至少也是为一个光荣的死而去战斗。

这是一个可怕的想法。

我们苦了千年，流了泪也流了血，我们苦于中世纪的漫漫长夜，摸索了我们应该去走的道路，然而，然而就在这黎明到来之际，我们却因为精疲力尽而倒在路旁咽气。因此就像许多民族黎明时降临的第一道曙光是纪念死者的花冠一样，我们唯愿把这花冠戴在匈牙利的额头上。（1848 年 8 月 10 日）

而且，不胆怯的民族，才不可灭。为人类战斗的民族不会被灭亡。

我不过是祖国黑夜里一株小小的火苗。但小也是火。凭借这束光亮，民族可以从命运这本书里读到两个字，这两个字就叫做"希望"！（1848 年 9 月 17 日）[1]

这是在《十九世纪的诗人们》主题的基础上所萌生的关于死的思想，这种思想的前提是一种悲观的认识，即认为迦南不会在这个世界上出现了。尽管这样，诗人仍不能不为"火柱"而跨越通往彼岸之桥。裴多菲做好了死的准备，并将死看作"光荣的死"。"光荣的死"——贯穿着死而后生的思想悖论，这是时间观念。裴多菲是想通过活在时间——历史当中，留下这场匈牙利革命的意义。所谓"丢掉幻想"便是就此而言。这"希望"并不是曾在《希望》一诗里幻灭掉的东西的恢复，而是一种切切实实的由不可避免的死亡预感所支撑的热烈的愿望。

长篇叙事诗《使徒》（1848 年 6 月至 9 月）[2]，可以说是裴多菲这种新境地的具体体现。主人公西尔维斯特是个从一出生就被抛弃的私生子，在他成长的过程中当过小偷、乞丐和佣人，然

---

〔1〕 这些都是登载在佩斯的急进派报纸《三月十五日》上的内容。译文源自前出凯佩茨·贝拉书中所载英译。

〔2〕 原题 "Az apostol"。内容梗概据英译本（Alexander Petöfi *The Apostle, Childe John, Simple Steve, Cypress Leavesfrom the Grave of Dear Ethel, —Selected lyrics.* tr. by William N. Loew, New York 1912）和汉译本（兴万生译《使徒》，人民文学出版社，北京，1963）。

而他实际上是上帝差遣到这个世界来的使徒，用以救助身处奴隶境遇，遭受贫困和罪恶折磨的民众。他的抵抗，因在上帝的面前鼓吹霸道的国王和僧侣的强权以及民众的愚昧而最后失败。西尔维斯特暗杀国王失败而上了断头台，他对汇集而来的群众倾注了怜悯的眼泪："你们在十字架上钉死了耶稣基督还嫌不够吗？还想把所有救世主都绑到十字架上来吗？你们这些可怜的人啊！"——就这样，西尔维斯特化作了"让世界开花结果"的"人的灵魂之光"而加入了殉难者的行列。不久又产生了具有勇气的新的一代，当他们想要在光荣的殿堂里纪念曾经为自由而战斗，作为报偿而被赋予无愧之死的圣徒时，发现使徒已经在死刑台下化作尘土，无处找寻——这是最后一章的结束。

今村与志雄从德语版中翻译了《使徒》第一章第二节用以和鲁迅进行比较。

> 小城被深深裹进黑夜，变得阴郁
> 月亮远行，漫步在寻找冒险
> 就像在打盹儿
> 闭上了明亮的眼睛
> 世界变得黑暗
> 就如同良心被收买去了的黑暗
>
> 只有上面极少的辉光在闪烁
> 暗淡而几近熄灭
> 就像一个失去了梦幻的病人的目光便会如此一样
> 就像最后的希望之光便会是如此一样
> ……

他确认了这些诗句与鲁迅的"绝望……"一句的"思想史脉络"，阐述道："讲述希望之空好讲，但绝望之空却不好讲，这得是坚韧的实践者并有过心酸经历的人才做得到的。如果要把绝望之空形象化，那么该如何做才好呢？我从'失去了梦幻'这两句当中感受到了裴多菲思想的某种的原型。"[1]不过，若对照英译、汉译和原诗来翻译，这后半的一节便是——

> 一盏小灯
> 高高闪烁在头上
> 却在淡淡地消失
> 犹如病人冥想的目光
> 就像结束了的希望

灯火指的是从西尔维斯特居住的阁楼上透出的光亮。这种表达方式会令人联想到"祖国黑夜里一株小小的火苗"。由此而感受到裴多菲思想原型是可能的，但是却读不出这是"绝望之空"的形象化的意思来。

"远离绝望"，"远离恐惧"，在裴多菲的诗文里所隐约可见的他对民族灭亡的恐怖，听起来简直就像"绝望"的别称。他的"绝望"与"希望"是互为表里的一枚铜板的两面。再来看一下裴多菲所做的最后一首诗。

> 恐怖的时刻
>
> 恐怖的时刻，恐怖的时刻！

---

[1] 今村与志雄「魯迅におけるペテーフィ」（『展望』，1977年4月号）

而且恐怖越发强劲而来
或许是老天断定
马扎尔人就该被征服
而降下死亡
每一只手和脚都带着伤，鲜红的
的确是这样，而今世界的一半
正挥舞着耀眼的利剑，冲着我们劈将而来

而且，就连阴森森地逼近的战争
也并不是最糟糕的东西，谁能想点什么办法
替我等缓解一下
死亡的天降之罚？
我的祖国啊，你充分
领受了上帝暴怒的各种报应
死亡，用他的双手割尽了一切荒野
也会将把这里（匈牙利）割尽，而绝不会善罢甘休

难道我们要死到最后一个人吗？
即便这样，谁会剩到最后？
为了冲着世界的耳朵，讲述
关于这黑暗地狱的
残忍的日日夜夜
好吧，就算有人会剩下来
那么能把这个可怕的悲剧，从始至终一幕幕地
连缀下来吗？

而且，即便我们这些人所经历的一切

那个剩下来的人会正确传递

又有谁

会把这巨大的悲剧

一切都当真，去相信呢？

谁会听一个因恐怖而发疯的家伙来说谎？

谁会听那些难以置信的疯话？

（1849 年 7 月 6 日至 17 日）〔1〕

　　倘若不了解他内心深处的战栗，也就难以蠡测他的祈祷和愿望。持续不断地肩负着被恐怖逼出来的"希望"，对于裴多菲来说，就是生。因此，他是凭借这"希望"去死的。1849 年 7 月 31 日，就在匈牙利革命在奥地利和俄国军队的进攻下战至力竭，全线崩溃之前，诗人裴多菲战死在特兰西瓦尼亚的瑟什堡，享年 26 岁。

　　在革命失败后得以活下来，在失去天堂"希望"的地面凝视"绝望"时所看到的东西，不正是鲁迅之所谓的"虚妄"吗？鲁迅作《希望》一文，是在辛亥革命十多年后，他对革命所寄予的期待也被背叛得差不多了，而他自己"依然在沙漠中走来走去"（《〈自选集〉自序》）的时期。鲁迅四十四岁。这个所谓"虚妄"，不正是活到绝望的状况在现实中到来而又必须去经历时才会获得的认识吗？所以在鲁迅的"虚妄"的认识当中就潜藏着他对生的追求。鲁迅是想通过与这"虚妄"再度素手相搏而活下去。

　　所谓"绝望之为虚妄，正与希望相同"，是鲁迅借助裴多菲的这只言片语而盛装进自己关于"生"的思想的话语。

―――――――――

〔1〕　原题"Szörnyű idő..."。译诗据前出凯佩茨·贝拉和伊柳辛书中所载英译。

注释以外的参考文献：

Béla KÖPECZI *Rebel or Revolutionary? SÁNDOR PETŐFI*。

Gyula ILLYÉS *Petőfi*。

孙用译《裴多菲诗选》。

今岡十一郎訳著『ハンガリー詩文学全集』。

今岡十一郎、徳永康元編『ペテーフィ詩集』。

以上五部专著为我能整体把握裴多菲提供了很大帮助。

另外，在关于匈牙利历史方面，除了注释里的文献之外，还参考了以下文献：

梅田良忠編『東欧史』，山川出版社，1958。

矢田俊隆著『近代中欧の自由と民族』，吉川弘文館，1966。

韩承文著《一八四八年匈牙利革命》，北京，商务印书馆，1975。

缘于鲁迅的相遇—记高恩德博士

　　鲁迅青年时期在其留学的东京写下的《摩罗诗力说》，堪称一篇"救亡诗论"，把被称作恶魔派诗人的拜伦谱系，一直延伸到俄国、东欧的浪漫主义诗人这条线上来。我在调查这篇文章材源的过程中，当查到匈牙利爱国诗人裴多菲（Petőfi Sándor）时，调查遇到了麻烦，不知从何下手是好。经人介绍我请教了德永康元先生。德永康元先生是日本为数不多的匈牙利文学研究者和语言学者，也翻译过裴多菲的作品。当我说明来意后，先生告诉我说有两本书，一本是收有裴多菲诗歌的旧版"瑞克阑姆文库"，另一本是他战前经常读的李德尔《匈牙利文学史》，不妨找来看看；还说这两本书他或许也有，但只要打听荷兰的一家旧书店便会找到，而且还告诉了我那家书店的名字。先生是藏书家，由于书太多也不知道要找的书埋在哪里，不易找出来。我马上试着向那家书店订购，但杳无音信。于是，我便跟小野忍先生商量，想试着跟匈牙利研究中国的学者打听一下。小野先生说他在匈牙利也没有认识人，但可介绍羽仁协子女士给我。没多久，经羽仁女士的介绍，我收到了匈牙利伊尔蒂克·艾切迪女士的信和一本书。伊尔蒂克女士，是中国古代天文学的研究者。

该书版本为 Galla Endre *Világjáró magyar irodalom, A magyar irodalom Kínában* Akademiai Kiadó.（Budapest 1968）。作者是匈牙利艾德毕休·罗兰德大学中国·东亚系教授高恩德博士。书名翻译过来便是《巡回于世界的匈牙利文学——匈牙利文学在中国》。里边写着"您想了解的事项"，并特意用英文把相关问题的概要写在了信中。《摩罗诗力说》第九章的主要材源，原来是来自李德尔的那本《匈牙利文学史》（Riedle, Frederick. *A History of Hungarian Literature*）。高恩德先生的著作是用匈牙利语写作的，全书 158 页，还载有鲁迅、沈雁冰、白莽、孙用以及译成中文的匈牙利作品的照片，着实令人兴味津津，无奈居住在匈牙利语没有普及的国土上的我，无法了解全部内容，除了垂涎着急而别无他策。只是卷末所附匈牙利文学在中国翻译介绍的约 20 页文献目录，凭借用罗马字表记的中国读音，总算能读出杂志名和出版社之类，其中也有两页与裴多菲相关。此后，我通过其中的记载得以读到用中文写的关于裴多菲的文章和译文。我想，要了解匈牙利文学在中国的情形，离开如此周密而详细的文献目录是不行的。

伊尔蒂克女士在来信中还告诉我，布达佩斯国立图书馆收藏着所有关于裴多菲在外国翻译出版的资料，可向那里索取缩微胶卷，并留下了该图书馆地址。于是我便把在"给谐文库"文献目录里看到的"瑞克阑姆文库"版裴多菲诗集、散文集、小说以及我不知道译者名的英译、汉译本，尽自己所知开了一个书单，通过关西大学图书馆索取缩微胶卷。

在等待缩微胶卷期间，我又收到了伊尔蒂克女士寄来的高恩德博士的另外几篇论文。这些论文是 "Pai Mang und Petőfi—Aus der Geschichte der Aufnahme der Ungarischen Literatur in China <1962>"（《白莽与裴多菲——从匈牙利文学在中国的接受史出发》)、"Petőfi in China<1967>"(《裴多菲在中国》)、"On the Reception of the Literature of the So-called 'Oppressed Nations' in Modern Chinese Literature 1918-1937<1972>"(《关于所谓"被压迫民族的文学"在现代中国文学当中的接受 1918—1937》)等等，其内容多为在日本所难以获知的。首先，我从中知道了鲁迅在《为了忘却的纪念》里介绍的白莽（殷夫）译的裴多菲短诗，在中国的裴多菲接受史当中具有的重大意义。那首短诗是 1931 年因其政治信仰而被杀害的青年诗人白莽写在留给鲁迅的 A. 特尼鲁兹翻译的德译本诗集空白处的译作，因《为了忘却的纪念》一文而首次为世间所知。

> ……然而那本《彼得斐诗集》却在的，翻了一遍，也没有什么，只在一首 *Wahlspruch*（《格言》）的旁边，有钢笔写的四行译文道：
> "生命诚宝贵，
> 爱情价更高；
> 若为自由故，
> 二者皆可抛！"
> （《为了忘却的纪念》）

据高恩德博士介绍，这是首以"具有座右铭的意义"、"自由与爱"为题的小诗；特尼鲁兹编辑的这本德译诗集，是由好几个译者共同翻译的，1887 年在哈雷（Halle）出版。他认为，尽管该德译本翻译得并不正确，是即兴式的，但白莽的译诗，却兼具原诗的简洁与格调，比其他任何一种汉译都好。这首诗经鲁迅介绍，在广大青年当中广为传诵，在延安还作为革命进行曲而流行。老一代知识分子和革命家，在革命后仍能背诵出这首诗来。

"不妨推测，白莽直观性地感知到裴多菲的诗歌精髓，远在由贫乏的德语翻译所提供给他的那些内容之上。"

白莽和裴多菲，一个二十一岁命断龙华警备司令部，一个二十六岁在反奥革命战争中命断哥萨克士兵之手，当我想到这两个青年短暂的一生，当我得知"自由与爱"之诗时，就像他们的灵魂还在遥远的延安共着呼吸，便不禁有了瞬间的感动。

其次，还从高恩德博士的书中知道，《为了忘却的纪念》里写的鲁迅赠送给白莽的两本"莱克朗氏万有文库"[1]（即"瑞克阑姆文库"）本——裴多菲的"诗"和"散文"，一本是 Goldschmidt（哥德施密特）译成德语的《裴多菲诗集》初版本，另一本是 J. Kömödy（柯默德）译成德语的小说《绞吏之绳》。这件事也是博士调查清楚的。我据此第一次知道了这个德译本译者的名字。这两本瑞克阑姆文库本，是鲁迅在东京时买到，而且自留学时代以来就一直珍藏着的"宝贝"书，他把这两本书送给了像以前的自己一样地热爱裴多菲的白莽，它们却又因白莽的被捕而被没收，故令鲁迅有无异于明珠投暗的慨叹。

不久缩微胶卷从匈牙利寄到了，这两本书也在里面。马上浏览书里的内容。在《亚历山大·裴多菲诗集》（*Gedichte von Alexander Petofi* aus dem Ungarischen von Dr. J. Goldschmidt）当中，并没有《自由与爱》一诗，但有《希望》一诗，就是鲁迅记载到《希望》（《野草》）里的、我们也已耳熟能详的以"希望是什么？是娼妓……"开头的那四句。鲁迅大概是从这个诗集翻译并记在《希望》一文中的吧。《亚历山大·裴多菲 绞吏之绳》（*Der Strick des Henkers von Alexander Petöfi* aus dem Ungarischen von Johann

---

〔1〕 此系鲁迅对该文库的称呼，参见《南腔北调集·为了忘却的纪念》，《鲁迅全集》第4卷，495页，人民文学出版社，2005。——译注

Kömödy），我读不了，是请人翻译的。读后明白了《摩罗诗力说》第九章所简短记述的梗概，简明扼要，是通过直接阅读小说后写下的。由此可知，《绞吏之绳》也是《摩罗诗力说》最后一章的材源之一，这个惨烈的复仇故事，出色地奏响在全篇以"复仇"为主题的《摩罗诗力说》的最后一章里。

我在调查《摩罗诗力说》最后一章的材源时所遭遇的烦恼，是由于日本没有充分的足资了解裴多菲的文献。在第八章里登场的波兰的密茨凯维支、斯洛伐支奇、克拉旬斯奇的情况也是一样。关于这些鲁迅所谓的欧洲弱小的被压迫民族的文学，也包含翻译在内，日语文献寥寥无几。越调查便越发深感，在日本所谓的欧洲，也仅仅是指西欧，但在中国情况却不同。譬如《小说月报》专号上所见的接受近代欧洲文学的观点，就明显显示出与日本的不同。这时读了高恩德博士所写的裴多菲的具体接受史，我才第一次对自己过去之所感得以确认，从中获得了考虑日中两国文学"近代性"之异同的宝贵启示。

在这部裴多菲接受史当中，同时还详细介绍了译成中文的裴多菲的文本情况。据此可知，中国由匈牙利语文本正式展开裴多菲诗歌的翻译是在人民共和国成立不久的 1954 年。译者是曾在鲁迅的帮助下翻译过《勇敢的约翰》，并且一直在从事裴多菲翻译的世界语学者孙用。1954 年出版的《裴多菲诗选》的翻译，其实是在当时在中国留学的匈牙利留学生们的协助下共同完成的。首先由留学生们用中文粗略译成散文，再由孙用改写成诗，然后由留学生将其与原诗校对。选诗和注释工作也有留学生帮忙。诗选收录诗歌 104 篇，除了修订旧译的长篇叙事诗《勇敢的约翰》外，有一半是首次译成中文，再加上当时和现代匈牙利画家的绘画，构成三百余页的《裴多菲诗选》。从 1954 年初版到 1962 年，该诗集多次再版重印，总发行数约达十万册。据说，这是截止到那时在中国出版的最有代表性、也是受到广泛欢迎的裴多菲诗集。

日本也有译自匈牙利语的裴多菲诗集。我也一直蒙惠那册值得珍重的日文版。然而，中译本收录的篇数要多得多，而从翻译的前后经过来看，作为文本也似乎更值得信赖。通过高恩德博士的论文和作者附在卷末的文献目录，我找到了这本中译本诗集。现在我手里有的是该中译本诗集的复印件，并无藏书印，也想不起来是在哪里找到的了。孙用译《裴多菲诗选》，作家出版社出版，版权页印着"一九五四年十月北京第一版 一九五五年四月北京第二次印刷"。在文献里写着"人民文学出版社 一九五四年"，但内容却如论文中所述。卷首有裴多菲介绍——"裴多菲·山陀尔"，然后是从 1842 年到 1849 年裴多菲逝世期间的 104 首诗歌和长篇叙事诗《勇敢的约翰》，最后是译者孙用的《后记》，书中还有版画和钢笔画插图、裴多菲肖像画、裴多菲手稿素描等，全书共 316 页。孙用在《后记》里说，过去不论在国内或国外出版的裴多菲诗集，都不引印歌颂革命的作品，把他歪曲成一个描写爱情和家庭生活的小市民诗人，而现在的这一选集注意到了上述情况，而且要弥补这一缺憾，以能向读者传递出这位诗人比较全面的轮廓来。诗选所收之诗，以孙用、鲁迅和白莽等人的旧译对照原诗重新修订的有 53 篇，其他均由原诗新译。——孙用最后还提到在翻译的过程中得到了匈牙利留学生的帮助，有下面的话：

> ……我不懂匈牙利文，这工作曾得到匈牙利留学生高恩德、梅维佳二同志很大的帮助（帮助他们翻译、抄写的，还有北京大学的同学们）。这个工作从去年一月间开始，一直到今年（1954 年——引者注）五月结束。
>
> ……

卷首的介绍和书中的插画，都由高恩德同志供给，而全书的诗篇也是由他选定的，应该在这里表示我的感谢。

　　读了这些话，我才注意到这两个留学生就是在文献目录里所见到的"Kao En-tö"（Galla Endre）和"Mej Vej-csia"（Mészáros Vilma）。"高恩德"即高兰（Galla）博士的中文名，在博士的论文中只写着匈牙利的留学生们（Hungarian students on scholarship in China），而那就是他本人吗？我很是吃了一惊。就在我还在学习中文发音的时候，已经有留学生在新生中国做着这样的翻译工作，而且博士所提供的帮助已经远远超出了帮助的范围，尽管如此，博士还这样写，让我感觉这个写法很酷。

　　通过翻译高恩德博士的著作和论文，我进一步扩展了看待鲁迅的视野，进而通过值得信赖的文本，也使我得以走近裴多菲诗歌本来的世界。就这样做，我总算又可以把《摩罗诗力说》最后一章的材源考继续做下去了。

　　此后大约又过了三年，有一天从德永康元先生那里获悉了一个意外的消息，说高恩德博士发现了鲁迅在《希望》一文里引用的裴多菲"绝望之为虚妄，正与希望相同"那句话的出处。收到高恩德博士的著作和论文后，我曾向德永康元先生汇报过自己的问题已得以解答。那时德永康元说："啊，是高恩德君呀，和我很熟。"后来，又有一天来电话说，"我明天要去趟匈牙利，你有什么话要我捎给高恩德君吗？"——我便马上赶到德永康元先生那里直接向他求教。先生仔细给我解释了匈牙利语文本中的出处，还说请一定写出来公开发表。让我感到很意外的是，这貌似诗的两句，竟是不动声色地镶嵌在书信体旅行札记里的句子。鲁迅可真的是个魔术师！同时我也对找到这底本的高恩德博士探索之慧眼识见深感钦佩。而在另一方面，对于既没能通读裴多菲的全部作品，又对匈牙利的历史和文学知识极其贫乏有限的我来说，德永先生的指教亦言重如山。尽管如此，说鲁莽也好，我竟然动了要在出处和引用之间——裴多菲出典的语境和鲁迅引用语境之间——进行比较的念头。是手里有的孙用译《裴多菲诗选》和英译裴多菲诗文选，进而是读了高恩德博士的论文，让我动了这一念头。在再次得到了高恩德博士的帮助下，我起草了一篇论文。

从那以后每言及《摩罗诗力说》和裴多菲，我都怀着敬意多次提到高恩德博士的名字。

就这样过去了近二十年的光阴。在此期间，曾经得到过博士委托匈牙利赴日留学生带来的一封信。还有一次，是相浦杲去中国旅行时，在绍兴偶然遇到了高恩德博士，回来后向我转达博士的问候。我和伊尔蒂克女士时常通信，她把高恩德博士翻译的鲁迅作品集等送给我。当我把收到博士的带有日本邮戳的来信一事告诉她时，她回信说："你应为此而感到幸福！"我不谙所言之意，便没给博士直接写信。

今年（1993 年）3 月，高恩德博士来到了日本。当我接到京都的国际交流基金支部打来的联系电话时，几乎不敢相信自己的耳朵。"真的吗？这回能见到老高了！"——为充实艾德毕休·罗兰德大学的日语教育和日本学研究，也为大阪外国语大学自本年度起在日本首次开设匈牙利语系，作为中国·东亚系主任的高恩德博士来到了日本。

3 月 17 日，为去见"老高"（长久的交往，让我们的关系变得亲密，我也竟不知从何时开始称呼起"老高"来了），我到京都出席了晚餐会。本来说好是 20 日那天"交换意见"，但突然受到支部负责人的邀请，便赶过去凑数。除了主宾之外，列席者还有国际交流基金京都支部负责人、捷克前大使、中文翻译 Y 先生和我。当晚不拘形式，自始至终都是闲谈。

　　"匈牙利人姓在前名在后，和日本、中国一样。所以，Calla是姓，Endre是名。""匈牙利人是欧洲的亚洲民族。所以我才说是回到这边来了。"老高说他"回来了"。不过目前学亚洲语言和文化的人并不很多，他打算在民间增加学习汉语和日语等亚洲语言的机会，开辟学习者进入大学的通道。他还介绍说，匈牙利有藏语学会，并且处在欧洲的藏语中心位置，而这也同匈牙利人的源流在亚洲有关。听他谈这些，我偶然想起曾在哪本书上读过的事，当日本在日俄战争中战胜俄国后，因同情于日本，匈牙利取名叫"Tōgō"[1]的孩子多了起来。而今老高所谈的，对于并不怎么知道匈牙利的我们来说，并非只是入门讲座吧。在伊尔蒂克女士的来信里，我总能感受她对我这个东方人的亲爱之情，我觉得在老高的谈话里，也有种同样的东西在面对着我们。反思这个民族在欧洲长久以来被强国压迫的历史，便会对其鲜明的民族认同留下深刻的印象，那就是谈话时保持一贯的轻松而平静的口吻。

　　三天后，按事先所约，又和博士见了面。我们在老奈良酒店的咖啡厅落座，再次互致问候。"我没想到今生会见到您"，说完这句后，我略觉有些不妥，但老高回答说："可不是吗？我也是这样想的。要是没有这样的机会，恐怕也见不到您吧。"听了这话，我松了一口气。窗外的公园里，树木春意萌发，时而有夹着雪花的细雨飘落下来。热咖啡端上来了，我们的谈话也开始了。

　　"在匈牙利，我每天早上都要喝上一杯浓浓的咖啡。只喝一

---

〔1〕　"Tōgō"，即日俄战争时期日本联合舰队司令官东乡平八郎（Tōgō Heihachirō，1848—1934）的姓"东乡"的日语读音。——译注

点点。叫'仆来少'〔1〕。'仆来少'不是匈牙利语。喝上那么一口，就有了精神。"老高做出双臂弯曲上举的样子。"您说的是浓缩咖啡 Espresso 吧？""对，跟 Expresso 一样，是压缩的意思。""匈牙利的咖啡店不只是喝咖啡的地方，可以在那里看报纸，也可以在那里聊天儿，还可以写稿子……""就像是茶馆？""对，对，就是茶馆。裴多菲写那首《国民之歌》就是在毕尔瓦兹咖啡馆。这样的咖啡馆很早以来就一直有。"——1848 年 3 月 15 日，巴黎的二月革命经过维也纳也波及布达佩斯，于是发生了反抗奥地利的民族独立革命。裴多菲等激进派人士聚集在毕尔瓦兹咖啡馆，彻夜起草政治纲领。裴多菲创作了《国民之歌》并在广场上当众朗读：

> 起来，匈牙利人
> ·祖国在召唤你！
> 而今不断，更待何时！
> 去当奴隶还是获得自由？
> 此时正是决断之秋！
>
> 面对匈牙利人的上帝
> 我们发誓
> 我们发誓，从此
> 绝不再做奴隶！

"面对匈牙利人的上帝"，每个诗节当中都有这一叠句，遂汇为大

---

〔1〕 "仆来少"即意大利语 presso，朋友之意，但高恩德为何将浓咖啡称作"仆来少"——据作者说——原委不明。——译注

合唱。民众以此作为进行曲走上街头，将近中午时分，革命势力兵不血刃地控制了首都。我是从《摩罗诗力说》里知道裴多菲有《国民之歌》这首诗的，后来了解到《国民之歌》有匈牙利的马赛曲之称，这中间查找了各种资料来读。用日语写的资料只有很少的一部分。因此在日本谈到裴多菲的《国民之歌》时也就非得从头说起不可。而现在谈到"毕尔瓦兹咖啡馆"，眼前这个人马上就会应答"对，对"，真让人高兴。

"你是在哪儿学的汉语？"他问。我便告诉他，在我们上大学时学汉语那会儿，就连开设第二外语也开设不到中文，更不用说词典和教材了。甚至下宿房东也是一脸惊讶："年轻轻的就学支那语吗？"老高听到这话，说"不过，你那是自己选的对不对？"接下来从他那里听到的他的经历，出乎我的意料。

老高在学校学了八年拉丁语，十一年德语。到了战争快要打败的时候，他被征去当兵。眼看着必败无疑，他就试着从军队里逃走，五个星期之内逃了八次。"那时也就十七八岁，跟现在不一样，精神头大着呢！"不久战争结束，他又回到了教室里，但三十人的班就只剩下了三个人。

"都战死了吗？"我问。"不，并不都是战死的，是苏军进来以后给抓走的。""抓到西伯利亚去了吗？""对！""日本人也有同样的遭遇。"匈牙利和日本在第二次世界大战中都属轴心国阵营。在战后的匈牙利，共产党也不过是为数众多的政党之一，但因有苏联做后盾，遂掌握了国家政权。匈牙利人知道共产党之不可抗拒，是处在他们信仰中心的基督教最高领袖遭到逮捕，并被晒到国民面前的那一时刻。

"我是1950年被国家派遣到中国去留学的。""就是中华人民共和国成立的第二年？那么你是第一批留学生了？""对，是第一批留学生。去了四个人，跟鲁迅一样。"鲁迅在《朝花夕拾》

里写他们去日本留学，一行四人。年轻时的老高本来是想研究意大利和西班牙等罗曼语系的文学，但当时匈牙利需要汉语人才，从英、德、法、俄语学得好的学生中各选一个出来派往中国留学。在他们被选出的四个人里没人懂汉语。先是在清华大学，跟着会英、德、法、俄语的中国人，分别通过前四种语言学汉语。后来又进了北京大学，决定学什么专业。"古典文学太难了，就现代文学吧。"就这样，老高与看重被压迫民族抵抗的鲁迅相遇了。毕业后老高被派到匈牙利驻北京大使馆任文化官员。但这个领域里的工作并不合他的意，周围的人也弄不清他为何不满。后来他却在这过程中终于如愿以偿回到了母校艾德毕休·罗兰德大学教书，时间是1959年。"从此以后便没得可改了。我的'初恋情人'是罗曼语系的文学，但中国文学却是依了'父母之命'的结婚对象。"老高张开双手，做了个滑稽的动作。初恋是罗曼语系的文学，中国文学是父母之命下的结婚，这话，老高在那天说了不止一次。

"当被国家派往中国留学时，我就想，我是个在天主教学校长期学德语的人，如果拒绝去，身上就一定会被打上一个烙印，今后无论走哪条路都不会由着自己。就这样便决定了去中国。"

"你们或许不会明白，一个人的命运掌握在国家的手里是怎么回事。"

"……"

日本战败以后，大学校门也朝女子敞开。学习中国文学，有着青春的解放与新生中国重叠在一起的一份喜悦，作为少数派，我们对自己所选择的专业而感到骄傲和自豪。那是个贫困而绚丽的时代。在同样吃了败仗的匈牙利，那却是另一次压迫的造访。我第一次读高博士的著作时"文革"还没结束，因此当得知他是新中国成立后不久去中国的留学生时，心里甚至对他有几分羡慕，以为那时的他会直接接触到新中国的气息。然而，那以后的历史却发生了转变，意想不到地呈现出假面下的素颜来。而今老高在证实着那历史素颜的一个定格。

那些著述让我获益匪浅，而且他还帮助孙用完成了裴多菲的翻译——难道这些工作都是出自那时的这个留学生之手吗？——这是我完全没想到的。但博士的工作的确做得严谨周到。不仅如此，也是他对热爱裴多菲的鲁迅之心的深刻共鸣支撑了他。留学生鲁迅在裴多菲的生命方式当中发现了奴隶应不再成为奴隶的契机，毕生敬爱裴多菲。老高是听从"父母之命"而去的中国，在中国发现了这样一个裴多菲，当然会从中获得勇气的吧。"'父母之命'也是有它的好处的。"老高说。我心里琢磨着老高说这话的意思，又想到要是老高把他的这些知性和感性都倾献给了"初恋情人"，而没有他后来所做的那些工作，那么自己也许就把握不到鲁迅的关键之点了。所以听了他的这些话，我的心情也随之沉重起来。

"对了，'绝望之为虚妄，正与希望相同'那两句话，你认为鲁迅是从哪个文本上读到的呢？"老高向前探出了身子。"啊？"这倒是我应该向他请教的问题，而且除了问老高也就没其他人可问了。他说为查找鲁迅《希望》里所引裴多菲这两句话的出处，他没少吃苦头。当初以为是诗句，但翻遍了裴多菲诗集也没找到，后来又去找散文，才终于在旅行札记中发现了这两句的出处。那时刚巧德永康元先生也在匈牙利，一进他的房间他就把这个喜讯告诉给了先生。老高接着道：不过，在裴多菲的旅行札记里是找到了原文，却很难想象这两句话鲁迅是通过原文读到的。于是就又去试着找各种译成外文的裴多菲文本，但在哪个本子里都没找到那两句……我在向德永先生请教这两句的出处时，也曾查找过鲁迅是以什么文本读到的它们。在瑞克阑姆版《裴多菲散文集》里收有旅行札记的节译，但却把有这两句话的地方给省略了。不查清楚鲁迅读到的究竟是哪种文本，那么堪称鲁迅文学关键语句的这句话的接受故事便不会完结。"我认为鲁迅读到的是日本的东西。"老高如是说。这给了我一个启发。他说"如果找到了请一定告诉我"。我领了一份很大的作业。

在晚餐会的那天晚上，老高拿来了两张复印件。一张是以前中文版《摩罗诗力说材源考》出版时我赠送他的那一本的扉页，上面写着"高恩德博士惠存"。没错，那字是我写的，而能跟自己的涂鸦会面，也因老高不远千里特意带着复印件来。老高的心意让我感动，我既觉得不好意思，又觉得很高兴。另外一张复印件是鲁迅在《为了忘却的纪念》(《南腔北调集》，1933)里讲述的白莽留给他的那本德语译本《彼得斐诗集》里"只在一首《Wahlspruch》(格言)的旁边，有钢笔写的四行译文"的那一页。那天老高把复印件送给我，说有人认为诗是白莽的哥哥译的，字也是他哥哥写的，有必要对此加以考证。于是，我就又向他打听事情的原委。

大约在十年前，有个新华社驻布达佩斯记者拿着这张复印件来找老高。据老高说，那位记者是用"好像是……"，"可能是……"的说法谈这件事的。我说，"可鲁迅是看过白莽译稿的啊，所以他应该认识白莽的笔迹，是不是白莽的字，一看不就可以一目了然吗？""的确，我也这样认为。白莽的哥哥是国民党高官，他来译这诗是不合适的，有必要对此加以调查。"老高回答道。尽管话是这么说，如果真的是出现在《为了忘却的纪念》里的那本译诗集的话，作为鲁迅藏书也会保存着吧。那么记者究竟是从哪里得到这张复印件的呢？老高对此也不清楚。后来我又重读《为了忘却的纪念》，发现鲁迅接着上面的那段引文之后继续写道："又在第二页上，写着'徐培根'三个字，我疑心这是他的真姓名。"现在已经知道，"徐培根"是白莽的哥哥，记者的看法大概是由这句话而来也未可知。不过，倘若鲁迅对这笔记有疑问，那么还会在《为了忘却的纪念》的那种语境下特意谈到这首译诗吗？这是我的看法。我想到的是这个四行诗句在此后的传播和这首诗所承担的象征性角色。

那天我把自己写的东西连同抽印本和复印件都带去了，有中译版的也都一并附上送给了老高。原以为发表在《鲁迅研究资料》和《鲁迅研究月刊》上的那些就没必要特意带去了，但没想到老高告诉我说他一直没看到《鲁迅研究资料》，匈牙利已经有很长时间不从中国进研究书了。"从匈牙利发出的信，在那边被拆开，从那边来的信，又不知是谁在里面写上'反对苏联修正主义……'，所以也就没法再写信了。现在匈牙利体制变了，也就越发不成了。……中国只跟美国和日本这样的强国家打交道，是不拿匈牙利当回事的，就像鲁迅曾经说过的那样。"老高这话就像是在说中国应该重新反思，当年还是清国留学生的鲁迅，寻找濒临灭亡的本民族的恢复契机，并不是通过步日本和西欧先进各国——即所谓兽性强国的后尘去寻找，而是发现于波兰和匈牙利等东欧被压迫民族的抵抗方式当中。"现在正需要有第二个鲁迅！""是的，是的。"老高莞然露出微笑。

老高又问，"你知道某某先生吧？"鲁迅研究者当然谁都知道这位先生的高名。"我以前去中国时，曾问过这位先生，怎么看待中国的未来？'我和裴多菲一样，认为绝望也是骗人的：绝望之为虚妄，正与希望相同'——这就是那位先生的看法。"我想起几年前，那位先生为写鲁迅传收集资料来日本时，我曾在京都拜会过。当他问我"你认为鲁迅留学日本所获得的（具有正面价值的）东西是什么"时，我竟一时语塞，无法作答，便说"就算是您给我留作业了"。听着老高那带有忧虑的话语，眼前又浮现出那位先生的慈祥面容，而那次竟是今生的最后一面。

从咖啡的话题开始两个小时，然后又转移座位到餐厅，用刚刚学的匈牙利话举着啤酒"干杯"又是两个小时，觉得该出去参观奈良了，到了外边又接着谈，直到傍晚，一天下来竟聊了七个小时。三月里那天是个冷天，老高一边往身上披羊绒大衣一边说："来日本时拿不定主意，不知带冬季的衣服好还是带春季的衣服好。跟朋友打听，告诉我说，说不定樱花已经开了。不过，这件大衣还是带对了。"面白而有着一头明亮灰发的老高，身着深藏青色的大衣，再围上一条带着红色条纹的围脖，显得很是般配。"在这边，三月十三日东大寺汲水仪式结束后春天就来了……""在布达佩斯，三月十五日是革命纪念日，那一天到来之际，就是春天了，要换春天的衣服了。"——啊，《国民之歌》就是踏着春天的嘈杂而每年苏醒的吗？

我们走马看花，转了东大寺、二月堂、春日大社仍话题未尽。老高可真是个"爱说话的人"。不，说他是今天的"说话人"倒或许更合适。他讲匈牙利的宗教习俗"庙会"，谈国民虔诚的天主教信仰，谈被周边国家取剩下的匈牙利民族（匈牙利在"二战"后国土丢掉了三分之二，众多同胞在罗马尼亚等周边国作为少数民族，生活在民族认同遭受威胁的状态下），谈南斯拉夫的民族纠纷对匈牙利的影响，哀惜和慨叹布拉格之春失败后被剥夺学术生命、软禁致死的捷克中国学者普实克（他是杜布切克的朋友，是参与策划布拉格之春的主要人物之一），还谈了鲁迅研究的方法和汉译书籍。——当我告诉他在日本也可能找到有助于鲁迅研究的资料时，他说在检证资料的基础上面对事实这一点非常重要，而在日本、美国等外国不是倒有可能做到这一点吗？"比如说，"老高用双手夹住太阳穴做遮蔽视野状道，"对朱安的'看法'，许广平是这样的。但朱安的心情到底怎样呢？"那眼中是充满睿智和机敏的目光。而当谈及他读到的中国人翻译的裴多菲某篇叙事诗时，他说"那不是篇好的翻译，因为译者那时刚开始学匈牙利语"。我告诉他自己有篇文章被译成中文发表在某杂志上，因误译严重而送过去一篇订正文。他对此深深点头予以肯定。老高还告诉我，他曾去德永康元先生与裴多菲结下缘分之地旅行过，而现在又知道了我的已故恩师小野忍先生的名字。我感到非常高兴。"高先生为什么一次信都没给我写过呢？是由于某种政治上的缘故吗？"我觉得问他这个问题似并无大碍，于是便问了。"不不，只是我太忙，太忙。伊尔蒂克女士每天可以从早到晚坐在桌前，所以写信的事就都交给她了。等找个空闲，这回我用中文给你写信。"老高调皮地笑了。他说不定是个懒得动笔的名人。

"您可以用匈牙利语朗读一下那首《国民之歌》让我听听吗？"当得知能见到老高，我心里就一直有这想法。"不一定都背得下来"，在能够望到兴福寺五重塔的猿泽池边，老高以低而澄澈的声音开始了他的朗读。

"'艾秀酷秀酷，艾秀酷秀酷'是什么意思？"我问。

"就是'宣誓'的意思。"就像美国总统就任仪式那样，老高把手抚在胸前。

"那么，'号激，拉博库陶巴布，乃木来秀酷'呢？"

"'不做奴隶'的意思。"

这是其中的叠句。在那本《裴多菲诗选》里收有这首诗首次印刷时的传单。标题"Nemzeti dal"后来被译成《民族之歌》，其中的叠句为"Esküszünk, Esküszünk, hogy rabok tovább Nem leszünk"，被译成"我们宣誓，/我们宣誓，我们/永不作奴隶！"

告别的时刻到了，老高依靠在近铁电车站中央广场台阶的扶手上，讲述着裴多菲短暂的一生，说他死前似乎已有预感，写了一首对妻子表达无限爱的诗。"尽管如此,尤丽娅还是再婚了。"老高慨叹道。"那首诗有汉译吗?""不,译是译不出来的。就是这样一首诗。"老高歌唱般地朗诵起来。那些句子我完全听不懂,听上去就像一阵风吹过起伏平缓的丘陵,一大片白色的鲜花在风中轻轻摇曳,音色犹如滚动而来的明朗的小调。与《国民之歌》的以 K 音押韵,声音虽闭却明亮而强劲有相通之处,既非感物情悲的"物之哀",亦非悲怆或感慨,就像一根弦芯里包着悲哀的柔而韧的钢琴弦在弹奏,给人感觉有某种绝非感伤的情绪回荡在那基调里,这也是当天我在从博士那里听到的人生故事里所能感悟到的东西。

"再见,一定要再见!"老高在向我挥手,我向老高深深地鞠了一躬。

得到老高的允许而录的那盘《国民之歌》的录音带,我听过好多遍,听着听着,我此时便对这缘于鲁迅的相遇有种不可思议的幸福感。

后　记

　　本书是对鲁迅在日本留学后半期开始的"文艺运动"所做的考察。他的文学工作实际情形如何？这项工作又在怎样的文化的脉络中处在怎样的位置？对于十多年之后作为作家出现的鲁迅来说，这项工作具有怎样的意义呢？我带着上述这些疑问接连写作了收进本书当中的各篇文章。

　　在作家鲁迅诞生以前的、还属于周树人文学活动的时期，与留学前半期相比，通过他自己留下的文章等资料，可以触摸到其精神样态。但还留有相当多的不明晰的部分。本书不过是解明了这些问题的一部分，而并非对其"文艺运动"全貌的描述。

　　在鲁迅为"文艺运动"所作的文章里，存在着各种各样的材源（source），从中可以看到仅从材源的用法和言说中所看不到的什么东西吗？进而是鲁迅查找和解读材源的能力到底如何？我是想从这里获得问题的解答。于是，也就从当时和鲁迅生活在一起的人们的文章中获得了启发，并开始去发掘那些被掩盖了的事实。

　　在鲁迅当时所作的那些文章中，我尤其将靶向定在《摩罗诗力说》。因为这一篇不仅肩负着他"文艺运动"的核心理念，其材源的用法也使我在调查的过程中发生了极大的兴趣。不过，本书却并没在探讨《摩罗诗力说》材源的基础上把他在其他文章里的主张拿来加以综合探讨，而是把这项工作留给今后去做。

关于鲁迅在日本学习德语，仅仅指出事实还不足以使内容得以明确。虽然调查结果显示，几乎没有与鲁迅其人直接相关的资料，但就学习环境而言，日本还保留着应作为依据的资料。独协学园百年史编纂室编《独协百年　第一号至第五号》，简直就是一座资料的宝库。

本书的第一章、第二章记录了该如何从这些资料中去勾勒鲁迅"文艺运动"相貌的路径。回过头来看，这条路走得很漫长。从着手到现在几乎经历了三十年的岁月，虽然经常遇到行进中的烦恼和痛苦，但现在回想起来，也可以说全都是快乐。

德语在明治日本的近代文物制度的整备方面发挥了重要作用。当我在德语所构架的先端教育的场域中发现鲁迅的身影时，真是有一种无以言表的喜悦。因为我确信，他也和我国明治知识青年一样，通过"三太郎先生"编纂的"三太郎文典"学到了德语，确信他由此而掌握的德语成为他"文艺运动"的推动力，还确信这种教养主义的德语教育使他得以跟支撑其"文艺运动"主张的那些书籍相遇。我认为，这些作为周树人在日本留学所获，具有重要意义。

还有，在阅读作为恶魔派诗人论的《摩罗诗力说》材源的过程中，我发现自己对在其中登场的那些诗人们的人生已经有了深深的共鸣。作为惩罚，莱蒙托夫被赶出了高加索战线，一边和车臣人作战，一边在诗中讴歌伊斯兰人民的反抗之心；密茨凯维支和斯洛伐支奇以强烈的复仇之念将亡国的厄运刻写在诗中；而裴多菲则以双手庇护着"希望"的灯火，直至与匈牙利革命同归于尽。他们都寄心于被压迫的弱小民族的命运，也赌上了自己的生命。当我顺着恶魔派诗人论地下深层流动的水脉与恶魔（摩罗）的本相相遇时，便不禁有所踌躇。因为他们的战斗生涯经过百年，至今依然根深蒂固地纠结于仍持续着的"民族"问题。想到这里，我的内心便会涡旋出复杂的思绪。我预感到，如果一直抱有这种想法，那么就总有一天不能不去面对鲁迅的民族主义。

第三章是把这篇恶魔派诗人论放在当时中国革命的思想风土中来考察，结果浮出来的是鲁迅在这一风土中所处的非同寻常的位置。仅仅是培养人心，他要以此为武器去拯救民族危机，这是怎样一条迂阔得近乎不着边际的道路啊。他后来在《〈呐喊〉自序》（1922）中回顾往事，说从前的那场"文艺运动"没有任何反响，既没人赞成，也没人反对，他将对此所感命名为"寂寞"。诚然如此，他从出发的那一刻起就偏离了革命的大道。或者是从那时起就暗中播下了狂人的种子也未可知，我想。

严复的《天演论》，与可以叫做鲁迅"文艺运动"关键词的"人"这一概念的创造深深相关。因此，《补论》的内容本来应该放到第三章来叙述。严复的《天演论》在当时敲响了拯救国家危亡的警钟，鲁迅深受其影响，这是众所周知的事实。虽说世人皆知，但我还是想通过自己的确认去加以理解，这便是写作《补论》的发端。

现在想来，第一次读《天演论》，还是读研究生时在小野忍先生的课堂上。我们是拿赫胥黎的原文对照着读。在学年结束时，读剩下的最后的部分，我们是聚集到学长家里自己读完的。在此基础上我提交了课程报告，也为小野先生的退官论集写了一篇，涉及鲁迅与《天演论》。此次为写本书，我又重读了自己当年的那篇旧作，结果令我感到愕然。这能说是读取并且理解了《天演论》的内容吗？惭愧之念油然而生，且益发强烈，以至于使我不能把那篇东西纳入本书。我想与其那样，还不如从头来更好。花了一年时间，我好歹总算弄清楚鲁迅"人"的概念是来自《天演论》的鼓吹，并且终于走到了能够出示支持这种理解的根据这一步。我重新向恩师提交了四十五年后的报告。写完了一看，在分量上比哪章都多，实在不成样子，就只好为它在本论之后另设《补论》。我认为，如果不能把自己到达理解的过程呈现出来，便又会前功尽弃，重归旧态，因此这样做也是求其次的办法。然而，是否真的理解了，这种担心还是不能完全去除掉的。

鲁迅作为作家写的第一篇作品《狂人日记》，是在觉醒的诗人们惨不忍睹的尸骸土壤上产生的。如果以"文艺运动"的主张为前提去读这篇作品，那么可知其故事世界是由填充其中的前史所支撑的。其内容所具有的多重性，类似于完成一幅绘画后去掉那些打草图时留下的底线。周树人从"文艺运动"失败的地点再次出发，写作了《狂人日记》，"鲁迅"便是那时所取的笔名。在我看来，鲁迅此后的作品便根植于这块土壤并生长得枝繁叶茂。鲁迅希冀能够造就出"人"来，他那份心情，通过在小说中展开与恶魔派诗人论完全相反的世界，塑造活在这个没有同情的世界里的登场人物们的悲惨人生而表现出来。不过，这属于本书的后续问题，我打算另作探讨。

收到"余滴"里的两篇文章，都和本书第二章所叙述的匈牙利诗人裴多菲之因缘相关。

得知鲁迅用来表达《希望》主题的裴多菲的那句话的出处，出乎我的意料。当我了解到裴多菲的生平事迹后，便惊奇于鲁迅和裴多菲的心与心相通。当然，鲁迅并不了解裴多菲的全部，也并没读过裴多菲的所有诗作。同样的不可思议我在鲁迅和其他的恶魔派诗人们的心弦互应当中也能感受到。从中可感知介乎其间的鲁迅那被砥砺过的想象力，我以为鲁迅才是个诗人。

本书是先前出版的《鲁迅　在日本这个异文化当中》(『鲁迅　日本という異文化のなかで』, 関西大学出版部, 2001) 的后续之作。以这种形态归纳本书，让我觉得对鲁迅与文学的相遇终于有了一个确认。鲁迅转进"文艺运动"迄今已有百年，那么即便在今天，他所希冀不已的"人"的造就，果真获得了实现吗？

辑入本书内的各篇文章初刊信息如下：

　　第一章《在德语专门学校学习的鲁迅》(「独逸語專修學校に學んだ鲁迅」, 鲁迅論集編集委員会編『鲁迅研究の現在』, 汲古書院, 1992)
　　第二章《〈摩罗诗力说〉之构成——鲁迅的救亡诗》(「『摩羅詩力説』の構成——鲁迅に於ける救亡の詩——」, 伊藤虎丸、祖父江昭二、丸山昇編『近代文學における中國と日本』, 汲古書院, 1986)
　　第三章《〈摩罗诗力说〉当中"人"的形成及其意义》(「『摩羅詩力説』における「人」の形成とその意味——『摩羅詩力説』覚書（二）」, 關西大學『中國文學會紀要』第七號, 關西大學中國文學會, 1978)
　　第四章《〈狂人日记〉之"我"的形象》(「『狂人日記』の〈私〉像」, 關西大學『中國文學會紀要』第九號, 關西大學中國文學會, 1985)
　　补论　未发表
　　余滴《鲁迅与裴多菲〈希望〉材源考》(「鲁迅とペテーフィ『希望』材源考」, 『文学』, 1978年9月号, 岩波書店,

1978）

《缘于鲁迅的相遇——记高恩德博士》(「魯迅に導かれ
た出あい——ガラ・エンドレ博士のこと」，中國文芸研究
会誌『野草』第 52 號，中國文芸研究会，1993）

写这些文章，从第一篇到最后一篇有二十几年的时间差。在整理
成书之际，为调整表述和充实内容，各章都做了若干修改。其
中，第三章开头部分为重写，补论为新作。除此之外，还对初刊
中的误记尽可能做了订正。只是人物头衔和国名等还依执笔当时
的情形保留，并未变更到现今的情形。还有，匈牙利人姓名的表
记，是姓在前，名在后，故本书原则上采取这种表记方式。

另外，第二、三章出现的《摩罗诗力说》的全部引文皆出自
笔者所做的日文版翻译文本（收入学习研究社『鲁迅全集』第一
卷），在该译本当中还加了译注，请一并高览为幸。

截止到本书得以现在的形态出版为止，承蒙多方指教，谨在
此敬献我衷心的感谢。

自读研究生时起就受到指导教官小野忍先生的指导。收进第
二章里的文章，本是在每月例行的科研研究会报告的基础上完成
的，还获得了出席例会的小野先生的评价，说这不是也做得挺好
吗？我本来还担心这样汇报是否合适，听到老师的这番评价，让
我感到非常高兴。就在科研研究会还在持续着的那年年底，小野
先生突然去世，也就再读不到我的这篇文章了，但我对先生的感
激之情至今未变。先生总是给我以鼓励，守望着我缓慢的进步。
谢谢您了，老师！

引导我前往独协学园、独协大学去查找有关独逸语专修学校
资料的，是东洋大学教授神田孝夫先生。他听我说明完情况后便
悉心为我介绍。我读研究生时，神田孝夫先生在研究生院比较文

学科给岛田谨二先生当助手，我们是在我去听岛田谨二先生讲课时第一次见面，此后也有缘不时向他请教咨询，也把自己写的东西给他看。这是由于我感受到了比较文学这个学问领域的魅力，自己也想运用其方法试试看的缘故。请神田孝夫先生读了收进"余滴"的《鲁迅与裴多菲〈希望〉材源考》后，他说写得很棒，"不过，你要是敲不定鲁迅到底是通过什么文本读到的裴多菲的这句话，就不算课题的结束"。这话让我刻骨铭心，他指出的是我当时没做完的问题，而找出材源的直接出处，才真是比较方法的生命存在。令我至今感到遗憾的是，他还没来得及读到第一章所收关于独逸语专修学校的那篇就与世长辞了。从神田孝夫先生的专业来看，我就是个外行，但他总是耐心和善地给我以严格的教诲，在此谨向他表达我衷心的感谢。

在恶魔派诗人当中，日本很少有与波兰、匈牙利诗人相关的翻译、参考书和研究著作。能用上这两个国家本国的东西当然更好，无奈我读不了波兰语和匈牙利语。关于裴多菲，能够承蒙已故德永康元先生、高恩德博士以及伊尔蒂克女士赐教，是我终生难忘的喜悦。如果没有这三位先生引导我走向裴多菲，本书的第二章就不会写完，也就不会知道鲁迅和裴多菲的心与心的相通，对此我唯有感念盈怀。

在此还要向当时独协学园百年史编纂室的独协大学教授斋藤博先生、独协中学高等学校教谕新井孝重先生、同校合田宪先生（现姬路独协大学教授）致以衷心的谢忱。他们使我得以在独协学园、独协大学阅读到相关资料，并惠承独协学园百年史编纂室编《独协百年》。

本书依照"关西大学研究成果出版补助金规程"规定出版。谨向允许本书出版的、负责关西大学出版事务的出版部出版课表示衷心的感谢。出版部出版课的冈村千代美女士，总是和善而麻利地支撑我的总是停滞不前的工作。真的是非常感谢。今年3月，我结束了在关西大学三十多年的任教生活，告别了讲台。这三十多年的岁月，也和收入本书的那些文章的调查与写作时间相重合，如果没有关西大学长期提供给我的从事研究和教育的场所，那么这本书也是不可能完成的。我的内心此时只充满感激之念。

最后，我还想向为本书撰写推荐辞、给我以温暖鼓励的东京大学名誉教授丸山升先生、关西大学教授萩野脩二先生敬献我深厚的谢意。

2006年1月17日

北冈正子

索 引

人名索引

西文索引

事项索引

1848 年 3 月 15 日　205, 206, 222

宇宙过程（cosmic process）　122, 123, 124,
　128, 129, 131, 133, 134, 135, 137, 138,
　140, 141, 142, 144, 145, 146, 148, 149,
　150, 151, 153, 154, 161, 166, 167, 168,
　169, 170, 171, 172, 173, 174, 175, 176,
　177, 178, 179, 180

这样的战士　204

治道　168, 172

治化　142, 143, 146, 147, 148, 168, 169, 177

中国革命同盟会　93

中体西用论　181

西文事项索引

日文索引

代译后记
——读北冈正子的鲁迅研究

一

本书系北冈正子（Kitaoka Masako）先生鲁迅研究专著之汉译。日文原著版权信息为"『魯迅 救亡の夢のゆくえ──悪魔派詩人論から「狂人日記」まで』，北岡正子著，関西大学出版部，平成十八〔2006〕年3月20日発行"。译文为原著的完整翻译，并经作者审阅过。原著中以中文繁体字、外语（日语、英语、德语、波兰语、匈牙利语等）所标引文、标题、书名、论文题目等均保留表记的原貌，在此敬请读者谅解。这既是作者的想法，也是译者的想法，以为这样处理虽可能多少带来些阅读上的不便，但却会为读者提供查找与核对原资料的方便，相信继续展开深入研究的读者会因此而受益。

作为译者，除了上述必要的交代之外，还打算就本书以及作者的鲁迅研究谈一点个人的感想，以作为本书的译后记。

二

译者首先是读者。作为一个读者，与北冈正子先生（以下简称"作者"）的书相遇，还是三十年前在吉林大学跟刘柏青、刘中树两位先生读中国现代文学硕士研究生的课堂上。那时作者的《〈摩罗诗力说〉材源考》（何乃英译，北京师范大学，1983 年）刚刚出版不久。包括自己的导师在内，学者们都在夸这本书有多么好，可那时的自己却读不出什么名堂来。由于《狂人日记》以前的鲁迅还不怎么被重视，所以把注意力集中到鲁迅留学时代所做论文的研究者似乎还不多见。吉林大学那时开始重视鲁迅早期文本，例如刘柏青先生那时的课题是"鲁迅与日本文学"，而刘中树先生的则是"鲁迅早期的文学观"。不过，尽管有了接触早期文本的教学环境，但作为一个学生，理解那些文本仍然困难重重。语言的隔阂是个很大的问题，借助 1981 年版《鲁迅全集》当中的注释和赵瑞蕻先生的《鲁迅〈摩罗诗力说〉注释·今译·解说》（天津人民出版社，1980 年）那样的参考书，或许多少可以弥补。更大的问题是早期文本与习惯当中的鲁迅形象之间的"错位"。早期文本当中的那个"鲁迅"还不大见融于那时仍占主流的革命的意识形态，被认为是"后期鲁迅"所克服掉的东西。在这种状况下能够读懂并且理解作者的"材源考"，几乎是一份不可完成的作业。

对《摩罗诗力说》本来就陌生，再把文本和注释以及参考书里找不到的日语语境下的木村鹰太郎、《文艺界大魔王》《海盗》、滨田佳澄、八杉贞利、升曙梦、克鲁泡特金、勃兰兑斯以及匈牙利的什么人拿来说事，也就完全不知所云。材源考证是懂的，也多能听到佩服之言，但为什么要做这些"材源考"呢，却很不理解，也很少有人能说得清楚。说白了，从一个学生的角度看，三十年前的中国现代文学研究界、鲁迅研究界还缺乏可以接受译者"材源考"的研究环境和知识平台。传播进来是一回事，对其接受的可能性却是另外一回事。或许也可以说，那时还缺乏可以共享的"问题意识"。

当然，以上所述是改革开放不久的情形。但那时毕竟有外国的鲁迅研究进来了，尤其是日本的。光是吉林大学就翻译出版了几种日本学者研究鲁迅和中国现代文学的学术专辑。最近有关注"日本鲁迅研究"影响的学者指出，北冈正子在中国介绍较早，影响近年才开始出现。[1] 从个人感受来讲，觉得此言不无道理。与自上个世纪八十年代起先后介绍进来的竹内好、伊藤虎丸、丸山升、木山英雄、片山智行、丸尾常喜、山田敬三等日本学者的鲁迅研究相比，北冈正子被介绍得最早，但接受进度却缓慢得多。虽然一直有学者予以关注并在论文、著作中或引用或提及，但比较系统的研究评述直到近年也才有赵京华《北冈正子鲁迅研究的方法论意义》（《现代中文学刊》，2011 年第 3 期）一篇。何以如此？私以为最大的原因是难度使然。年代的久远，资料的匮乏，语际的障碍，对他国文化和历史的陌生，再加上研究对象传记资料的不充分，这些就构成了那个"留学日本时期的鲁迅"与今天的我们之间的距离。例如，这种隔膜首先在知识层面上就体现得最为明显。和三十年前相比，对鲁迅早期史实的了解和认知虽有了较大的改观，但至少以本书为参照，便会轻易发现，现有的关于"鲁迅"的知识储备还不足以相应地支撑理解留学时期的鲁迅所面对的知识环境，或者说，可以帮助人们去体察鲁迅当时所面对的那个"异文化"的知识平台还没有建立起来。最为

---

[1] 代田智明「中国における日本の魯迅研究——済南の学会に参加して」，中国研究所『中国研究月報』2014 年 7 月号。

直接的证明是在目前出版的包括《鲁迅全集》（人民文学出版社，1981 年 16 卷本；2005 年 18 卷本）、《鲁迅年谱（1—4）》（北京鲁迅博物馆，人民文学出版社，1981 年，以及后来的修订版）、《鲁迅年谱长编 1881—1921（第 1 卷）》（鲁迅博物馆鲁迅研究室，河南文艺出版社，2012 年）、《鲁迅大辞典》（人民文学出版社，2009 年）等在内的鲁迅研究基本资料当中，本书所陈述的那些有关传记和文本的事实绝大部分还都并未被收纳。然而，唯其如此，也就正是作者的贡献所在。作者的鲁迅研究，大大缩短了那个处于一百多年前的历史场域里的"鲁迅"与今天的距离，为从现在接近那个时代清除了不少障碍。这也是移译此书的最为直接的动机。

三

那么，作者的鲁迅研究有怎样的特点呢？

首先，作者的鲁迅研究伴随着长期的鲁迅阅读史和思考史，是堪称为"鲁迅伴我行"的漫长人生经历当中的学术结果。据自述，作者出生于鲁迅逝世的那一年，1954 年刚入大学中国文学科不久，就在学习汉语的课堂上读到了鲁迅作品，同时参加了一个由社会各界青年自发组织的"鲁迅研究会"，从此便与鲁迅结下不解之缘，并左右了"此后的人生"。在研究会持续的 10 年间，作者不仅在集体阅读讨论中深入阅读了更多的鲁迅作品，还因"鲁迅之缘"结识了像丸山升和伊藤虎丸那样的很多值得尊敬的学长和朋友，获得友情与鼓励。1960 年代初，开始写作硕士论文，选题是"留学日本时代的鲁迅"，该论文首次涉及《摩罗诗力说》当中作为材源的"雪莱"问题，从此走上了"材源考"之路，仅《〈摩罗诗力说〉材源考笔记》就在《野草》杂志上陆续刊载了 24 回，从 1972 年到 1995 年，时间跨度长达 23 年（到本书完成为止，则为 34 年）。2006 年作者在执教 30 年的关西大学退休。在漫长的调查和任教期间，作者一直伴同着对鲁迅的阅读和思考。如果说当初的读鲁迅，是因为"不论遇到什么问题，我都会自问要是鲁迅处在这样的时候会去怎样做"，那么，"在已踏上人生旅程的黄昏"后，作者还照样是"仍在前行的途路中不断获得鲁迅的教示"（以上参见《鲁迅伴我行》，《文艺报》，2011 年 9 月 16 日第 16 版）。就作者的鲁迅研究特征而言，或许从其阅读史和思考史当中不难窥知到一种更为潜在的东西，那就是真心以研究对象为师以及伴行始终的对师者的挚爱。

其次，是"问题意识"的清晰和独特。说到对鲁迅挚爱这一点，也许并非作者一人的特征，而是继竹内好之后日本战后一代有代表性的鲁迅研究者的共同特征。那是以鲁迅为中国近代的代表，学习鲁迅并以此为支撑批判和反省日本明治以来近代化道路的一代。用作者自己的话说，"就是学习鲁迅精神从而确立起自己在战后日本社会的生活方式"（同上）。很显然，在作者的鲁迅研究当中，保留了这一时代的共性。关于日本战后鲁迅研究以及作者在其中所处的位置，前述赵京华的文章有详细介绍和阐述，兹不做展开，只想强调一点，那就是即便在时代所赋予的共性当中，作者的"问题意识"仍显得清晰和独特。作者的研究对象和范围是"留学日本时代的鲁迅"，选择这个题目，或许与"原鲁迅"（片山智行语）的发现和共识有关。研究者们在鲁迅留学时代所做的一系列文章里看到了后来鲁迅的原型，而这显然又是个关系到"鲁迅从哪里来"的重大问题。然而，作者发现，对于这个"成为鲁迅之前"的"周树人"的认识，在很大程度上是通过"成为鲁迅之后"的作品和文章乃至被阐释的"鲁迅形象"来构建的，并非出自对"周树人"史实的客观调查结果。于是，问题来了：是否可以暂时先放下后来的鲁迅，而只看留学时代的周树人到底是怎样的？这是一个"在作家鲁迅诞生以前的、还属于周树人文学活动的时期"（本书《后记》）的研究对象的明确设定。

在本书当中，虽然出于"他在这一时期的文学活动和此后作为作家的文学活动是相互衔接着的连续"的考虑，而采用了"在行文当中，除特殊情况外"，"将使用鲁迅的名字展开本书的论述"（前言）的处理方式，但作者将"周树人"与"鲁迅"相对区分（并非割裂）开来的意识是明确的，她力避以成为作家之后的"鲁迅"这一滤镜来看待此前的"周树人"，从而有效地确保了对处于成长期的"周树人"的客观对象化处理。

自 1902 年至 1909 年，周树人留日时期可分为三个阶段，即弘文学院时期、仙台医专时期和弃医从文之后的在东京的"文艺运动"时期。从史实调查来看，此前最著名的是"鲁迅在仙台的记录调查会"所做的关于第二阶段的调查，那是一项长达二十多年先后有数百人参与的大型调查活动，《鲁迅在仙台的记录》[1]便是这次调查活动的结果。与此相对照，作者独立从事的是关于第一、第三阶段的调查，成果集于两部专著，一部是《鲁迅：在日本这一异文化环境中——从弘文学院入学到"退学"事件》[2]，另一部即本书。可以说，明确将"周树人"区别于"鲁迅"的问题意识和严谨的处理方式在作者是一贯的。如果说本书呈现的是离开仙台医学专门学校回到东京从事文学运动的周树人，那么作者在前一本专著中呈现的则是"周树人在成为鲁迅之前、还尚未看到学医之路时期的传记，描述的是一个二十岁的青年与日本这样

---

[1]　仙台における魯迅の記録を調べる会編『仙台における魯迅の記録』，平凡社，1978 年。

[2]　『魯迅　日本という異文化なかで——弘文学院入学から「退学」事件まで』，関西大學出版部，平成 13〔2001〕年。

一种异文化相遇，在茫茫之中逐渐坚定自己决心的留学的最初一年的轨迹，是一个怀抱民族主义的青年周树人诞生之前的故事。其中既没有装点青春时日的恋爱出现，也没有冒险登场；既没有学医的周树人，也没有作家鲁迅。这些都是他在很久以后的经历。这个时期，通过日本这一异文化的触媒，连续不断地诞生了大批'爱国青年'，而他不过是其中的一个"[1]。那么，对于这样一个周树人，作者又是怎样处理的呢？

这就是接下来要谈的第三个特点，即作者所采取的实证研究的方法。实证研究重调查，靠材料说话，在实证的基础上构筑对研究对象的认识。这显然不同于以某种现成的鲁迅观为前提，省却史实的调查与检证，而仅仅去加以重新阐释的方法。相比之下，后一种方法在自说自话当中似乎更容易"自圆其说"，或许不失为一条"捷径"，然而作者却拒绝了这种来自现成的"方便"。前有竹内好，周围有伊藤虎丸、丸山升那样的令人尊敬的学长与朋友，中国也更有关于鲁迅的定评，而对这些环绕着自己的诸多"鲁迅观"，作者坚持了以实证科学为前提的鲁迅探索。这一探索决定了其必然要涉及的三个层面的工作，即对既往的鲁迅观加以检证，还原出那个存在于历史现场的"鲁迅"，揭示并具体呈现出"鲁迅"所具有的复杂而深广的思想文化背景。例如，关于弘文学院时期的周树人，在前一种著作中，作者采取的处理方法是，"他在全篇当中并非首尾一贯涉及话题的中心。本书通过讲述以资料重新构筑的状况和环境，将会不断呈现暗示隐身其中的主人公存在形态的场面"。[2]之所以这样做，是由于现有的材料不足以整体再

---

[1] 『魯迅　日本という異文化なかで——弘文学院入学から「退学」事件まで』,《前言》, 2页。

[2] 同上, 4页。

现周树人这个特定人物在百年前的留学生活，而作者要做的又不是一部虚构的小说，因此拒绝了在论据暧昧的情况下仅仅凭借想象的随意书写。而更重要的理由则是，由于这一特定的研究对象在"后来成为有名的文学家鲁迅，所以往往多有从'因为是鲁迅'而溯及其以前时期的情况。从这样一个视点出发，很难看清楚周树人与其他人所共有的时代性以及周树人也被包围在其中的大环境"[1]。说白了，就是作者不想写作那样一部"徒将个人资质肥大化，甚至是将鲁迅形象神话了"[2]的传记。而基于同样的想法，作者在"本书所采取的方法是，并非只从鲁迅所留下的'文艺运动'主张的言说中去读取，而是将其摆在一个综合的视野下，即在他所置身并形成思想的时间和空间以及他所接触到的异文化言说的状况中，对其内容加以考察"（本书《前言》）。

很显然，在方法论上，这是一条不易"出成果"的困难的路径，作者数十年的调查经历，也足以说明了这一点。之所以会这样坚持，诚如作者在本书《致中国读者》中所言："我尽自己的可能调查相关史料，仔细筛选证据，强化论据，描述出了一个在此基础上我所得以理解的鲁迅"。从这个意义上来说，实证研究就不仅仅是一种方法，而更是研究者的一种态度。求真、求实的根本态度，才是实证研究的神髓。作者的鲁迅研究体现了这一点。

四

如前所述，大大缩短了一百多年前的"鲁迅"与今天的距离，是作者鲁迅研究所取得的主要成果。上述两部学术专著，都

---

[1] 『魯迅　日本という異文化なかで——弘文学院入学から「退学」事件まで』, 5頁。
[2] 同上。

致力于还原身处特定场域和文化环境当中的留学生周树人。前者是在弘文学院学习期间的周树人，后者是从仙台返回东京后从事"文艺运动"的周树人。就译者个人学习心得而言，周树人在弘文学院学习期间，其思想上标志性的节点是"国民性"问题意识的形成，他和许寿裳关于国民性问题的讨论早已因许寿裳的回忆而广为人知，但发生在两个人的周边并环绕着他们的另外一场相关问题的讨论却是"鲁迅研究"当中的空白，这就是发生在弘文学院的嘉纳治五郎校长与杨度的关于国民性问题的讨论。这是作者的一个重要发现。作者对这两场讨论的背景和具体内容以及他们之间的相互关联都有详细的探讨，而且其主要部分经作者授权曾译成中文发表[1]。因此该书所呈现的实际上是环绕着周树人及其思考国民性问题的"异文化"场域。

与之相对，本书讲述的是在仙台医专退学后，回到东京开始从事"文艺运动"时的周树人，"讲述他在此期间学到了什么，怎样学的，又产生了怎样的主张"。其中，具体呈现了周树人学习的语言环境和所面对的文本——他是怎样一边在独逸语专修学校学习德语，一边为自己的"文艺运动"进行资料上的准备，那些资料又怎样被剪裁组合到《摩罗诗力说》当中，体现了怎样的意图，这一过程与后来的《狂人日记》有怎样的关系，又和此前他熟读的严复的《天演论》具有怎样的关联。很显然，这项工作对了解写作《摩罗诗力说》《科学史教篇》《文化偏至论》《裴彖飞诗论》《破恶声论》乃至和周作人共同翻译《域外小说集》时期的周树人来说，不仅是史料方面的重要增补和知识层面的大幅度拓展，更从实证层面揭示出《摩罗诗力说》

---

[1] 参见李冬木译《另一种国民性的讨论——鲁迅、许寿裳国民性讨论之引发》，《吉林大学社会科学学报》，1998 年 1 期。

的材源构成机制和其中的"人"的生成机制。作者呈献给读者的是一个处在学习成长过程当中的"鲁迅",与后来人们所熟悉的"高大全"自然有很大的不同。从这个"鲁迅"身上可以知道,"国民精神之发扬,与世界识见之广博有所属"(《摩罗诗力说》),并非面向旷野的空疏的呼唤,而是一个正在求学的青年自身精神建构的有机组成部分;可以了解到,所谓"拿来主义"亦并非只是被后人用以装饰"气魄"的虚言,而是一个成长者探索的路径和他对营养的渴求以及行进当中的勤奋采择。的确,这是个优秀的青年。他在成千上万同往日本的留学生当中,可谓阅人之所未阅,集人之所未集,并且道人之所未道,首先在自身当中确立起其母国亘古未有的关于"诗"与"人"的理念。其广博与峭拔或许通过作者所呈现的那个置身于历史现场的周树人才更容易体味到。

五

作者的鲁迅研究,不论在方法还是态度上都为实证研究提供了一个出色的样本。其模范作用和对已有的某些"鲁迅观"所作出的"事实上"的修正都自不待言。同时也为进一步探索"周树人"的成长,即此后的"鲁迅"生成之时代开拓了一个广泛的探索空间,留下了诸多具有启发意义的思考线索。例如,就"德语"来说,除了本书已经呈现的有助于获得与《摩罗诗力说》的写作相关的材源外,由此延长开去,与"尼采"有怎样的关系是否也是很有趣的问题?又如,周树人当时对诗人与国民精神关系的阐释,对"个人""个人主义"乃至"精神"的阐释,与环绕其周围的言说构成怎样的关系?与《摩罗诗力说》同一时期写作的另外几篇文章是否也存在着同样的"材源"问题?如果存在,又是怎样的？[1] 再如，把严复的《天演论》与赫胥黎原著对照解读，来检证严复怎样"做"（鲁迅语）他的《天演论》，是本书极为精彩的一章（参见《补论：严复〈天演论〉——鲁迅"人"之概念的一个前提》），译者曾将这一章评价为探讨鲁迅与严复《天演论》关系问题的"最新到达点"[2]，而在这一延长线上，自然而言出现的问题便是"严复"与周树人留学之后接触的日本的进化论言说构成怎样的关系。当然，以上这些想法都不过是译者自身阅读过程当中的"我田引水"，是一种延伸思考，非关作者的意图、文脉之本身。这里所说的只是个人所受到的启发。总之，通过作者的鲁迅研究，译者看到了一幅仅仅囿于一国文学史观所看不到的精神图景。哪怕只是一个"裴多菲"，也因鲁迅而有着一个穿越东西、跨际多国、长亘一个世纪的世界之缘，而这恐怕也正是诠释"鲁迅"之"丰富性"和"世界性"的一个不可缺少的部分，或曰，鲁迅研究应重在发掘和阐释其"当代价值"。虽然"当代价值"是什么还有必要通过讨论加以明确，但是一个有着广阔的近代文化背景，可以将历史纵深衔接给当代的"鲁迅"，不正是其重要当代价值所在吗？

* * *

本书的翻译，从一开始就得到了很多同行、朋友的支持和鼓

---

〔1〕 事实上，包括作者在翻译《摩罗诗力说》时所加的"译注"在内，日本学者为鲁迅留学时期论文的日译版所加的"译注"，亦提供或暗示了《摩罗诗力说》材源之外的诸多材源线索。请参照日本学习研究社版《鲁迅全集》第 1、10 卷。

〔2〕 参见拙文《从"天演"到"进化"——以鲁迅对进化论的容受为中心》，收入《翻译概念在东亚近代的展开》。原题目及原书：「〈天演〉から〈進化〉へ——鲁迅の進化論の受容とその展開を中心に」，石川禎浩・狭間直樹編『近代東アジアにおける翻訳概念の展開』（京都大學人文科學研究所附属現代中國研究センター研究報告），京都大学人文科学研究所，2013 年 1 月。

励，每次相遇，各位的一句"北冈正子先生的书什么时候译出来啊"，都是一种无形的督促。中国社会科学院文学研究所研究员赵京华先生、三联书店编辑叶彤先生不仅为本书的出版做了周到的企划安排，也为译者提供了最大的方便，在此谨向各位致以衷心的感谢！由于译者水平有限，各种错误，在所难免，敬请各位批评指正。

最后，谨对北冈正子先生在本书的翻译过程中所给予的悉心指教，表示衷心的感谢！

译者
2014 年 11 月 4 日于京都